La Miséricorde

Notion fondamentale de l'Évangile

Clé de la vie chrétienne

DANS LA COLLECTION « THEOLOGIA » :

Suivre Jésus avec Marie, Un secret de sainteté de Grignion de Montfort à Jean-Paul II, père Etienne Richer, EdB, 2006, 328 p.

Viens Esprit Créateur, Méditations sur le Veni Creator, père Raniero Cantalamessa, EdB, 2008, 336 p.

Libres en Christ, La liberté chrétienne selon l'anthropologie de Hans Urs von Balthasar, père Tanguy Marie Pouliquen, EdB, 2008, 360 p.

Le shabbat biblique, Temps pour Dieu, repos de l'homme, respect de la Création, Sylvaine Lacout, EdB, 2009, 192 p.

Traduit de l'allemand par Esther et Marie-Noëlle Villedieu de Torcy

Titre original : *Barmherzigkeit, Grundbegriff des Evangeliums – Schlüssel christlichen Lebens*

ISBN : 978-2-84024-818-7

Conception de la couverture : Martin Casteres
Illustration de couverture : © Alinari / Bridgeman Images
Le retour du fils prodigue (huile sur toile)
de Guercino (Giovanni Francesco) 1591-1666

CARDINAL WALTER KASPER

LA MISÉRICORDE

Notion fondamentale de l'Évangile
Clé de la vie chrétienne

5e édition

TRADUIT PAR ESTHER ET MARIE-NOËLLE VILLEDIEU DE TORCY

EdB

PRÉFACE

Le présent ouvrage se base sur les notes d'un cycle de conférences pour une retraite. Mais malgré toutes mes recherches théologiques, je n'ai pas réussi à mettre en forme l'enseignement sur la divine miséricorde. Par la suite, j'ai repris de nombreuses fois ce thème, ce qui m'a amené à me poser les questions fondamentales sur la théologie et les attributs de Dieu ainsi que sur l'existence chrétienne. Je constatai que la miséricorde, pourtant si centrale dans la Bible, était largement tombée dans l'oubli dans la théologie systématique ou n'était traitée que de manière très superficielle. La spiritualité et la mystique chrétiennes sont dans ce domaine comme dans bien d'autres vraiment très en avance sur les différentes écoles théologiques. C'est pourquoi le présent ouvrage cherche à allier la pensée théologique à des réflexions spirituelles, pastorales et même sociales pour les relier à une culture de la miséricorde.

Beaucoup d'idées ne sont qu'esquissées. Cependant, j'ose espérer que ce qui est dit donnera envie à une génération de théologiens plus jeunes de reprendre le flambeau pour penser de manière nouvelle la théologie chrétienne et les conséquences pratiques qui en résultent et ainsi donner vie au nécessaire tournant théocentrique dans la théologie et dans la vie de l'Église. Il faudra pour cela avoir particulièrement à cœur de dépasser la séparation entre la théologie académique et la théologie spirituelle.

Je remercie le *Kardinal Walter Kasper Institut* à Vallendar, le Professeur Dr George Augustin et M. Stefan Ley pour la relecture du manuscrit et la révision rédactionnelle, et les éditions Herder pour leur bon accompagnement éditorial.

Rome, Carême 2012
Cardinal Walter Kasper

Chapitre I

LA MISÉRICORDE – UN THÈME D'ACTUALITÉ, MALHEUREUSEMENT TOMBÉ DANS L'OUBLI

1. La soif de miséricorde

Le XXe siècle qui vient de s'écouler fut à bien des égards vraiment horrible et le tout jeune XXIe siècle, qui a débuté le 11 septembre 2001 avec les attaques terroristes du World Trade Center à New York, coup de tonnerre de mauvais augure, ne présage rien de bon. Le XXe siècle a connu deux systèmes totalitaires d'une extrême brutalité, deux guerres mondiales avec cinquante à soixante-dix millions de morts rien que pour la deuxième, il a vu de multiples génocides et massacres, des camps de concentration et des goulags. Le XXIe siècle est déjà marqué par la menace d'un terrorisme sans pitié, une injustice criante, des enfants violés et affamés, des millions de réfugiés, l'augmentation de la persécution des chrétiens, ainsi que des catastrophes naturelles dévastatrices sous la forme de tremblements de terre, d'éruptions volcaniques, de tsunamis, d'inondations, de sécheresses. Tout cela et bien d'autres choses encore sont des « signes des temps ».

Face à cette situation, beaucoup ont du mal à croire en un Dieu tout-puissant, juste et miséricordieux à la fois. Où était-Il et où est-Il quand tout cela est arrivé et arrive encore ? Pourquoi permet-Il tout cela, pourquoi n'intervient-Il pas ? Certains posent la question : est-ce que toute cette souffrance injuste n'est pas justement l'argument le plus percutant qui parle contre la toute-puissance et la miséricorde de Dieu[1] ? De fait, la souffrance des innocents des temps modernes est devenue pour beaucoup le fondement

1. Plus de détails sur la question de la théodicée au chap. V. 7.

de l'athéisme (Georg Büchner) ; la seule excuse en faveur de Dieu serait – dit-on – qu'il n'existe pas (Stendhal). Ne doit-on pas – demande-t-on encore – au vu d'une explosion diabolique du Mal, nier Dieu pour la plus grande gloire de Dieu (Odo Marquard)[2] ?

Très souvent, les croyants eux-mêmes ont du mal à parler de Dieu ; eux aussi sont fréquemment plongés dans la nuit de la foi, qui les prive de mots face à l'immense détresse du monde, à la souffrance des innocents, aux épreuves et malheurs de toute sorte, aux maladies incurables, enfin à l'horreur des guerres et de la violence. Fjodor Michailowitsch Dostoïevski, qui a connu la souffrance dans sa vie et dans celle des autres, rapporte dans son roman *Les frères Karamazov* l'épisode d'un enfant, qu'un grand seigneur fit déchiqueter par une meute de ses chiens sous les yeux de sa mère ; pour lui, une telle injustice, la souffrance si criante d'un enfant, ne peuvent être rachetées par aucune harmonie future. C'est pourquoi il déclare rendre son billet d'entrée au ciel[3]. Romano Guardini, profondément croyant, mais également très enclin à la mélancolie, a dit, alors qu'il était déjà condamné, « qu'au Jugement Dernier, il ne se laisserait pas seulement questionner, mais qu'il poserait aussi des questions lui-même. » Il espérait recevoir alors une réponse « à la question à laquelle aucun livre, pas même la Bible, aucun dogme ni aucun professeur n'a pu répondre : Pourquoi, ô Dieu, tous ces terribles détours, la souffrance des innocents, la culpabilité[4] ? »

La souffrance dans le monde est probablement l'argument des athéistes modernes qui a le plus de poids. D'autres arguments s'y ajoutent, telle l'impossibilité de concilier la conception traditionnelle chrétienne du monde avec celle d'aujourd'hui, scientifique et naturaliste, déterminée par la théorie de l'évolution ou les dernières recherches sur le cerveau[5]. Tous ces arguments ont porté. Ils ont eu pour effet que, de nos jours, Dieu n'existe plus pour beaucoup. La plupart des gens semblent même pouvoir très bien s'en passer, ou en tout cas ne vivent pas moins bien que bon nombre de chrétiens. Ceci a transformé la manière dont se pose la question de Dieu. Car si de nombreuses personnes pensent que Dieu n'existe pas, ou s'il leur est devenu indifférent, alors contester l'existence de Dieu n'a plus de sens. Les questions « pourquoi toute cette souffrance ? » et « pourquoi dois-je souffrir ? » ne

---

2. O. Marquard, L'homme accusé, l'homme disculpé dans la philosophie du XVIIIe siècle, dans : *Adieu au principiel dans la philosophie.*

3. Dostoïevski, *Les frères Karamazov*, V, 4, La Pléiade p. 263.

4. Citation d'après E. Biser, *Interprétation und Veränderung*, Paderborn 1979, p. 132s.

5. Sur la problématique de l'athéisme « ancien », voir W. Kasper, *Le Dieu des chrétiens*, Ed. du Cerf 1985 ; sur l'athéisme « récent » : M. Striet, *Wiederkehr des Atheismus. Fluch oder Segen für die Theologie ?* Freiburg, 2008 ; G. M. Hoff, *Die neuen Atheismen. Eine notwendige Provokation*, Kevelaer 2009.

trouvent alors aucune réponse et laissent sans voix. Aujourd'hui, la question d'un Dieu miséricordieux, qui a tellement préoccupé le jeune Martin Luther, ne se pose plus pour beaucoup, elle laisse froid et indifférent.

Cette même résignation face à la question du sens de la vie et au défaitisme qui y est lié ne se trouve pas seulement chez les personnes que, un peu vite, nous considérons avec mépris comme superficiels ; de nos jours, résignation et défaitisme sont aussi très présents dans le domaine de la pensée philosophique, comme Jürgen Habermas l'a démontré[6]. Mais beaucoup de penseurs ont également conscience de ce qui manque[7]. Ainsi, aux multiples misères physiques déjà difficiles à supporter, s'ajoutent la détresse spirituelle, le manque de repères et l'expérience de l'absurde. « Quand les oasis utopiques se dessèchent, un désert de banalité et de perplexité se répand[8] », car lorsqu'on abandonne les anciennes réponses, cela ne veut pas dire pour autant que l'on en ait trouvé de nouvelles qui soient convaincantes. Un vide se crée alors.

Certains sont capables d'accepter et d'endurer courageusement cette situation. Ils méritent notre respect. D'autres en sont désespérés. Face à un monde qu'ils ressentent comme absurde, ils se demandent s'il ne vaudrait pas mieux ne pas être né. Camus estimait que le seul problème philosophique qu'il faille prendre au sérieux était le suicide[9]. Mais dans ce cas, l'homme nie non seulement l'existence de Dieu, mais aussi sa propre existence. D'autres encore ont remplacé les dieux et la peur d'un Dieu juge par la peur de toutes sortes de nouveaux fantômes sans nom[10].

En réfléchissant, beaucoup sentent que la situation est sérieuse et se remettent à chercher. Il y a bien plus de personnes en quête de sens et de pèlerins anonymes que nous ne le supposons. Ils perçoivent que si l'homme ne se pose plus la question du sens de l'existence, il finira par abdiquer et par perdre son humanité et sa vraie dignité. En supprimant la question du sens de la vie et l'espérance, il se rabaisse lui-même au rang d'animal, ingénieux certes, mais qui ne trouve son plaisir que dans les choses matérielles. Le risque, alors, est que tout devienne morne et sans intérêt. Ne plus chercher le sens de l'existence équivaut à abandonner l'espoir qu'il puisse y avoir un jour une justice. Cela reviendrait à accepter que le criminel obtienne finalement gain de cause et que le meurtrier triomphe au détriment de sa victime innocente.

---

6. Cf. J. Habermas, *Glauben und Wissen*, Frankfurt 2001, p. 27s.
7. J. Habermas, *Ein Bewusstsein von dem, was fehlt*, in : M. Reder/J. Schmidt, *Ein Bewusstsein von dem, was fehlt*, Frankfurt, 2008, p. 26-36.
8. J. Habermas, *Zeitdiagnose*, Frankfurt 2003, p. 47.
9. A. Camus, *Le mythe de Sisyphe*, Essai sur l'absurde (1942).
10. R. Safranski, *Romantik, Eine deutsche Affäre*, München 2007.

C'est pourquoi non seulement des chrétiens pratiquants, mais aussi de nombreux hommes qui réfléchissent reconnaissent que le message de la mort de Dieu ne signifie pas la libération de l'homme, contrairement à ce qu'espérait Nietzsche[11]. Là où la foi en Dieu disparaît, elle laisse derrière elle un vide et un froid infinis – ce que Nietzsche savait bien[12]. Sans Dieu, nous sommes entièrement à la merci du destin et du hasard, ainsi que des aléas de l'histoire, sans recours possible. Sans Dieu, il n'y a plus aucune instance à qui l'on puisse faire appel, ni aucune espérance que la vie ait finalement un sens et qu'il y ait en fin de compte une justice.

Ce qui prouve ceci : la mort de Dieu dans l'âme de beaucoup (Friedrich Nietzsche), le « manque de Dieu » (Martin Heidegger)[13], l'« éclipse de Dieu » (Martin Buber)[14] sont la véritable misère de l'homme, en tout cas la plus profonde. Elle fait partie des « signes des temps » et des « données les plus sérieuses de ce temps[15] ». La phrase de Max Horkheimer est connue : « Il est vain de vouloir sauver à tout prix un sens de l'existence sans Dieu[16]. » Theodor W. Adorno parlait du « caractère inimaginable du désespoir [17]» et écrivait :

> « L'unique responsabilité que la philosophie a encore à assumer face au désespoir serait d'essayer de tout regarder du point de vue de la rédemption. La connaissance n'a pas d'autre lumière que celle qui éclaire le monde : celle du salut ; tout ce que l'on a tenté de construire par la suite s'épuise et reste quelque part de la technique[18]. »

En allant dans le sens de Kant, on peut poser comme postulat : s'il est vrai que la dignité absolue de l'homme existe, elle n'est possible que si Dieu existe, un Dieu riche en grâce et en miséricorde[19].

Cependant pour Kant, ce n'est pas une preuve de l'existence de Dieu. Son postulat repose en effet sur le présupposé que la vie humaine doit avoir une fin heureuse. Si l'on abandonne cette condition, on tombe dans un nihilisme, qui peut très vite conduire au cynisme du meurtre et de l'homicide. Le postulat de Kant n'est donc pas une preuve, mais c'est du moins un indice

---

11. F. Nietzsche, *Le Gai Savoir*, Gallimard 1950.
12. *Idem.*
13. M. Heidegger, *Erläuterungen zu Hölderlins Dichtung*, Frankfurt 1951, p. 27.
14. M. Buber, *L'éclipse de Dieu : considérations sur les relations entre la religion et la philosophie*, Ed. Nouvelle cité, 1987.
15. GS 19.
16. M. Horkheimer, *Die Sehnsucht nach dem ganz Anderen.* Ein Interview mit Kommentar von H. Gumnior, Hamburg, 1970, p. 69.
17. T.W. Adorno, *Dialectique négative*, Payot, 1978.
18. T.W. Adorno, *Minima Moralia, Réflexions sur la vie mutilée*, Payot, 1980.
19. Voir chap. II. 1.

qui montre clairement que la question de Dieu n'est pas résolue, et que c'est elle qui détermine le sens ou le non-sens de l'existence de l'homme. C'est la raison pour laquelle la possibilité que Dieu existe résiste de manière si tenace face à tous ces arguments plus ou moins convaincants qui veulent démontrer le contraire[20]. Ce n'est pas la foi en Dieu qui s'est ridiculisée, mais les théories de ceux qui ont prophétisé une sécularisation galopante et la disparition progressive de la religion, eux qui pensaient pouvoir sonner le glas de la foi en Dieu[21].

Il n'est pas nécessaire pour autant de croire en un renouveau de la religion ; cette thèse est plus que problématique et d'ailleurs, il y a également un renouveau de l'athéisme[22]. Mais on peut inviter l'homme à réfléchir de manière nouvelle sur Dieu. Il ne s'agit pas seulement de se poser la question : « Est-ce que Dieu existe ? », bien qu'elle soit capitale. Ce qui est en jeu, c'est la foi en un Dieu compatissant, *« riche en miséricorde »* (Ep 2, 4), qui nous console afin que nous aussi, nous puissions consoler les autres (cf. 2 Co 1, 3-4). Car face au cercle vicieux du Mal, nous ne pouvons espérer un renouveau que si nous mettons notre espoir en un Dieu bon, miséricordieux et en même temps tout-puissant ; il est en effet le seul à pouvoir renouveler toute chose et nous donner le courage d'espérer contre toute espérance et la force nécessaire pour repartir. Il s'agit donc de croire au Dieu vivant qui ressuscite les morts et qui, à la fin des temps, essuiera toute larme de nos yeux et fera toute chose nouvelle (cf. Ap 21, 4-5).

Selon son propre témoignage, Augustin, grand docteur de l'Église d'Occident, a fait l'expérience de la miséricorde et de la proximité de Dieu, justement au moment où il se savait le plus éloigné de lui. Il écrit dans ses Confessions :

> « À toi la reconnaissance, à toi la gloire, ô source de la miséricorde ! Je devenais de plus en plus misérable et c'est alors que tu te rapprochais de moi[23]. »

Et il ajoute :

> « Que se taise la louange de celui qui n'a pas d'abord contemplé les manifestations de la miséricorde de Dieu[24]. »

---

20. R. Spaemann, *Das unsterbliche Gottesgerücht. Die Frage nach Gott und die Täuschung der Moderne*, Stuttgart 2007.
21. Sur le sujet complexe de la sécularisation, l'ouvrage de référence est : C. Taylor, *A Secular Age*, Cambridge – London 2007.
22. Cf. W. Kasper, *Le Dieu des chrétiens* (voir note 5).
23. Augustin, *Confessions* VI, 16, 26.
24. *Idem* VI, 7, 1.

De fait, nous ferions mieux de nous taire si nous ne sommes pas en mesure d'apporter ce message de la miséricorde divine aux hommes de notre temps qui se trouvent dans une telle détresse physique et spirituelle. Après toutes ces terribles expériences du XXe et de ce début de XXIe siècle, s'interroger sur la miséricorde de Dieu et des hommes est aujourd'hui plus urgent que jamais.

2. La miséricorde, un thème fondamental pour le XXIe siècle

Dans la deuxième moitié du XXe siècle, deux papes ont reconnu clairement les « signes des temps » et nous ont exhortés à placer de nouveau la question de la miséricorde au cœur du message et de la pratique de l'Église. Jean XXIII, « *el papa buono* », comme l'appellent affectueusement les Italiens, est le premier à avoir relevé le défi. Dans son journal spirituel, on trouve déjà de nombreuses réflexions, très profondes, sur la miséricorde de Dieu. Pour lui, c'est le plus beau nom de Dieu que nous puissions utiliser pour nous adresser à lui ; nos misères sont le trône de la miséricorde divine[25]. Il cite le psaume 89 au verset 2 : *« La miséricorde du Seigneur à jamais je la chanterai »* (*Misericordias Domini in aeternum cantabo*)[26].

C'est donc un thème qui lui tient particulièrement à cœur et en même temps une conviction intime, mûrie au fil du temps, que Jean XXIII exprimera le 11 octobre 1962, lors de son discours d'ouverture du Concile Vatican II, pour donner l'esprit du Concile. Il y affirme qu'il ne s'agit pas pour le Concile de se contenter de répéter l'enseignement de l'Église tel qu'il a été reçu ; d'après le pape, cette doctrine est connue, et elle est immuable. L'Église a su « résister aux erreurs de tous les temps. »

> « Elle les a même souvent condamnées, et très sévèrement. Mais aujourd'hui, l'Épouse du Christ préfère recourir au remède de la miséricorde, plutôt que de brandir les armes de la sévérité[27]. »

Un nouveau ton était ainsi donné, ce qui a fait dresser l'oreille de beaucoup. Au cours du Concile, il n'a pas manqué de produire son effet. Car tout comme le pape lui-même l'avait souhaité, aucun des seize documents du Concile n'a eu pour but d'abandonner ou de changer la doctrine de l'Église telle qu'elle a été transmise. Il n'y a eu aucune volonté de rupture avec la tradition

25. Jean XXIII, *Journal de l'âme*, Ed. du Cerf, 1964.
26. *Idem* 149.
27. HerKorr 17 (1961/63) 87.

ecclésiale. Mais tous ont donné un nouveau ton et une manière nouvelle de proclamer et de vivre le message de l'Évangile. À l'instar du pape, ces documents conciliaires ont établi le lien entre miséricorde et vérité[28]. Jean XXIII a défini cette nouvelle approche en parlant de la mission pastorale du Concile.

Le concept de « pastorale » a suscité de nombreuses discussions pendant et même après le Concile, et a été parfois source de malentendus[29]. Sans entrer ici dans un débat de spécialistes, on peut affirmer ceci : la nouvelle approche pastorale que souhaitait Jean XXIII est très certainement en lien avec ce qu'il annonçait dans son discours d'ouverture en parlant du remède de la miséricorde. Depuis lors, le thème de la miséricorde est devenu fondamental, non seulement pour le Concile, mais également pour toute l'Église postconciliaire, particulièrement pour sa pastorale.

Le pape Jean Paul II a poursuivi et approfondi ce que Jean XXIII avait amorcé. Ce n'est pas en restant assis à son bureau dans sa salle d'étude qu'il a médité sur la miséricorde. Ce pape a été un des rares à vivre l'histoire douloureuse de notre temps et à l'expérimenter dans sa chair. Il a grandi à proximité d'Auschwitz ; durant sa jeunesse et ses premières années de sacerdoce, puis en tant qu'évêque de Cracovie il a connu les horreurs de la deuxième guerre mondiale et de deux systèmes totalitaires, et il a fait l'expérience de beaucoup de souffrances dans sa propre vie et dans celle de son peuple. Son pontificat fut marqué par les suites d'un attentat et, dans les dernières années, par sa souffrance personnelle. Le témoignage de cette souffrance fut un enseignement fort, au même titre que ses nombreuses homélies et ses innombrables écrits. Il a ainsi fait du message de la miséricorde le fil conducteur de son long pontificat et l'a inscrit une fois pour toutes dans les annales de l'Église du XXIe siècle[30].

La deuxième encyclique de son pontificat, *Dives in misericordia* (1980), était déjà consacrée au thème de la miséricorde. Le titre de l'édition française est : « De la miséricorde divine[31] ». Dans cette encyclique, le pape rappelle que la justice seule ne suffit pas, car la justice suprême (*summa iustitia*) peut également devenir une suprême injustice (*summa iniuistitia*). La première canonisation du troisième millénaire le 30 avril 2000 ne fut pas laissée au hasard : elle fut choisie en lien avec le thème de la miséricorde. Car ce jour-là, Jean Paul II a

---

28. Discours de Jean XXIII lors de l'ouverture du concile Vatican II.

29. Cf. Voir W. Kasper, *L'Église catholique : son être, sa réalisation, sa mission*, Ed. du Cerf, 2014.

30. Un bon choix de textes dans : Johannes Paul II., *Barmherzigkeit Gottes – Quelle der Hoffnung.* Ausgewählt und eingeleitet von E. Olk, Einsiedeln 2011. Il existe toute une série de publications sur les œuvres de Jean-Paul II. Nous n'en citerons que deux : C. Schönborn, *Nous avons obtenu miséricorde*, Parole et silence, 2009 et E. Olk, *Die Barmherzigkeit Gottes – zentrale Quelle des christlichen Lebens,* St. Ottilien 2011.

31. Jean-Paul II, *Dives in misericordia* (1980).

canonisé sœur Faustina Kowalska († 1938), mystique polonaise jusque-là très peu connue chez nous. Cette simple sœur est allée bien plus loin dans son Journal que la théologie néoscolastique et son enseignement purement abstrait et métaphysique sur les attributs de Dieu. Fidèle à la Bible, elle a défini la miséricorde divine comme l'attribut suprême de Dieu, la perfection divine par excellence[32]. Elle s'inscrit ainsi dans la lignée d'une grande tradition de mystique féminine. Il suffira ici de mentionner par exemple sainte Catherine de Sienne et sainte Thérèse de Lisieux.

Lors de sa visite à Lagiewniki, banlieue de Cracovie où sœur Faustine a vécu, le pape a dit le 7 juin 1997 que l'histoire avait inscrit la miséricorde au cœur de l'expérience tragique de la seconde guerre mondiale, où elle a été un soutien particulier et une source inépuisable d'espérance. D'après Jean Paul II, ce message a en quelque sorte façonné l'image de son pontificat. Lors de son homélie à l'occasion de la canonisation de sœur Faustine, il a déclaré que ce message devrait être comme un rayon de lumière sur le chemin des hommes du troisième millénaire. Durant son dernier voyage dans sa patrie, il a consacré solennellement le monde à la divine miséricorde le 17 août 2002 à Lagiewniki. À cette occasion, il a chargé l'Église de transmettre au monde ce feu de la miséricorde. À la demande de sœur Faustine, il a institué le dimanche après Pâques, le « dimanche blanc », Dimanche de la Divine Miséricorde.

Ainsi, beaucoup ont vu un signe de la Providence dans le fait que ce pape soit rappelé au Père la veille du dimanche de la miséricorde, le 2 avril 2005. Le pape Benoît XVI a fait sienne cette interprétation lors de la béatification de Jean Paul II le 1er mai 2011, également un dimanche de la miséricorde. Dès la messe d'enterrement le 8 avril 2005, sur la place saint Pierre, celui qui n'était encore que le cardinal Ratzinger avait, en tant que doyen des cardinaux, souligné que la miséricorde avait été la préoccupation principale de son prédécesseur. Il avait repris cette cause à son compte en disant :

> « Il (le pape Jean Paul II) a interprété pour nous le mystère pascal comme mystère de la Divine miséricorde. Il écrit dans son dernier livre que la limite imposée au mal " est en définitive la Divine miséricorde". »

Ceci est une citation tirée du livre que Jean Paul II avait publié quelques mois seulement avant sa mort sous le titre *Mémoire et Identité,* et qui résume une dernière fois clairement sa préoccupation principale[33]. Lors de la messe d'ouverture du conclave le 18 avril 2005, le cardinal Ratzinger disait déjà :

> « Nous écoutons, avec joie, l'annonce de l'année de grâce : la miséricorde divine

32. Sr M. Faustine Kowalska, *Petit Journal*, Ed. du dialogue, Paris, 1977.
33. Jean-Paul II, *Mémoire et identité*, Flammarion, 2005, p. 71.

pose une limite au mal – nous a dit le Saint-Père. Jésus Christ est la miséricorde divine en personne : rencontrer le Christ signifie rencontrer la miséricorde de Dieu. Le mandat du Christ est devenu notre mandat à travers l'onction sacerdotale ; nous sommes appelés à promulguer – non seulement à travers nos paroles mais également notre vie, avec les signes efficaces des sacrements, "l'année de grâce du Seigneur". »

Il n'est donc pas surprenant que dès sa première encyclique *Deus caritas est* (Dieu est amour, 2006), le pape Benoît XVI suive les pas de son prédécesseur et approfondisse l'aspect théologique de cette question. Dans son encyclique sociale *Caritas in veritate* (L'amour dans la vérité, 2009), il a concrétisé ce thème en le mettant en lien avec les nouveaux défis de ce monde. À la différence des encycliques sociales précédentes, il n'a pas pris comme point de départ la justice, mais l'amour en tant que principe fondamental de la doctrine sociale de l'Église. En choisissant un nouveau point de départ, il a posé de nouvelles bases qui donnent un éclairage différent sur la question de la miséricorde dans un contexte plus large.

Trois papes de la deuxième moitié du XXe et du début du XXIe siècle nous ont donc parlé de la divine miséricorde. Il ne s'agit absolument pas d'un thème secondaire, mais bien plutôt d'un thème fondamental de l'Ancien et du Nouveau Testament, un sujet essentiel pour le XXIe siècle en réponse aux « signes des temps ».

3. La miséricorde, un thème délaissé – un oubli inadmissible.

Dès lors que l'on reconnaît que la miséricorde est un thème central pour la théologie du XXIe siècle – manière rationnelle de parler de Dieu qui rend compte de la foi – cela revient à dire qu'il est nécessaire de se pencher d'une manière nouvelle sur la signification centrale du message de la miséricorde divine tant dans l'Ancien que dans le Nouveau Testament[34]. On fait alors cette découverte étonnante, voire effrayante, que ce thème si central dans la Bible et tellement essentiel pour le monde d'aujourd'hui est à peine mentionné dans les lexiques et manuels de théologie dogmatique. Ceux-ci, qu'ils soient traditionnels ou plus récents, ne traitent de la miséricorde divine que comme d'un attribut de Dieu parmi d'autres et ne l'évoquent généralement que rapidement après les attributs liés à l'essence même de Dieu. La miséricorde ne

34. Voir chap. III et IV.

serait donc en aucune façon essentielle[35]. Dans les manuels plus récents, elle est souvent complètement passée sous silence[36], et si par extraordinaire il en est question, alors c'est plutôt de manière anecdotique. Certaines exceptions confirment la règle, mais cela ne change pas fondamentalement ce constat général[37].

Ce résultat est bien décevant, pour ne pas dire catastrophique. Il appelle à repenser complètement l'enseignement sur les attributs de Dieu pour rendre à la miséricorde la place qui lui revient de droit. Car ce constat ne respecte aucunement la place si centrale de la miséricorde dans la Bible, ni les terribles expériences du XXe siècle ni la peur de l'avenir de ce début de XXIe siècle. Dans une situation qui a conduit beaucoup de nos contemporains au découragement, au désespoir et à la perte de repères, la miséricorde divine devrait être mise en valeur comme un message de confiance et d'espérance. Ainsi, mettre en évidence l'importance de la miséricorde de Dieu face à la situation actuelle est un énorme défi à relever pour la théologie.

L'absence de réflexion théologique sur ce message central de la Bible a pour conséquence que le mot même de miséricorde est devenu désuet et n'est plus guère utilisé que pour désigner une pastorale et spiritualité « soft » ou une attitude laxiste, sans effet ni consistance, qui manque de clarté et de fermeté et n'a d'autre objectif que de contenter tout le monde. On peut comprendre qu'une telle attitude soit, dans une certaine mesure, la réaction à une pratique rigide et légaliste de la justice, sans aucune pitié. Mais la

---

35. F. Diekamp, dans sa : *Theologiae dogmaticae manuale quod secundum principia S. Thomae Aquinitatis* (4 volumes, 1946-50) consacre à peine onze lignes.à la miséricorde qu'il cite parmi les autres attributs de Dieu. C'est déconcertant pour une dogmatique qui se réclame de saint Thomas où l'on trouve de nombreux passages qui traitent de la miséricorde. J. Pohle/J. Gummersbach (*Lehrbuch der Dogmatik*, vol. 1, Paderborn 1952) parlent en dernier de la miséricorde, quasiment en annexe. Chez L. Ott (*Grundriss katholischer Dogmatik*, Freiburg i. Br. 1970,) il y a tout de même une page entière consacrée aux attributs moraux de Dieu. Chez M. Schmaus (*Katholische Dogmatik*, Bd. 1, München 1960) ce sont deux pages et demie tout à la fin du volume qui comprend 678 pages – autant dire qu'elle n'entre dans aucune catégorie. Dans l'ouvrage de W. Beinert, *Glaubenszugänge. Lehrbuch der katholischen Dogmatik*, Bd. 1, Paderborn 1995, elle est brièvement évoquée dans le chapitre sur la création. Ce ne sont que des exemples que l'on pourrait multiplier à l'infini.

36. Dans *Mysterium salutis, Grundriss heilsgeschichtlicher* (!) *Dogmatik* (vol. 2) il n'est question de la miséricorde divine qu'en lien avec des passages de théologie biblique, mais elle n'est jamais traitée à part de manière systématique. Il en va de même dans *: Initiation à la pratique de la théologie* (4 vol. parus sous la direction de François Refoulé et Bernard Lauret), Ed. du Cerf 1982 ; également dans : *Handbuch der Dogmatik*, T. Schneider, (vol. 1), Düsseldof 1992 ; G. L. Müller, *Katholische Dogmatik*, Freiburg 1995 ; H. Wagner, *Dogmatik*, Stuttgart 2003. Il est étonnant de constater qu'O. H. Pesch dans sa dogmatique conçue sous un angle œcuménique (*Katholische Dogmatik*, vol. 2, Ostfildern 2008) ne parle absolument pas de la miséricorde divine alors que cela s'y prêterait justement à partir de l'expérience de Luther. Je tombe moi aussi sous la critique, car j'ai également fait l'impasse sur la miséricorde dans mon livre : *Le Dieu des chrétiens* (1985).

37. Le livre de J. M. Scheeben (*Handbuch der katholischen Dogmatik*, vol. 2, Freiburg 1948) fait exception. Et dans la théologie récente B. de Margerie, *Les perfections du Dieu de Jésus-Christ*, Paris, 1981, p. 255-268.

miséricorde ne sera alors qu'une pseudo-miséricorde si on n'est plus saisi de crainte révérencielle devant la sainteté de Dieu, devant sa justice et son jugement, si le oui n'est plus un oui, si le non n'est plus un non, et si l'on diminue l'exigence de justice au lieu de la relever. L'Évangile enseigne la justification du pécheur, non du péché ; c'est pourquoi nous devons aimer le pécheur, mais haïr le péché.

La raison pour laquelle l'on traite si superficiellement le sujet de la miséricorde apparaît clairement lorsqu'on voit que, dans les manuels, les attributs de Dieu qui sont mis au premier plan sont ceux qui proviennent de l'être métaphysique de Dieu, défini comme l'essence, le principe même de l'être (« *ipsum esse subsistens* ») : simplicité, immensité, éternité, omniprésence, omniscience, toute-puissance. Il ne s'agit nullement de remettre en question le fondement de la définition métaphysique de l'être de Dieu sur lequel est basé l'ensemble de la tradition théologique depuis les débuts de l'Église ; nous reviendrons plus longuement sur son bien-fondé et ses limites[38]. Nous voulons seulement souligner ici que dans le cadre des attributs métaphysiques de Dieu, il n'y a quasiment pas de place pour la miséricorde, puisqu'elle ne découle pas de l'être métaphysique de Dieu, mais de sa révélation dans l'histoire. Il n'y en a pas davantage pour la sainteté ni pour la colère de Dieu, qui est sa manière de résister au mal. Oublier la miséricorde n'est donc pas un détail pour l'enseignement théologique, cela nous place plutôt devant un problème fondamental qui concerne la définition de l'être de Dieu et de ses attributs et qui nécessite de penser autrement la théologie.

Le point de départ traditionnel en théologie qui est métaphysique soulève un autre problème lorsque l'on parle de miséricorde. En effet, si Dieu est l'être même, il s'ensuit que cette plénitude d'être implique une perfection absolue, d'où l'incapacité pour Dieu de souffrir (*ἀπάθεια*), puisque la souffrance ne peut être comprise que comme un manque. En raison de son point de départ métaphysique, la dogmatique pouvait donc difficilement parler d'un Dieu compatissant[39]. Elle a dû exclure la possibilité que Dieu souffre (*pati*) passivement avec sa créature ; elle ne pouvait parler de compassion et de miséricorde que dans un sens actif, et affirmer que Dieu s'oppose à la souffrance de sa créature et l'aide à y remédier[40]. La question qui subsiste est de savoir si cette conception rend compte de la compréhension qu'a la Bible d'un Dieu qui souffre avec sa créature, qui a un cœur (*cor*) qui bat pour

---

38. Voir ci-dessous chap. V. 1.
39. Voir ci-dessous chap. V. 6.
40. Thomas d'Aquin, *S. th.* I q. 21 a. 3.

et avec les pauvres (*miseri*)[41]. Est-ce que cette vision d'un Dieu apathique est vraiment compatible avec celle d'un Dieu empathique ?

Sur le plan pastoral, ce fut une catastrophe. Car pour la plupart des gens, un Dieu présenté de manière aussi abstraite leur paraît très éloigné de leur vie quotidienne. Ils ont l'impression qu'Il a peu ou rien à voir avec la situation d'un monde, où on entend sans cesse parler de nouvelles atrocités et où beaucoup ont peur de l'avenir. Ce fossé entre l'expérience de la réalité et l'annonce de la foi a des conséquences catastrophiques. Car l'idée d'un Dieu insensible à la souffrance est une des raisons pour lesquelles beaucoup voient en Dieu un étranger et ne ressentent finalement qu'indifférence à son égard.

En partant de la compréhension de l'être métaphysique de Dieu, les manuels ne pouvaient traiter le thème de la miséricorde qu'en lien avec la justice divine, telle qu'elle était comprise dans la philosophie de l'Antiquité, c'est-à-dire cette volonté de rendre à chacun ce qui lui revient (*suum cuique*). Celle-ci comprend la justice légale (*iustitia legalis*), la justice distributive (*iustitia distributiva*) et la justice rétributive et vindicative (*iustitia vindicativa*). En raison de sa justice rétributive, Dieu récompense les bons et punit les méchants. Se pose alors la question : comment peut-on concilier la miséricorde avec cette justice rétributive ? Si Dieu est miséricordieux et ne punit pas le pécheur, comment miséricorde et justice divines sont-elles compatibles ? La réponse était la suivante : Dieu est miséricordieux avec les pécheurs repentants prêts à se convertir, mais Il punit ceux qui ne se repentent pas de leurs mauvaises actions et ne se convertissent pas. Cette réponse a du sens si l'on considère la justice rétributive comme point de départ qui prévaudrait pour ainsi dire sur la miséricorde, qui lui serait soumise.

L'idée d'un Dieu qui châtie et se venge a effrayé beaucoup de personnes qui se sont mises à craindre pour leur salut éternel. L'exemple le plus connu, celui qui a eu le plus de conséquences dans l'histoire de l'Église, est celui du jeune Martin Luther, hanté par la question : « Comment obtenir la grâce de Dieu ? » Elle lui a longtemps inspiré des scrupules sans fin, jusqu'à ce qu'il comprenne que, dans la Bible, la justice de Dieu ne consiste pas à punir, mais à justifier, et qu'en ce sens elle est sa miséricorde. C'est sur ce point que l'Église s'est divisée au XVIe siècle. Le lien entre justice et miséricorde est ainsi devenu la pomme de discorde qui a marqué le destin de la théologie occidentale[42].

---

41. Voir ci-dessous chap. III.
42. Cf. O. H. Pesch, art. Gerechtigkeit Gottes II, in : LThK 6, 506.

Il a fallu attendre le XXe siècle pour qu'un consensus fondamental entre luthériens et catholiques soit trouvé sur cette question de la justification[43]. Cela n'a été possible que parce que, d'un commun accord, ils ont reconnu que la justice de Dieu est sa miséricorde. Mais jusqu'à présent, la théologie n'a guère tiré les conséquences de cet accord sur la doctrine de la justification, et personne n'a vraiment parlé de manière nouvelle d'un Dieu qui libère et justifie. Voici un défi commun, absolument essentiel, en vue de la nouvelle évangélisation.

Notre tâche est donc de retirer à la miséricorde ces guenilles de Cendrillon dont la théologie traditionnelle l'avait affublée. Il ne s'agit pas pour autant de tomber dans le cliché banal et dévalorisant qui fait de Dieu un « bon Dieu », un « pote sympa », mais ne prend plus au sérieux la sainteté de Dieu. La miséricorde est la justice propre à Dieu et sa sainteté, c'est ainsi qu'il faut la comprendre. Alors nous pourrons redonner tout son éclat à la figure du Père, tel que Jésus nous l'a annoncé : bon et miséricordieux Autrement dit, il est important de présenter l'image d'un Dieu empathique. Ce qui, au vu des distorsions idéologiques de l'image de Dieu, est aujourd'hui doublement nécessaire.

4. La miséricorde soupçonnée d'idéologie

La miséricorde n'est pas uniquement un problème propre à la théologie ; dans le cadre de la réflexion sur l'idéologie moderne, elle est également un problème de société. Nous le rencontrons en particulier chez Karl Marx et dans le marxisme. Marx a défini la religion comme « la raison de consolation et de justification » du monde. D'après lui, « la misère religieuse est, d'une part, l'expression de la misère réelle, et, d'autre part, la protestation contre la misère réelle. La religion est le soupir de la créature accablée par le malheur, l'âme d'un monde sans cœur, de même qu'elle est l'esprit d'une époque sans esprit. C'est l'opium du peuple[44]. »

Cette phrase que l'on cite si souvent est généralement interprétée de manière unilatérale comme une critique de la religion. Cependant, elle n'est pas seulement négative ; elle reconnaît de fait à la religion un droit à la contestation lorsque celle-ci proteste contre la misère, l'injustice et la suffisance des petits-bourgeois. Cependant, Marx est convaincu que, dans la religion, cette

43. Voir la Déclaration Conjointe sur la Doctrine de la Justification de la Fédération Luthérienne Mondiale et de l'Église catholique. Cf. chap. V. 3.

44. Karl Marx, *Contribution à la critique de la philosophie du droit de Hegel*, § 4.

protestation est détournée par idéologie, qu'elle sert uniquement à consoler les gens et les incite à fuir le monde. En toute honnêteté, on ne peut pas nier qu'un tel détournement idéologique de la religion a bel et bien existé et existe encore.

Mais cet abus ne peut être un prétexte pour taxer d'idéologie tout encouragement à rechercher une consolation dans la religion. Cela reviendrait à infliger une nouvelle injustice à tous ceux qui, dans la détresse, ont cherché secours dans leur foi et y ont trouvé la force de surmonter les difficultés de la vie. Au nom de la religion et de la miséricorde, de nombreuses protestations se sont élevées contre l'injustice et la violence et des mesures fortes ont été prises pour y remédier. Une illustration de cette thèse est la naissance d'un mouvement social chrétien, qui existait déjà du temps de Karl Marx[45].

Cependant, vouloir supprimer toute difficulté et toute souffrance par la force, comme le communisme idéologique et totalitaire a tenté de le faire, fut non seulement un échec, comme l'expérience nous l'a montré, mais de plus, elle a infligé des tourments et des souffrances indicibles à des millions de personnes. Des témoignages poignants révèlent la misère et la désolation dans lesquelles le monde sans Dieu et sans miséricorde du communisme stalinien a plongé les hommes. Ce monde était soi-disant uniquement basé sur la justice, et non sur la miséricorde, qui était considérée comme une attitude bourgeoise vieillotte. C'est précisément en l'absence de miséricorde que son besoin se fait cruellement sentir[46].

On retrouve une critique de la compassion et de la miséricorde totalement différente chez Friedrich Nietzsche. À la pensée rationnelle, qualifiée d'apollinienne, il opposait la pensée dionysiaque, basée sur l'éclatement des formes de créativité connues et l'ivresse de se sentir vivant. En raison de sa vision dionysiaque de la vie, il considère que la compassion ne fait qu'augmenter la souffrance. D'après lui, la miséricorde n'est pas de l'altruisme, mais une forme d'égoïsme et de plaisir personnel[47], puisque le miséricordieux veut montrer aux pauvres sa propre supériorité et la lui faire sentir. Dans son œuvre majeure *Ainsi parlait Zarathoustra*, Nietzsche proclame en quelque sorte un contre-évangile allant à l'encontre de l'Évangile chrétien de la miséricorde : « Dieu est mort ; c'est sa pitié pour les hommes qui a tué Dieu. » La mort de Dieu laisse la place au surhomme et à sa volonté de puissance. C'est pourquoi Nietzsche prend le contre-pied du Sermon sur la montagne et affirme : « Je ne les aime pas, les miséricordieux. » ; « Tous les

45. Voir ci-dessous chap. VIII.1.

46. D. Granin, *Die verlorene Barmherzigkeit. Eine russische Erfahrung*, Freiburg, 1993.

47. F. Nietzsche, *Humain, trop humain* (1878).

créateurs sont durs[48] ». Ainsi, Nietzsche oppose en fin de compte Dionysos au Christ crucifié[49].

Les écoles d'élites national-socialistes ont fait de cette phrase de Nietzsche leur Credo : « Ce qui ne me détruit pas me rend plus fort[50] » – ce n'est pas le lieu ici de s'interroger sur la pertinence de l'utilisation de cette citation. Les paroles de Nietzsche sur la morale des forts[51] et la race supérieure[52] eurent des répercussions dramatiques dans l'histoire. Les conséquences de l'idéologie nationale-socialiste furent le mépris de l'homme. C'est pourquoi de nos jours, il ne viendrait à l'idée de personne de parler de « race supérieure ». Pourtant, le manque de miséricorde règne encore trop souvent dans les sociétés occidentales. Malheureusement, le racisme et le sentiment de supériorité face aux autres cultures continuent d'exister de par le monde.

À cela s'ajoutent dans nos sociétés des mouvements se réclamant d'un darwinisme social, dont le seul Credo est de faire valoir le droit des plus forts et d'imposer leurs intérêts économiques, sans égard pour personne. Ceux qui ne peuvent pas suivre se font tout simplement piétiner et écraser. C'est surtout suite à la mondialisation de l'économie et des marchés financiers que des forces néocapitalistes absolument incontrôlables ont pris le pouvoir ; elles ont souvent, sans aucune pitié, transformé des hommes et même des peuples entiers en un jouet entre leurs mains au service de leur concupiscence et de leur course à l'argent[53].

Il est significatif que des mots tels que miséricorde et compassion soient pratiquement passés de mode ; dans l'oreille de beaucoup, ils ont une connotation sentimentale. Ils sont usés et ont l'air ringards et poussiéreux. L'idée qui se cache derrière cela est la suivante : celui qui ne suit pas les règles en vigueur, établies par une société de forts qui réussissent, de gens en bonne santé, ou qui ne se retrouve pas en elles, celui donc qui se raccroche aux Béatitudes du Sermon sur la montagne, qui justement remettent en question cet ordre des choses et le renversent littéralement, celui-là sera considéré comme naïf et déplacé, et on sourira de lui avec indulgence comme du prince Mychkine dans le roman *L'Idiot* de Dostoïevski. Le mot compassion a bien souvent revêtu une connotation négative, presque cynique[54]. Il semblerait

48. F. Nietzsche, *Ainsi parlait Zarathoustra*, Deuxième Partie, Des Miséricordieux.
49. F. Nietzsche, *Ecce homo.*
50. Idem.
51. F. Nietzsche, *Par-delà le bien et le mal* (1986).
52. F. Nietzsche, *Fragments posthumes* (1854-1889).
53. Voir ci-dessous chap. VIII.
54. D'autres exemples chez K. Hamburger, *Das Mitleid*, Stuttgart, 2001. Hamburger soutient la thèse que la pitié est, en matière d'éthique, un phénomène neutre qui permet de prendre distance. Critique : N. Gülcher/I. von der Lühe, *Ethik und Ästhetik des Mitleids*, Freiburg, 2007.

donc que dans notre société, compassion et miséricorde soient en mauvaise posture. Heureusement, il existe bien sûr aussi des contre-courants.

5. Empathie et compassion comme nouvelle approche

De nos jours, le besoin criant de compassion et de miséricorde n'est nullement étouffé ; il s'est même renforcé. Les mots compassion et miséricorde ont beau être complètement passés de mode, la réalité et les comportements qui en découlent ne le sont pas. Les gens étaient et sont encore horrifiés et stupéfaits face à la politique d'extermination des nationaux-socialistes, appliquée froidement selon une procédure administrative, de même que face à l'indifférence générale et la froideur dans un monde devenu individualiste, ou face aux accès de violence des jeunes qui attaquent des gens sans raison, les rouent de coups, les torturent, et sont même prêts à les tuer. Famines et catastrophes naturelles déclenchent à chaque fois une grande vague de compassion et de solidarité dans le monde entier. Il ne faut pas oublier non plus l'entraide qui se pratique dans les familles, entre voisins ou dans un groupe, et qui est souvent ignorée et peu reconnue publiquement. Heureusement, compassion et miséricorde ne nous sont pas devenues complètement étrangères et nous n'en avons pas abandonné la pratique.

La compassion – ou, comme on préfère l'appeler, l'empathie (une compréhension bienveillante) – est devenue dans la psychologie et la psychothérapie modernes, en pédagogie, en sociologie et en pastorale le nouveau paradigme important[55]. De nos jours, on considère généralement que la condition préalable à une relation réussie entre deux personnes est de savoir se mettre à la place de l'autre pour appréhender sa situation, ses sentiments, ses pensées et son mode de vie, et ainsi comprendre son raisonnement et ses actions. Ce serait là la définition de la véritable humanité. De plus, savoir se projeter dans les sentiments, les pensées et le mode de vie d'une autre culture et d'un autre peuple, c'est le préalable fondamental à toute rencontre intellectuelle, à toute entente paisible et à toute collaboration entre religions et cultures, tout comme à une politique et diplomatie au service de la paix.

D'autres préfèrent parler de « *compassion*[56] » plutôt que d'empathie. Cette *compassion* qualifie par exemple une œuvre de charité qui cherche dans le monde entier des parrains pour les enfants en difficulté, les aide à vaincre la

55. C. Rogers, *Empathie – eine unterschätzte Seinsweise*, in : C. Rogers/R. Rosenberg, *Die Person als Mittelpunkt der Wirklichkeit*, Freiburg 1980. Cf. K. Hilpert, art. Mitleid, in : LThK 7, p. 334-337.

56. NdT : il s'agit ici du mot anglais, en italique dans le texte, pour le différencier du mot français.

pauvreté et fait en sorte que l'enfant parrainé puisse avoir un avenir meilleur. Le mot est également utilisé pour un projet d'éducation et de formation dont le but est de promouvoir apprentissage, compétence et responsabilité en société[57]. Il existe même une *Charter for Compassion* (charte pour la compassion), pour laquelle Karen Armstrong s'engage tout particulièrement. Ce qui paraissait dépassé est donc revenu à la mode sous un autre nom et une forme nouvelle.

La théologie a repris ces idées et tenté de leur faire porter du fruit sur un plan théologique. Johann Baptist Metz a instauré la *compassion* comme programme mondial du christianisme à l'ère du pluralisme des religions et des cultures[58]. Dans ses publications précédentes, il avait déjà mis au cœur de sa réflexion la question de l'existence de Dieu face à l'expérience de l'injustice et de la souffrance et exigé l'élaboration d'une théologie attentive à la souffrance et basée sur la théodicée[59].

Il ne s'agit bien évidemment pas d'une pitié basée uniquement sur le sentiment, ni d'une miséricorde sans consistance. Le mot *compassion* ne doit pas être compris seulement comme un comportement compatissant, mais dans le mot *compassion*, il faut savoir reconnaître le mot « passion », pour y voir l'attitude passionnée face à l'injustice criante qui subsiste dans notre monde, ainsi que la soif de justice. Cette dernière est déjà présente chez les prophètes de l'Ancien Testament, puis chez Jean le Baptiste, le dernier des prophètes, et enfin chez Jésus lui-même. Il ne s'agit pas non plus d'oublier les nombreuses paroles de jugement contenues dans l'Ancien comme dans le Nouveau Testament, de les sous-estimer au nom d'une miséricorde mal comprise, ni de diluer les exigences de justice qui sont clairement exprimées dans la Bible et auxquelles nous sommes tenus de nous conformer.

Mais la Bible sait également qu'il ne sera jamais possible d'instaurer une justice parfaite en ce monde. C'est pourquoi, à cause de toutes ces situations injustes qu'il est impossible de changer, elle nous présente l'espérance eschatologique de la justice divine. Et pour combler notre soif de justice, la Bible nous propose d'entendre l'appel à la miséricorde. Pour elle, la miséricorde est la justice propre à Dieu. Au cœur du message biblique, elle est

---

57. J. B. Metz/L. Kuld/A.Weisbrod (Hg.), *Compassion, Weltprogramm des Christentums. Soziale Verantwortung lernen*, Freiburg i. Br. 2009. Cf. D. Mieth, Mitleid, in : id., p. 21–25.

58. A l'origine dans le feuilleton du journal allemand : Süddeutsche Zeitung du 24.12. 2007, puis in : J. B. Metz, *Compassion.* Zu einem Weltprogramm des Christentums im Zeitalter des Pluralismus der Religionen und Kulturen, in : Metz/Kuld/Weisbrod, *Compassion* (voir note 57).

59. Voir surtout J. B. Metz, *Plädoyer für mehr Theodize-Empfidlichkeit in der Theologie,* in : W. Oelmüller, *Worüber man nicht schweigen kann*, München, 1992 ; J. B. Metz, *Theodizee-empfindliche Gottesrede,* in : *„Landschaft aus Schreien“. Zur Dramatik der Theodizeefrage,* Mainz 1995 ; id. *Memoria Passionis. Ein provozierendes Gedächtnis in pluraler Gesellschaft*, Freiburg, 2006.

présentée comme une valeur supérieure à la justice, et non l'inverse. L'Ancien Testament parle de la bonté et de la miséricorde de Dieu (cf. Ex 34, 6, Ps 86, 15 entre autres), et le Nouveau Testament l'appelle le *« Père des miséricordes et le Dieu de toute consolation »* (2 Co 1, 3, voir aussi Ep 2, 4).

Il existe aujourd'hui encore énormément de personnes pour qui le recours à la miséricorde représente la dernière consolation et l'ultime réconfort dans une situation humainement sans issue, qu'il s'agisse de catastrophes dont ils ne sont pas responsables, tremblements de terre, tsunamis, ou d'épreuves personnelles. On constate souvent que dans ce genre de situations, des personnes qui ne sont pas spécialement pratiquantes vont spontanément chercher refuge dans la prière. Savoir que Dieu est bon et miséricordieux est souvent la seule consolation qui reste à tous ces gens qui souffrent d'une maladie grave ou qui se sont enfermés dans la culpabilité sans aucun recours. Ils espèrent qu'au dernier jour, Il démêlera l'enchevêtrement de destin et de faute, d'injustice et de mensonge, et qu'Il y mettra fin. Leur espoir est que ce Dieu qui voit les profondeurs secrètes du cœur humain et connaît ses motivations cachées sera un juge bienveillant. C'est pourquoi aujourd'hui encore, beaucoup sont touchés par le *« Kyrie eleison »* que l'on entend dans de nombreux cantiques et au début de chaque messe, ainsi que par la prière du cœur couramment utilisée dans la tradition orthodoxe que l'on apprécie de plus en plus dans l'Église occidentale : « Seigneur Jésus, prends pitié de moi, pécheur ». Qui peut prétendre ne pas avoir besoin de cette prière ?

Lorsqu'on aborde le sujet de la miséricorde, il n'est donc pas d'abord question des conséquences éthiques et sociales de ce message ; il s'agit avant tout de Dieu et de Sa miséricorde, et seulement après, du comportement qui découle du commandement. Parler d'empathie et de *compassion* peut être le point de départ d'une réflexion théologique sur ce sujet. Car la peine et la souffrance sont aussi vieilles que le monde, elles font partie de l'expérience universelle de l'homme. Toutes les religions se posent d'une manière ou d'une autre ces questions : Pourquoi la souffrance ? D'où vient-elle ? Quel sens a-t-elle ? Elles cherchent comment être délivré de la souffrance et de l'épreuve et se demandent où nous pouvons puiser la force pour y faire face[60]. On peut donc dire que la compassion n'est pas seulement un thème lié à une expérience actuelle de la souffrance, mais qu'il s'agit également d'un sujet universel qui touche toute l'humanité. C'est pourquoi elle peut très bien servir de point de départ à la théologie. Car on ne peut pas parler de Dieu en employant des catégories subjectives alors que c'est Lui qui détermine toute

60. Cf. P. Hünermann/A. T. Khoury, *Warum leiden ? Die Antwort der Weltreligionen*, Freiburg, 1987.

réalité : il faut donc utiliser des catégories universelles. Ce sont les seules qui conviennent à la question de l'existence de Dieu.

De cette première esquisse, certes incomplète, on peut tirer pour la suite de notre réflexion les questions suivantes : Qu'est-ce que cela implique de croire en un Dieu miséricordieux ? De quelle manière s'expriment la miséricorde et la justice divines ? Comment pouvons-nous parler d'un Dieu empathique, donc compatissant ? Peut-on concilier une souffrance imméritée et la miséricorde divine ? Cela suscite des questions éthiques : Comment pouvons-nous mettre en accord la miséricorde divine et notre propre façon d'agir ? Comment concrètement l'Église peut-elle vivre le message de la miséricorde ? De quelle façon peut-elle faire passer ce message central aux chrétiens ? Et enfin : Qu'implique ce message pour une nouvelle culture de la miséricorde dans notre société ? En bref : Que signifie cette béatitude du Sermon sur la montagne : *« Bienheureux les miséricordieux »* (Mt 5, 7) ?

Chapitre II

APPROCHE GÉNÉRALE

1. Considérations philosophiques

Préliminaires linguistiques et pratiques

De nos jours, la miséricorde est pour beaucoup un mot difficile à comprendre. Bien souvent, ce ne sont pas les miséricordieux qu'on admire, mais bien plutôt ceux qui savent s'imposer et faire valoir leurs intérêts. De fait, la miséricorde est fréquemment considérée comme une faiblesse. C'est pourquoi il nous faudra dans un premier temps faire quelques efforts pour retrouver le sens originel de ce mot, dont la signification est très forte. Pour ce faire, la philosophie peut nous être d'une grande utilité, car elle nous ouvre de nouvelles perspectives.

Le message chrétien d'un Dieu miséricordieux est certes propre à la Bible, mais dès le départ, la tradition théologique a pu le rattacher à une expérience humaine universelle et à son interprétation philosophique[61]. C'est surtout l'expérience ancestrale qui a servi de point de départ : il s'agissait tout d'abord de compatir avec l'homme qui souffre. Ces deux mots, compassion et miséricorde, ne sont certes pas interchangeables, mais les deux notions se recoupent sur le plan linguistique dans le latin « *misericordia* ». Ceci vaut également pour la Bible, comme nous le démontrerons plus loin[62].

---

61. Nous nous contenterons de quelques références. Voir une présentation plus détaillée par L. Samson, art. Mitleid, in : HWPh 5 (1980) 1410-1416 ou R. Hauser/J. Stöhr, art. Barmherzigkeit, in : HWPh 1 (1971) 754s. Également : D. Ansorge, *Gerechtigkeit und Barmherzigkeit Gottes*. Die Dramatik von Vergebung und Versöhnung in bibeltheologischer, theologiegeschichtlicher und philosophiegeschichtlicher Perspektive, Freiburg i. Br. 2009.

62. Voir ci-dessous chap. III. 1.

Le mot latin « *misericordia* » signifie littéralement : avoir son cœur (*cor*) auprès des pauvres (*miseri*) ; avoir un cœur qui bat pour les pauvres. Le mot français « miséricorde » exprime la même chose, il veut dire « sentiment par lequel la misère d'autrui touche notre cœur[63] ». Selon cette définition humaniste la miséricorde désigne l'attitude qui nous permet de dépasser notre propre égoïsme et égocentrisme, pour garder notre cœur non pas pour nous, mais auprès des autres, et plus particulièrement auprès des pauvres et des malheureux. Ce dépassement et cet oubli de soi pour se tourner vers les autres ne sont pas une faiblesse, mais bien une force. C'est cela, la véritable liberté. Car il s'agit là de bien plus que de dépasser un narcissisme esclave de son ego. La miséricorde permet de se déterminer soi-même en toute liberté et ainsi de se réaliser soi-même. Elle est si libre qu'elle peut même se libérer d'elle-même, se dépasser, s'oublier, et pour ainsi dire se transcender.

Fondements dans l'Antiquité et au Moyen-Âge

La philosophie antique s'est intéressée très tôt au thème de la compassion. Dès le début, son appréciation fut controversée. Platon avait déjà anticipé en grande partie les critiques ultérieures et opposé l'émotion en lien avec la compassion à l'attitude dictée par la raison et la justice. En effet, un juge peut être détourné d'une sentence juste par sa compassion pour l'accusé[64].

Aristote avait au contraire une vision plus positive de la compassion. Il fut probablement le premier à en donner une sorte de définition. Il a démontré que si la souffrance injuste des autres nous affecte, c'est parce qu'un tel malheur pourrait bien nous arriver à nous aussi. Notre compassion face à la souffrance d'autrui comporte donc également une part de solidarité et de sympathie au sens étymologique du terme (littéralement : souffrir avec)[65]. Lorsque les autres souffrent injustement, leur souffrance nous rejoint sur un plan existentiel. Puisque cela pourrait également nous arriver, nous nous identifions en quelque sorte à l'autre par notre compassion. Aristote le montre dans sa *Poétique* : la représentation du destin tragique d'un héros suscite chez le spectateur crainte (*Φόβος*) et compassion (*έλεος*) et par là même provoque en lui une purgation (*κάθαρσις*) intérieure[66].

Le stoïcisme a une tout autre interprétation. D'après ce courant philosophique, l'émotion liée à la compassion est incompatible avec l'idée directrice du

63. Définition du Littré.
64. Platon, *Apologia* 34 c ss. ; *Politeia* 415 c.
65. Aristote, *Rhétorique* 1385 b.
66. Aristote, *Poétique*, 1449 b.

stoïcisme sur le plan éthique, qui prône le contrôle des émotions par la raison, l'autarcie et l'ataraxie (absence de tout trouble ou douleur). Pour le stoïcien, la compassion représente donc une résignation déraisonnable, c'est une faiblesse et une maladie de l'âme. L'idéal du sage stoïcien est de rester intérieurement impassible face à son propre destin comme à celui des autres, et d'atteindre l'absence de passions (*ἀπάθεια*). Le stoïcien doit affronter placidement et sans émotion son malheur et la souffrance d'autrui. Ceci ne veut pas dire que les stoïciens ne connaissaient pas ou n'appréciaient pas des attitudes telles que la clémence (*clementia*), la philanthropie (*humanitas*) et la bienveillance (*benignitas*)[67].

En se référant à la Bible, les Pères de l'Église ne se sont pas rangés à cet idéal stoïcien. Augustin[68] et plus tard Thomas d'Aquin[69] ont pris le mot « *misericordia* » dans son sens étymologique : avoir son cœur (*cor*) auprès des *miseri*, c'est-à-dire des pauvres et des malheureux, au sens le plus large du terme. À la suite d'Aristote, ils ont défini la compassion comme le fait de compatir (*compassio*) : avoir un cœur rendu pauvre par la misère d'autrui (*miserum cor habens propter miseriam alterius*)[70]. Pour Augustin et Thomas d'Aquin, compassion et miséricorde ne sont pas seulement des sentiments suscités par la souffrance d'autrui et donc ne se situent pas uniquement sur le plan affectif, mais ont au contraire une réelle efficacité, car elles visent à combattre et à vaincre le manque et la misère. Ce point est très important pour bien comprendre la compassion et la miséricorde divines. Car face à la souffrance de l'homme, Dieu ne peut pas rester passif, comme s'il n'était affecté que de l'extérieur. La miséricorde de Dieu ne peut se comprendre que dans le deuxième sens du mot : Dieu s'oppose activement et efficacement au manque et à la souffrance et cherche à les faire cesser[71].

Yves Congar a développé en détail la pensée de Thomas d'Aquin[72]. Il a démontré que chez Thomas, la miséricorde est l'expression de la souveraineté de Dieu. Celui-ci n'est pas comme un juge ou un employé qui appliquerait équitablement une loi érigée par une instance supérieure. Dieu est le Seigneur souverain, Il n'a à se soumettre à la loi de personne, car c'est lui qui décide dans sa liberté souveraine à qui il attribue ses dons. Il ne le fait pas de

67. Sénèque, *Sur la clémence* II, 6.

68. Augustin, *De civita Dei* IX, 5.

69. Thomas d'Aquin, *S. th.* I q 21 a. 3 ; II/II q 30 a. 1 ad 2 ; a 2 et 3 ; *Super Ioannem* 2, lect. 1. n. 3.

70. Thomas d'Aquin, *S. th.* II/II q 30 a. 1 c. a.

71. Thomas d'Aquin, *S. th.* I q 21 a. 3. Comparer avec B. de Margerie, *Les perfections du Dieu de Jésus-Christ,* Paris 1981, p. 255-257.

72. Y. Congar, *La miséricorde. Attribut souverain de Dieu*, in : Vie spirituelle 106 (1962), p. 380-395. Cf. Ansorge, *Gerechtigkeit und Barmherzigkeit Gottes* (voir note 61) ; E. Olk, *Die Barmherzigkeit Gottes als zentrale Quelle des christlichen Lebens*, St Ottilien 2011.

manière arbitraire, il agit bien plutôt selon sa bonté[73]. On voit donc que la miséricorde ne s'oppose pas à la justice, ni ne la supprime ; au contraire elle la dépasse, elle est la plénitude de la justice[74].

Se démarquant du monde grec et romain, les chrétiens ont, dès le début, mis en place une aide aux pauvres à un niveau individuel et paroissial. Très tôt, ils ont institué l'assistance aux pauvres et aux malades[75]. Ils considéraient que cela faisait partie des attributions des évêques, qui se faisaient aider des diacres.

À partir du IVe siècle, on a fondé des maisons d'accueil pour les malades et les pèlerins, ainsi que des foyers pour les pauvres, qui ont servi de modèle aux hospices du Moyen-Âge – où l'on accueillait les pauvres et les malades – et aux ordres religieux dont la vocation est de soigner. Le christianisme a donc exercé une influence durable sur la culture européenne et sur sa vision de l'homme. Les effets de cette influence sont encore visibles aujourd'hui, souvent sous une forme sécularisée. Sans cette impulsion chrétienne, on ne peut comprendre ni l'histoire sociale et culturelle européenne, ni celle de l'humanité.

Universalisation et critique de la compassion dans les temps modernes

L'assistance aux pauvres et aux malades, telle qu'on la connaît de nos jours, n'est pas sortie de nulle part ; elle s'appuie sur une culture sociale du haut Moyen Âge, imprégnée de l'esprit du christianisme. Mais la compassion envers une personne concrète a été progressivement remplacée par un amour universel du prochain. C'est Jean-Jacques Rousseau qui en fut l'initiateur. D'après lui, la compassion est un sentiment qui précède toute réflexion et est à l'origine de toutes les vertus sociales. Car elle implique la capacité de se mettre à la place de quelqu'un ; elle seule permet à un individu d'entrer en relation avec une autre personne[76]. Rousseau a donc transformé la compassion envers une personne qui souffre en un amour global et universel envers l'homme et l'humanité.

Bien souvent, l'amour du prochain s'est transformé en amour du « plus lointain ». Par ailleurs on peut se demander si cette universalisation de la compassion n'est pas au-dessus de nos forces[77]. La même question se pose aussi lorsque l'on voit que la télévision par exemple parvient à faire naître la compassion et à susciter une campagne de dons en mettant en avant des cas

73. Thomas d'Aquin, *S. th.* I q 21 a. 1 ad 2 et 3
74. Thomas d'Aquin, *S. th.* I q 21 a. 1 ad 2 ; voir aussi chap. V.1.
75. Voir ci-dessous chap. VII, 4.
76. J. J. Rousseau, *Émile ou de l'Éducation*, livre IV.
77. H. Ritter, *Nahes und fernes Unglück. Versuch über das Mitleid, München*, 2004; cf. Bolz, *Diskurs über die Ungleichheit. Ein Anti-Rousseau,* München, 2009.

particuliers relayés par les médias, ce qui, en soi, est très louable, mais évite par là même d'instaurer un lien personnel concret.

Gotthold Ephraim Lessing a sensiblement la même position que Rousseau. Il considère la compassion surtout d'un point de vue esthétique. Pour cet écrivain du Siècle des Lumières, le rôle central de la littérature est d'être un intermédiaire. Il estime que la compassion est l'une des vertus les plus importantes de la vie civile ; pour lui, elle est la qualité humaine par excellence. Contrairement à Aristote, Lessing estime que la tragédie n'a qu'une fonction éducative, parce qu'elle suscite chez l'homme crainte et compassion[78].

> « L'homme le plus compatissant est le meilleur des hommes, celui qui est le mieux disposé à toutes les vertus sociales, à toutes les formes de magnanimité. Ce qui nous rend compatissants nous rend meilleurs et plus vertueux, et la tragédie, qui a le premier effet, possède en même temps le second – ou plus précisément, elle ne nous rend plus compatissants que pour nous rendre plus vertueux[79]. »

Friedrich Schiller a fait sienne cette idée dans sa théorie sur la tragédie et est allé encore plus loin. Le titre même de son ouvrage, *Le théâtre considéré comme une institution morale*, montre déjà clairement que, pour lui, la tragédie doit être une institution éducative[80].

S'opposant encore une fois à Aristote, Hegel ne considère pas la compassion comme le simple ressenti d'une émotion. Comme il le fait remarquer avec sarcasme, « cette sorte de regrets, ce sont surtout les femmes des petites villes qui l'éprouvent. » D'après Hegel, la compassion n'est pas seulement une expérience négative – être touché par la souffrance d'autrui – mais il s'agit aussi d'éprouver de la « sympathie envers celui qui souffre tout en reconnaissant son droit moral ». Hegel estime donc que la compassion va bien au-delà de la simple émotion, elle exprime la reconnaissance de la dignité inhérente à l'homme qui souffre[81].

D'une tout autre façon – non sans une certaine influence du bouddhisme – Arthur Schopenhauer met la compassion au cœur de l'éthique. La compassion est pour lui un « phénomène quotidien », une manière de prendre part directement à la souffrance d'autrui. Cette sorte de compassion permet de déconstruire petit à petit le mur entre le « Je » et le « Tu » qui paraissait auparavant insurmontable. Schopenhauer la décrit comme une manière de

78. G. E. Lessing, *La Dramaturgie de Hambourg*, Bruxelles, Klincksieck, 2009.

79. G. E. Lessing, *Lettres à Friedrich Nicolai*, nov 1756.

80. F. Schiller, *Que peut effectivement faire un théâtre respectueux des règles ?* dans : *Le Théâtre considéré comme une institution morale,* 1784.

81. Hegel, *Esthétique ou philosophie de l'art.*

se reconnaître dans l'autre, et l'érige en principe de toute morale[82]. Il devient ainsi le véritable philosophe des temps modernes en matière de compassion.

Tout comme l'ensemble de l'histoire moderne de la philosophie et de la pensée, notre compréhension contemporaine de la compassion et de la miséricorde n'a pas évolué en droite ligne. À l'instar des conceptions de l'Antiquité, les théories actuelles concernant la compassion et la miséricorde sont tout aussi controversées, selon qu'elles penchent plutôt du côté d'un sentiment humain naturel ou vers une loi morale raisonnable.

Le représentant classique de cette éthique de la raison est Emmanuel Kant, qui est probablement le philosophe le plus important des temps modernes, et celui qui a la plus grande influence. Il a beaucoup critiqué l'éthique universelle qui s'appuie sur des sentiments tels que la compassion. L'important pour lui était de trouver une loi morale valable pour tous, basée sur la raison. Le comportement éthique de tout être raisonnable ne peut être motivé par des émotions, il doit être dicté par la raison. C'est pourquoi l'impératif catégorique kantien stipule :

> « Agis seulement d'après la maxime grâce à laquelle tu peux vouloir en même temps qu'elle devienne une loi universelle[83]. »

Puisque l'action morale ne peut s'appuyer que sur la raison, et non sur la sensibilité, l'expérience ou les sentiments, ni même sur la compassion, Kant se rallie à l'enseignement des sages stoïciens et rejette la compassion qu'il juge moralement inférieure. Ressentir de la compassion envers quelqu'un que je ne peux pas aider ne fait qu'augmenter la souffrance. De plus, c'est « une façon blessante de faire le bien », puisque « ce qu'on appelle miséricorde exprime une bienveillance envers quelqu'un d'indigne et entre personnes qui n'ont pas lieu de se vanter d'être dignes du bonheur, et elle ne devrait pas se produire dans leurs rapports mutuels[84] ». Kant est cependant suffisamment réaliste pour ajouter : bien que compatir et se réjouir avec les autres ne soient pas une obligation en soi, cultiver de tels sentiments est tout de même pour nous une obligation indirecte, puisqu'ils nous permettent de partager véritablement le sort d'autres personnes. Car sans de telles dispositions, « le principe de l'obligation ne suffirait pas à lui seul[85]. »

Kant n'aurait pas été un si grand philosophe s'il n'avait pas vu très clairement les limites de l'éthique de la raison. Ainsi, à la fin de sa *Critique de la*

---

82. A. Schopenhauer, *Le fondement de la morale.*
83. E. Kant, *Fondements de la métaphysique des mœurs.*
84. *Idem.*
85. *Idem.*

raison pratique, il pose des postulats, c'est-à-dire des théories et des hypothèses dont il n'est pas besoin de démontrer la validité, mais qu'il faut accepter pour comprendre sa philosophie éthique. Un des postulats fondamentaux de Kant est l'existence de Dieu[86]. Cependant, pour lui, Dieu n'est pas la raison qui rendrait la loi morale obligatoire, mais le présupposé qui permet d'atteindre le but de la loi morale, à savoir le bonheur. Car Dieu est le seul à pouvoir faire concorder la morale de l'homme et la nature, et donc la béatitude. Le christianisme y ajoute l'idée du royaume de Dieu, à qui seule l'exigence la plus stricte de la raison pratique rend justice. Seule la religion rend possible l'espérance d'une vie heureuse et pleine de sens[87].

Dans son ouvrage sur la religion intitulé *La Religion dans les limites de la simple raison*, Kant va encore plus loin. Il constate que le monde est dans une impasse et que le cœur de tout homme a une inclination au mal, est corrompu et perverti. La loi morale suppose donc une révolution des mœurs, une renaissance et un changement des cœurs[88] – ce que personne ne peut accomplir par ses propres forces[89]. De fait, Kant fait de la grâce un postulat de la raison pratique. C'est pourquoi il déclare que la religion chrétienne est la seule religion morale, car à toute personne qui fait ce qu'elle peut et doit faire, elle accorde un surcroît de grâce qui supplée à ce qu'elle n'est pas capable d'accomplir par elle-même [90].

D'un point de vue théologique, on considère cette affirmation comme incomplète, car c'est une interprétation pélagienne de la doctrine chrétienne de la grâce. Précisons cependant que de toute façon, il ne faut pas s'attendre à ce que la philosophie élabore en détail une doctrine de la grâce. Tout ce qu'elle peut faire, c'est envisager la possibilité que la grâce existe réellement et poser la question de l'existence d'un Dieu bienveillant. C'est ce qu'a fait Kant. Il a ainsi fourni un travail considérable en élaborant une base philosophique de la grâce, mieux, un accès à la doctrine de la grâce. De ce fait, il a ouvert la voie à d'autres réflexions semblables, que l'on retrouve sous des perspectives nouvelles au XXIe siècle et qui nous aident lorsqu'il s'agit de parler de la grâce et de la miséricorde divine pour qu'elles soient compréhensibles par l'homme et se justifient sur le plan rationnel[91].

---

86. E. Kant, *Critique de la raison pratique.*
87. *Idem.*
88. E. Kant, *La Religion dans les limites de la simple raison*, p. 58.
89. *Idem* p. 94.
90. *Idem* p. 62.
91. Nous ne reviendrons pas ici sur la position de Nietzsche, voir chap. I, 4.

Nouvelles perspectives aux XXe et XXIe siècles

Au XXe siècle, le fondement du subjectivisme de Kant a été fortement critiqué. Le changement s'est amorcé avec la nouvelle orientation phénoménologique d'Edmund Husserl et de Max Scheler. Leur but était de dépasser le postulat de départ du subjectivisme néokantien pour revenir à une vérité objective, y compris dans les relations entre les hommes. Ce faisant, l'empathie est devenue le point de départ central de leur pensée. Edith Stein, élève de Husserl, a publié un ouvrage intitulé *Le Problème de l'empathie*[92].

Max Scheler a voulu réhabiliter l'éthique matérielle au moyen de la phénoménologie. Dans *Nature et formes de la sympathie,* il expose en détail la pensée phénoménologique et sa théorie sur l'empathie. D'après lui, la compassion est un phénomène qui existe depuis la création de l'humanité. Il distingue deux formes de compassion : la simple « contagion affective », et la véritable compassion, qui implique une relation personnelle et fait « souffrir à cause de la souffrance des autres en devenant ces autres[93] ». Par ce genre de conceptions, Scheler a exercé dans sa période catholique une influence considérable sur la théologie. Mais ces idées n'eurent qu'un temps et furent remplacées dans la deuxième moitié du XXe siècle par des courants de pensée que l'on a qualifiés plutôt maladroitement de postmodernes, à défaut d'une définition plus explicite.

La pensée dite postmoderne a dépassé la phénoménologie de Husserl dans sa critique du subjectivisme moderne. C'était déjà le cas de la philosophie du dialogue (Martin Buber, Franz Rosenzweig, Ferdinand Ebner), qui se rattachait à d'anciens courants méta-critiques représentés par Johann Georg Hermann et Johann Gottfried Herder. Ce courant philosophique considérait l'homme non pas comme un être qui monologue, mais comme un être en dialogue, qui vit essentiellement dans la relation.

Cette conception a trouvé un écho bien au-delà des auteurs cités ci-dessus et entraîné une revalorisation de la compassion. Parmi ces penseurs, on trouve également des représentants de l'école de Francfort, mais pour une tout autre raison. Ces derniers estiment que la compassion a son importance à cause de la solidarité avec ceux qui souffrent et qui sont opprimés[94]. Ceci dit, il faut également nommer d'autres penseurs qui représentent un courant de pensée très différent, tel que Walter Schulz. Après la surenchère de la

---

92. E. Stein, *Le Problème de l'empathie.*

93. M. Scheler, *Nature et formes de la sympathie : contribution à l'étude des lois de la vie affective,* Payot & Rivages, 2003.

94. M. Horkheimer/T. W. Adorno, *Dialektik der Aufklärung,* Frankfurt, 1972 ; T. W. Adorno, *Dialectique négative,* Payot, 1978.

position moderne quant au subjectivisme, il prend pour point de départ une vision dialectique du monde. D'après lui, la compassion est une instance éthique qui a une grande importance, c'est même la seule instance qui soit capable de contrecarrer la cruauté qui dépersonnifie l'autre et lui fait perdre sa dignité en le transformant en pur objet d'un désir destructeur.

> « Face à la négation imminente de notre existence, la compassion est l'ultime possibilité de pouvoir sauver l'homme de son "existence nue", c'est la plus extrême[95]. »

Emmanuel Levinas a exercé une grande influence. Issu de la tradition juive, il se réclamait de Husserl et Heidegger sur le plan philosophique. Il refuse de mettre au centre le « Je » comme sujet capable de poser des jugements éthiques, de concevoir des vérités et des valeurs morales, et de prendre des décisions. Il met au centre bien plutôt l'obligation préalable de prendre en compte l'exigence des autres. Il jette ainsi un nouvel éclairage sur les notions d'amour, de compassion et de pardon[96]. C'est à partir de ces présupposés que Levinas a réfléchi sur le lien entre justice et amour, sans être vraiment parvenu à les harmoniser de manière satisfaisante[97].

À la suite de Martin Heidegger, la véritable philosophie postmoderne (Michel Foucault, Jacques Derrida) en arrive à une déconstruction de la métaphysique traditionnelle[98]. Elle critique les structures, jugées totalitaires et autoritaires, de la pensée moderne sur le sujet et la raison, et en dévoile la violence implicite. Ce qui entraîne une critique de la justice telle qu'elle est pratiquée habituellement dans la société ainsi que de la logique qui en découle, à savoir qu'elle repose sur un processus d'échanges économiques et sur des idées abstraites. Ces pensées abstraites d'égalité, s'appuyant sur la réciprocité, ne peuvent en aucun cas rendre compte de l'unicité de chaque personne humaine.

Pour le sujet qui nous occupe, les réflexions de Jacques Derrida concernant le pardon[99] sont particulièrement pertinentes. La question du pardon est devenue incontournable après un siècle qui a connu tant de crimes inimaginables et d'injustices révoltantes, si les hommes veulent continuer à vivre ensemble malgré le passé. Mais peut-on vraiment pardonner ce qui, en fait, est impardonnable ? Car le meurtre et l'injustice criante sont impardonnables. Le pardon nous place donc devant un problème insoluble. Pardonner va à l'encontre de la simple justice qui exige un châtiment. La question se

---

95. W. SCHULZ, *Philosophie in einer veränderten Welt.*
96. E. LEVINAS, *La Trace de l'autre.*
97. D. ANSORGE, *Gerechtigkeit und Barmherzigkeit Gottes* (voir note 61).
98. Voir M. HEIDEGGER, *Être et temps.*
99. J. DERRIDA, *Le siècle et le pardon, entretien avec Michel Wieviorka*, Seuil, 2001.

pose donc : comment un Dieu, que l'on considère comme pleinement juste, peut-Il être miséricordieux envers les coupables et leur pardonner, sans pour autant faire de tort aux victimes, dans la mesure où celles-ci ne sont pas d'accord avec le pardon accordé ? Il semblerait donc que le concept abstrait de justice entre en concurrence avec les exigences morales et que Dieu se trouve confronté à un dilemme entre ces diverses positions.

Pour arriver à un équilibre entre justice et pardon, Derrida réfléchit au rapport entre la justice et le droit. Il établit la supériorité de la justice sur le droit positif. Puisque la justice est supérieure au droit positif, on ne peut pas déterminer *a priori* et de manière abstraite ce qui devra être mis en valeur dans un cas concret, c'est-à-dire en appliquant une loi positive. La justification du droit se soustrait à toute reconstruction rationnelle. Face au droit, la justice déploie une force performative que Derrida qualifie de mystique.

L'exigence d'une justice parfaite conduit à la déconstruction des systèmes juridiques existants et permet en même temps de rendre justice à chaque individu. Dans ce processus, Derrida a recours à l'idée platonicienne du Bien qui, selon Platon, se situe « au-delà de l'être[100] » pour pallier l'impossibilité d'atteindre une justice parfaite à l'intérieur d'un système juridique. La justice en tant que telle se situe bien au-delà du droit et est toujours à venir. La notion de pardon s'inscrit dans un héritage spirituel. En prenant ces réflexions de Derrida comme point de départ, la théologie peut développer une première approche de Dieu qui pourra se révéler à la fois juste et miséricordieux[101].

Paul Ricœur[102] va encore plus loin. Lui aussi critique le subjectivisme des temps modernes. À la différence de Levinas, il accepte cependant le concept de justice. Contrairement à la loi de l'échange et à la justice distributive, et au-delà de celle-ci, l'amour est synonyme de solidarité inconditionnelle et reconnaissance de l'autre. Alors que dans le quotidien de notre société, tous revendiquent l'égalité, l'idéal de justice que nous devons rechercher prône, quant à lui, qu'il s'agit d'être attentif à l'autre et de se soucier de son bien-être.

Cette conception de la justice est déjà de l'amour, pouvant aller jusqu'à l'amour des ennemis. Il dépasse la logique de l'échange et est l'expression d'une économie du don, de cette logique de l'abondance, par opposition à une logique de l'égalité, de l'économie de l'échange et du calcul. Il ne supprime pas la règle d'or selon laquelle il faut donner à l'autre ce que l'on

100. Platon, *Politeia* 509 b 9 F.

101. D. Ansorge, *Gerechtigkeit und Barmherzigkeit Gottes* (voir note 1). La position de J. Derrida a souvent été critiquée, d'une part par la philosophie analytique - Noam Chomsky reprochait à Derrida un manque de clarté et une rhétorique prétentieuse et abstruse – et d'autre part par des théoriciens critiques comme J. Habermas : *Écrits politiques,* Ed. du Cerf, 1990.

102. P. Ricœur, *Amour et Justice*, Ed. Points, Paris, 2008.

espère qu'il nous donnera, mais il réinterprète sa signification en y introduisant la notion de générosité. Dans notre société, on ne peut en faire la norme générale. Une économie du don mettrait en danger l'équilibre social, elle doit donc être corrigée par une justice basée sur l'économie de l'échange. C'est pour cela qu'entre cette économie de l'échange et la logique du don, il subsiste toujours une tension indissoluble. D'après Ricœur, la réconciliation de cette tension est d'ordre eschatologique. Là encore nous voyons que la pensée philosophique est ouverte à une réflexion théologique.

Jean-Luc Marion développe aussi une phénoménologie du don, quoique un peu différemment, à la suite de Husserl, Heidegger et Jacques Derrida. Il tente d'appréhender la vérité comme quelque chose que nous ne pouvons pas construire, mais plutôt qui se révèle à nous, se donne et s'ouvre à nous. Il définit l'être comme une donation[103].

Le don et l'offrande ont une structure dialectique : dans le don, on ne se contente pas de donner quelque chose, mais le donateur se donne lui-même, et son offrande est le signe de ce don. En même temps, le don qu'il fait est irrévocable, il ne lui appartient plus, il est à quelqu'un d'autre. Par l'acte de donner, le don se distingue donc du donateur ; en donnant, il se donne tout en restant lui-même. Ainsi, tout ce qui se donne dépasse ce qui se voit. Marion parle de « la croisée du visible[104] ».

Pour conclure, on peut constater que les analyses phénoménologiques que nous venons de citer sont arrivées à un point où elles posent des questions qui les dépassent. On peut parler d'un cri « *de profundis* » (des profondeurs). Car ces ébauches mettent en lumière une aporie – une problématique insoluble – dans laquelle la pensée s'enferme, et elles montrent la nécessité d'une réponse que la pensée humaine, de par sa nature, ne peut trouver toute seule. De fait, la miséricorde est, par définition, un acte absolument libre qui peut être accepté ou refusé librement. Sur un plan purement intellectuel, on peut encore une fois constater qu'il « manque quelque chose » lorsqu'il n'est plus question de miséricorde. En faisant un ultime effort de réflexion, il est à la rigueur possible de poser le postulat de la miséricorde et d'affirmer que le discours chrétien sur la miséricorde, dans son noyau humain, représente une réponse utile et pleine de sens à la situation de l'homme : en tout cas cela vaut la peine d'en discuter.

Par ces tentatives, la philosophie peut nous conduire aux portes de la théologie et aider les théologiens à montrer que leur message ne va pas contre

---

103. J.-L. Marion, *Étant donné. Essai d'une phénoménologie de la donation*, PUF, 1997.
104. J.-L. Marion, *La Croisée du visible*, Éditions de la Différence, 1991, PUF, 1991.

la raison. Ceci ne signifie pas que le rapport entre philosophie et théologie puisse être défini comme un simple lien de question-réponse, contrairement à ce qui arrive parfois. La philosophie peut également avoir un rôle critique envers la théologie, et à l'inverse, la révélation peut de son côté jouer ce même rôle critique et purificateur envers la pensée. Elle comporte en plus une dimension de foi qui dépasse la simple pensée. Ainsi, le message de la croix reste pour la raison naturelle un scandale (cf. 1 Co 1, 23)[105].

Tenter d'arriver au seuil de la foi par la pensée, c'est ce qu'a fait Karl Rahner dans l'un de ses premiers livres, *L'homme à l'écoute du Verbe*, qui vaut toujours la peine d'être lu[106]. Cette tentative est aujourd'hui reprise sous un nouvel angle par Thomas Pröpper et ses disciples. À la différence de Rahner, ils reprennent tout en la critiquant la philosophie de la liberté de Johann Gottlieb Fichte et son interprétation par Hermann Krings et essaient d'éclairer d'une lumière nouvelle la question de l'existence de Dieu à partir d'une analyse de la liberté de l'homme[107]. Nous ne pouvons ici qu'indiquer ces tentatives louables, sans nous y attarder. La suite montrera d'ailleurs que ce genre de réflexions philosophiques de nature spirituelle n'est pas de la pure spéculation. Bien plus, le besoin criant de pardon et de réconciliation et donc aussi de miséricorde est omniprésent tout au long des siècles et des millénaires dans toutes les religions de notre vieux monde et représente un phénomène humain universel.

2. Éléments de comparaison dans l'histoire des religions

À notre époque, nous sommes de plus en plus proches les uns des autres, et des non-chrétiens vivent au milieu de nous. Dans ces conditions, il devient incontournable de jeter un coup d'œil au-delà des frontières de notre propre cercle culturel dans le monde des religions. On pourra ainsi constater que la miséricorde et la clémence ne sont pas propres à notre culture, mais qu'au contraire, il s'agit de phénomènes universels dans l'humanité, déjà présents dans les religions antiques.

Comme le dit le Concile Vatican II, « les hommes attendent des diverses religions la réponse aux énigmes cachées de la condition humaine, qui, hier comme aujourd'hui, agitent profondément le cœur humain : Qu'est-ce que

---

105. Voir W. Kasper, *L'Église catholique*, Ed. du Cerf, 2014.

106. K. Rahner, *L'homme à l'écoute du Verbe, Fondements d'une philosophie de la religion* (Ouvrage complété par J.-B. Metz), Paris, Mame, 1968.

107. Nous citerons essentiellement T. Pröpper, *Theologische Anthropologie*, Freiburg, 2011, ainsi que H. Verweyen, *Gottes letztes Wort, Grundriss der Fundamentaltheologie*, Düsseldorf, 1991.

l'homme ? Quel est le sens et le but de la vie ? Qu'est-ce que le bien et qu'est-ce que le péché ? Quels sont l'origine et le but de la souffrance ? Quelle est la voie pour parvenir au vrai bonheur ? Qu'est-ce que la mort, le jugement et la rétribution après la mort ? Qu'est-ce enfin que le mystère dernier et ineffable qui embrasse notre existence, d'où nous tirons notre origine et vers lequel nous tendons[108] ? » La compassion fait également partie de ces points communs ; en effet, dans toutes les religions, elle est considérée comme une des plus grandes vertus.

Faire le point sur toutes les grandes religions de l'humanité dépasserait le cadre de notre réflexion et mes compétences en la matière. Je me contenterai donc de quelques indications[109].

L'hindouisme fait partie des plus vieilles traditions religieuses[110]. C'est la troisième religion dans le monde après le christianisme et l'islam. En fait, « hindouisme » est un terme générique plaqué de l'extérieur sur des réalités qui regroupent des orientations de pensée, des représentations de Dieu, des écoles et des convictions très diverses, qui n'ont ni un credo commun valable pour tous, ni une institution centrale qui les rassemblerait. C'est pourquoi même le mot « *ahimsa* », employé dans la spiritualité hindoue pour parler d'empathie, revêt des significations variées. Dans son sens originel, il exprime le renoncement à ce qui est nocif et à l'utilisation de la violence. Ce n'est qu'à la fin de la période védique que cette interprétation devenue courante dans l'hindouisme s'est transformée en règle de vie. Le Mahatma Gandhi en particulier a renouvelé ce vieil idéal « *ahimsa* », en lui donnant la définition de « non-violence », et l'a appliqué à tous les domaines de la vie, y compris à la politique.

Avec cette idée de résistance pacifique, Gandhi a exercé une influence considérable sur les mouvements pour les droits civiques du monde occidental. Albert Schweitzer s'est même inspiré de l'idéal « *ahimsa* », lorsqu'il a élaboré son concept de « respect de la vie ». À l'ouest, le mouvement Radha-Krishna, selon lequel l'hindouisme est une philosophie religieuse de l'humanité, a pris de l'ampleur. De nos jours, le mouvement ashram et les formes de méditation du yoga exercent une influence spirituelle dans le monde occidental. Cependant, on se contente souvent de transposer dans un contexte occidental des éléments isolés de la spiritualité hindoue, sans discernement ni adaptation[111].

---

108. *Nostra Aetate*, 1.
109. H. Glasenapp, *Die fünf Weltreligionen*. Düsseldorf, 1963 ; E. Brunner-Traut, *Die fünf großen Weltreligionen,* Freiburg, 1974.
110. Sur l'hindouisme : P. Hacker, G. Oberhammer, H. Bürkle, A. Michaels, H. Stietencron, *Der Hinduismus,* München, 2006.
111. Cf. H. Bürkle, art. Hinduismus VII et X, in : LThK 5, p. 39-142.

Pour ce qui est du bouddhisme, la controverse demeure : s'agit-il d'une religion ou plutôt d'une philosophie, puisque la notion de Dieu (au sens où nous l'entendons en Occident) y est absente[112] ? D'après les légendes bouddhistes, l'expérience humaine de la souffrance fait partie du chemin de conversion de Bouddha. Pour lui, toute vie est souffrance. Dans la philosophie bouddhiste, le plus important sera donc de chercher à dépasser la souffrance par l'éthique, par la méditation et l'empathie. Sur le chemin pour atteindre ce but, la bonté (*metta*) tient une place importante. C'est une forme active et désintéressée de l'amour qui vise le bien-être de tous les êtres vivants. Elle est l'expression de la compassion (*karuna*), c'est-à-dire d'une empathie qui prend part à la souffrance et au destin des hommes et de tout être vivant. Par conséquent, elle éprouve envers tout ce qui vit en ce monde un même amour et une même bienveillance.

En fin de compte, sur ce chemin vers l'illumination et la recherche du *nirvana*, l'important est d'expérimenter cette unité de tout ce qui existe, unité dans laquelle toute opposition et toute résistance se résolvent. Dans le bouddhisme *amida* (et chez lui seulement), la confiance joue un rôle important : il s'agit de croire que l'on va recevoir aide et grâce du bouddha transcendant.

C'est surtout depuis le XIXe siècle que le bouddhisme exerce lui aussi un attrait sur le monde occidental. Le philosophe Arthur Schopenhauer se définissait comme le « premier bouddhiste européen ». Dans les dernières décennies, le bouddhisme s'est surtout fait connaître à travers le Dalaï Lama, qui représente le bouddhisme tibétain. D'autre part, il arrive souvent que des éléments isolés du bouddhisme soient repris dans un contexte occidental, sans discernement et souvent sous une forme vulgarisée, comme dans le New Age ou l'ésotérisme. À l'inverse, on retrouve certains concepts occidentaux dans le bouddhisme. L'école japonaise de Kyoto (Daisetz Teitaro Suzuki, entre autres) tente très sérieusement un rapprochement, en passant notamment par la mystique et la théologie négative d'Eckhart.

En Europe, c'est la rencontre avec l'islam qui a de nos jours la priorité[113]. Elle se différencie très nettement de celle avec l'hindouisme ou le bouddhisme. Car l'islam s'enracine dans certaines traditions de l'Ancien et du

---

112. Sur le bouddhisme : H. M. Enomya-Lasalle, H. Dumoulin, H.Waldenfels, M. von Brück, *Einführung in den Buddhismus,* Frankfurt – Leipzig, 2007.

113. Sur l'islam : A. Schimmel, *Im Namen Allahs des Allbarmherzigen*, Düsseldorf 2002 ; *Die Religion des Islam. Eine Einführung,* Stuttgart, 2010 ; T. Nagel, *Geschichte der islamischen Theologie von Mohamed bis zur Gegenwart,* München, 2008 ; B. Tibi, *Die islamische Herausforderung. Religion und Politik im Europa des 21. Jahrhunderts,* Darmstadt, 2008. Zum Verhältnis von Bibel und Koran : J. Gnilka, *Bibel und Koran,* Freiburg i. Br. 2004 ; *Der Nazarener und der Koran. Eine Spurensuche,* Freiburg i. Br. 2007.

Nouveau Testament. On considère souvent qu'avec le judaïsme et le christianisme, il fait partie des trois religions abrahamiques monothéistes. Il ne faut cependant pas oublier les grandes différences fondamentales quant à la compréhension de Dieu (doctrine trinitaire) et à la christologie (filiation divine et mort de Jésus sur la croix). Selon les versions du Coran, les affirmations concernant le comportement envers les chrétiens sont différentes.

Dans le cadre de notre réflexion, il convient de noter qu'à une exception près, les 114 sourates du Coran commencent par ces mots « Au nom d'Allah, le Tout Miséricordieux, le Très Miséricordieux ». Parmi les 99 noms de Dieu, ceux qui sont le plus souvent cités sont le Tout Miséricordieux et le Très Miséricordieux. Tout musulman a l'obligation d'éprouver de l'empathie (*ramah*) envers les prisonniers, les veuves et les orphelins et doit donner une aumône aux plus pauvres (*zakât*).

L'influence culturelle de l'islam arabe sur la culture européenne dans les domaines des mathématiques (système décimal), de l'astrologie, de la médecine et surtout de la philosophie, ainsi que dans la poésie (le Divan occidental-oriental de Goethe, entre autres) est indéniable. Le Concile Vatican II a parlé des musulmans avec beaucoup de respect. Il exhorte chrétiens et musulmans à oublier les dissensions et inimitiés du passé pour « s'efforcer sincèrement à la compréhension mutuelle, ainsi qu'à protéger et à promouvoir ensemble, pour tous les hommes, la justice sociale, les valeurs morales, la paix et la liberté[114] ». La question de savoir si un islam spécifiquement européen peut se développer reste ouverte. Elle dépend avant tout de la capacité ou non de l'islam à intégrer les droits de l'homme fondamentaux (liberté de religion et égalité des femmes, par exemple), et dans quelle mesure.

En résumé, on peut dire ceci : malgré de profondes différences, il existe également des points communs et des possibilités de rapprochement entre les religions. Ils sont importants pour une meilleure cohabitation et collaboration entre les différentes religions dans un monde qui tend à s'unifier. Il est évident que la paix dans le monde ne sera possible que si elle existe entre les religions[115]. Le Concile Vatican II dit que « l'Église catholique ne rejette rien de ce qui est vrai et saint dans ces religions. ». Il reconnaît qu'elles « reflètent souvent un rayon de la vérité qui illumine tous les hommes[116]. » Mais pour le Concile, la lumière du monde et des peuples, c'est Jésus Christ (cf. Jn 8, 12). Le Concile connaissait bien évidemment les différences et déviations par rapport à ce que lui-même tient pour vrai et enseigne.

---

114. *Nostra Aetate 3.*
115. C'est la thèse de H. Küng, si souvent citée, dans : *Projekt, Weltethos,* München, 1990.
116. *Nostra Aetate 2.*

Cependant, les liens et les possibilités de compréhension ne permettent pas pour autant d'affirmer que toutes les religions se valent et se rejoignent sur l'essentiel – en particulier sur la question de la compassion – ou que les différences ne sont que des phénomènes historiques, culturels ou sociologiques issus d'un noyau commun. La pensée occidentale du Siècle des Lumières a tenté d'élaborer et de définir ce noyau commun de manière abstraite, sans se baser sur la compréhension que chaque religion a d'elle-même. Ce qui semble être un ajout pour une mentalité moderne est bien souvent sacré pour les représentants de ces diverses religions. La compréhension mutuelle et la collaboration ne doivent cependant pas aboutir à un nivellement, mais au respect de la différence. Seule une telle tolérance positive peut devenir le fondement d'une cohabitation paisible et d'une collaboration[117] fructueuse. Nous allons le montrer en prenant l'exemple de la Règle d'Or.

3. La Règle d'Or : un point de référence commun

Les références à l'hindouisme, au bouddhisme et à l'islam montrent qu'au-delà des différences profondes entre les religions il existe également des points communs. La Règle d'Or[118], particulièrement importante pour notre propos, en fait partie. Elle stipule que l'on ne doit pas faire à autrui ce que l'on n'aimerait pas qu'il nous fasse. Le langage populaire l'exprime ainsi : « Ne fais pas à autrui ce que tu ne voudrais pas qu'il te fasse. » Exprimée de manière positive, la Règle d'Or peut s'énoncer ainsi : on doit faire pour les autres tout ce qu'on attendrait ou souhaiterait qu'ils fassent pour nous dans la même situation.

La Règle d'Or se retrouve dans toutes les grandes religions. On la trouve dans le judaïsme (Tb 4, 15 ; Sir 31, 15)[119] ainsi que dans le Sermon sur la montagne dans le Nouveau Testament (Mt 7, 12 ; Lc 6, 31)[120]. Occasionnellement on en vint à se demander pourquoi cette règle était énoncée de manière

---

117. Sur le fondement du dialogue interreligieux, voir W. Kasper, *L'Église catholique.*

118. Cf. H. P. Mathys/R. Heiligenthal/H. H. Schrey, art. Goldene Regel, in : TRE 13, 570-583; H. H. Schrey, Goldene Regel, in : HWPh 8, 450-464; A. Sand/G. Hunold, art. Goldene Regel, in : LThK 4, p. 821-823.

119. Cf. Bill I, p. 459s.

120. Cf. H. Schürmann, *Das Lukasevangelium* (HThKNT III/1), Freiburg i. Br.1969, p. 349-352; U. Luz, *Das Evangelium nach Matthäus* (EKK I/1), Neukirchen 1985, p. 387-394; J. Gnilka, *Das Matthäusevangelium* (HThKNT I/1), Freiburg i. Br. 1986, p. 264-268. L'opinion de R. Bultmann (*L'Histoire de la tradition synoptique,* Paris 1973) selon laquelle la Règle d'Or serait la morale d'un égoïsme naïf est tout à fait dépassée, à la lumière de cette interprétation.

négative dans l'Ancien Testament alors qu'on la trouvait sous forme positive dans le Nouveau Testament. Cette discussion s'est avérée peu fructueuse et n'a mené nulle part ; à cet égard, aucune différence fondamentale n'a été découverte entre l'Ancien et le Nouveau Testament.

Selon Augustin, cette règle a été inscrite par Dieu lui-même dans le cœur de l'homme[121]. En référence à l'empereur Gratien, elle était pour ainsi dire le résumé du droit naturel, et ceci aussi bien au Moyen-Âge qu'aux temps modernes. Tout spécialement depuis la *Déclaration d'éthique mondiale* au Parlement des religions du monde (Chicago 1933) elle est considérée comme le fondement du dialogue moderne entre les religions[122]. Elle fait partie de la tradition et, à ce titre, du patrimoine culturel de l'humanité. Autrement dit : la compassion, l'empathie, l'entraide et la clémence représentent la sagesse de l'humanité. Certes, il y a eu et il y a encore beaucoup de conflits entre les religions, malheureusement aussi des conflits sanglants : les religions sont dans leur forme concrète non seulement ambivalentes, mais aussi contradictoires. Cependant elles ont des points communs – notamment la Règle d'Or – qui montrent qu'aucune religion – à moins qu'elle ne tombe dans le fanatisme – qui reste fidèle à elle-même ne peut magnifier la violence ni permettre que quelqu'un s'impose par la force. C'est pourquoi le lien de la religion avec la violence représente d'après les convictions fondamentales de toutes les religions une mauvaise compréhension, un abus et une déviation de la vraie religion[123].

Évidemment il ne faut pas oublier que la Règle d'Or suscite aussi des questions et des critiques. Augustin faisait déjà remarquer que sa pratique dépendait de la volonté à faire le bien ou non[124]. Kant juge la Règle d'Or ordinaire parce qu'elle ne fournit pas la raison du devoir et que son contenu est imprécis ; avec sarcasme il remarque qu'un meurtrier agirait pour cette raison contre ses juges[125]. George Bernard Shaw remarquait avec ironie :

> « Ne traite pas les autres comme tu voudrais qu'ils te traitent. Leur goût pourrait différer du tien. »

---

121. Augustin, *De ordine* II, 25 ; *Confessiones* I, 18, 29 ; *Ennerationes in Psalmos* 57,1s. ; *Sermo* IX, 14. Cf. E. Schockenhoff, *Das umstrittene Gewissen. Eine theologische Grundlegung*, Mainz 1990, p. 70-77.

122. La Règle d'Or est le fondement de H. Küng (*Projekt, Weltethos)*, ce qui a attiré l'attention.

123. Nous n'entrerons pas ici dans le débat sur le problème de la violence dans les religions – débat soulevé par J. Assmann et R. Girard. La référence à la Règle d'or montre bien qu'il faut être très prudent avec des préjugés généralisants. Cela vaut aussi pour le regard que l'on porte sur l'Ancien Testament. Voir à ce sujet : J. Niewiadomski, *Unbekömmlicher Monotheismus ? Der christliche Gott unter Generalverdacht*, in : HerKorr 2011 ; spécialement : Streitfall Gott, p. 6-11; J.-H. Tück, *Arbeit am Gottesbegriff. Ein Erkundungsgang anhand jüngerer Veröffentlichungen*, in : id., p. 24s.

124. Augustin, *De civitate Dei* XIV, 8.

125. I. Kant, *Fondement de la métaphysique des mœurs*, B 69.

La Règle d'Or demande donc à être précisée et interprétée dans son contexte particulier.

Ce contexte est différent selon les religions. La dissocier de son contexte revient à en faire une abstraction. Là encore il s'agit de présupposés occidentaux et d'une distinction entre l'essence et les phénomènes liés à une époque et une culture. Ce qui n'est qu'un phénomène contingent sans importance pour le philosophe éclairé est bien souvent essentiel, voire sacré, pour l'adepte d'une religion qui ne partage pas les présupposés philosophiques ou même les rejette. C'est pourquoi il est artificiel de vouloir concevoir une éthique commune sur la base du plus petit dénominateur commun – même si l'intention est bonne, car on passe souvent à côté de la réalité concrète des religions.

Il est donc important de voir de quelle manière Jésus a repris la Règle d'Or. Dans l'Évangile elle est en lien avec le Sermon sur la montagne et donc plus largement avec le commandement de l'amour qui inclut également l'amour des ennemis. C'est dans ce contexte qu'elle trouve sa justification et son interprétation. Ainsi les Pères de l'Église ont compris la Règle d'Or comme le résumé et l'accomplissement de toute la loi[126].

Nous voyons que l'éthique chrétienne se rattache à une tradition commune à toutes les religions ; en effet elle n'est pas une morale à part, hermétiquement close, mais elle peut être présentée de manière à être comprise par tous et communiquée à tous. Elle permet donc le dialogue interreligieux. Cependant elle ne se laisse pas réduire à un humanisme pur et simple. Le christianisme peut par son message d'amour interpréter la Règle d'Or et la préciser davantage puisqu'elle est, de fait, ouverte et imprécise. Thomas d'Aquin parle d'une *determinatio* de la morale naturelle dans l'Évangile[127]. Ainsi il a réussi à rendre l'éthique chrétienne accessible en l'incluant dans une éthique plus générale, compréhensible par tous, sans la réduire au plus petit dénominateur commun d'une morale quelconque. Le principe de détermination affirme que la morale générale, naturelle, en quelque sorte ouverte à toute interprétation, est concrètement déterminée par l'Évangile et dans ce sens rendue claire et évidente[128].

Le fait que la compassion et la miséricorde soient des vertus humaines universelles peut nous encourager à entrer en dialogue avec les différentes

---

126. *Did* 1, 2 ; Justin, *Dialogus* 93, 2 ; Clément d'Alexandrie, *Paedagogus* UU, 2.

127. Thomas d'Aquin, *S. th.* I/II q 100 a. 11 ; cf. III q 84 a. 7 ad 1 ; q 60 a. 5 ; q 61 a. 3 ad 2. Nous avons déjà rencontré ce problème dans la relation entre la philosophie et la théologie (cf. chap. II. 1, note 104). Nous y reviendrons dans le chapitre V.

128. D'une certaine manière Martin Luther a lui aussi soumis la Règle d'or à une interprétation critique. Cf. Schrey, art. Goldene Regel (voir note 118).

cultures et religions et de collaborer avec elles pour plus de compréhension et de paix dans le monde. Inversement cette tradition de l'humanité peut nous faire réfléchir. Car elle nous dit que là où la compassion, la clémence, l'entraide et le pardon se perdent, où l'égoïsme et l'indifférence gagnent du terrain, où les relations humaines se réduisent à des processus d'échanges économiques, alors toute culture et toute société risquent de perdre leur caractère humain. Pour aller à l'encontre d'un danger qu'il ne faut pas minimiser, on peut certes puiser des idées dans les autres religions ; mais il est plus important de revenir au potentiel de sa propre tradition qui est loin d'être épuisé en ce qui concerne la miséricorde chrétienne. C'est ce qui a imprégné et déterminé notre culture occidentale et, bien au-delà, la culture de toute l'humanité. Il est urgent de s'en souvenir. Rien n'est plus important.

Chapitre III

LE MESSAGE DE L'ANCIEN TESTAMENT

1. Le langage biblique

Le message biblique de la miséricorde se rattache bien sûr à la grande tradition humaine. Mais il ne serait pas juste de dire que la Bible et le christianisme se contentent de vulgariser ce que les philosophes ont découvert en analysant la compassion humaine et ce que les spécialistes des diverses religions ont établi comme tradition commune. Le christianisme n'est pas, contrairement à ce que prétendait Nietzsche, un « platonisme pour le peuple[129] ». Il puise certes largement dans la tradition humaine, mais il sait aussi la critiquer, la préciser et l'approfondir. Cela apparaît clairement dans le fait que la Bible connaît deux acceptions du mot, à savoir la compassion et la miséricorde. Dans toutes les approches religieuses et philosophiques le concept de « miséricorde » a une signification spécifique que nous aimerions maintenant analyser de plus près.

L'idée est largement répandue que le Dieu de l'Ancien Testament est un Dieu vengeur et coléreux alors que le Dieu du Nouveau Testament est un Dieu bon et miséricordieux. De fait, certains textes de l'Ancien Testament peuvent confirmer cette impression : il y est bien souvent question d'expulser la population païenne de villes entières et d'exterminer complètement certains peuples, le tout sur l'ordre de Dieu (cf. Dt 7, 21-24 ; 9, 3 ; Jos 6, 21 ; 8, 1-29 ; 1 S 15). Que l'on pense aussi aux poèmes de malédiction (particulièrement

---

129. Nietzsche, *Par-delà le bien et le mal.*

les psaumes 58, 83 et 109)[130]. Cependant, cette vision des choses ne rend pas compte de la pédagogie divine tout au long de l'Ancien Testament, ni de l'évolution progressive jusqu'au Nouveau Testament. En fin de compte, c'est bien le même Dieu dont témoignent les deux Testaments.

Quelques observations et réflexions préliminaires sur les différents termes utilisés dans l'Ancien et le Nouveau Testament nous le montrent clairement. Il est significatif que, pour parler de compassion ou de miséricorde, l'Ancien Testament utilise le terme *rahamim*, dérivé du mot *rehem* qui désigne le sein maternel. Il peut même parfois désigner les entrailles, qui étaient considérées comme le siège des sentiments. Dans le Nouveau Testament, les entrailles (*σπλάγχνα*) représentent également la miséricorde qui vient du cœur[131]. On trouve aussi le mot *oiktirmos* (*οἰκτιρμός*), qui exprime l'émotion, la douleur, la compassion et la bienveillance[132]. Enfin, le mot *eleos* (*ἔλεος*) a une grande importance. Il désignait à l'origine l'affect, l'émotion, mais par la suite il a souvent été utilisé pour traduire le mot hébreu *hesed* ou plus précisément *hen*, mot qui lui aussi sert à désigner la miséricorde.

En étudiant le lien entre la miséricorde et la justice, nous verrons que dans l'Ancien Testament, ces deux mots ne sont pas simplement mis côte à côte ou en opposition. Bien au contraire, la miséricorde de Dieu est au service de sa justice et contribue à son accomplissement. On peut même dire que la miséricorde est la justice propre à Dieu. Cependant, nous voudrions tout d'abord attirer l'attention sur un autre point. On ne peut en effet comprendre la miséricorde que si on prend en considération le concept biblique de cœur (*lev, levav ; καρδιά*).

Dans la Bible, le cœur ne désigne pas simplement un organe humain vital, mais sur le plan anthropologique, il représente le centre de l'homme, le siège de ses sentiments et de sa capacité de jugement. La Bible donne une place importante aux sentiments humains, lesquels sont aussi appliqués à Dieu. Citons par exemple dans l'Ancien Testament les psaumes de lamentation, la complainte de David à la mort de son fils Absalon (2 S 19) ou encore les lamentations de Jérémie. Dans le Nouveau Testament, Jésus éprouve colère et tristesse face à l'obstination de ses adversaires (Mc 3, 5), il est ému de compassion envers son peuple (Mc 6, 34) ou envers la veuve de Naïm qui pleure la disparition de son fils unique (Lc 7, 13) ; en apprenant la mort de son ami Lazare, il frémit et pleure (Jn 11, 35-38). Dans la Bible, la compassion n'est

130. Pour comprendre les psaumes de malédiction, voir E. Zenger, art. Fluchpsalmen, in : LThK 3, p. 1335s. ; cf. ch. II, note 123.

131. H. Köster, art. *σπλάγχνον*, in : ThWNT 7, p. 553-557.

132. R. Bultmann, art. *οἰκτιρω*, in : ThWNT 5, p. 162s.

donc pas synonyme de faiblesse efféminée ou de mollesse, indignes d'un véritable héros. Bien au contraire, l'homme peut y exprimer ses sentiments, sa consternation, ses émotions, sa joie comme sa peine. Il a le droit de se plaindre devant Dieu et n'a pas à avoir honte de ses larmes.

La Bible va même plus loin et parle sur un plan théologique du cœur de Dieu : il se choisit des hommes « selon son cœur » (1 S 13, 14 ; Jr 3, 15 ; Ac 13, 22). Il s'inquiète de l'homme et s'afflige de ses péchés (Gn 6, 6) ; il guide son peuple d'un cœur parfait (Ps 78, 72)[133]. C'est chez le prophète Osée que cette théologie atteint son apogée : il décrit de façon incomparable, tout à fait dramatique, comment le cœur de Dieu se retourne et s'émeut de compassion (Os 11, 8). Dieu aime l'homme, pourrait-on dire, d'un amour passionné[134].

Le terme le plus important pour comprendre la miséricorde est *hesed*, qui signifie à la fois « faveur imméritée, amabilité, bienveillance », et « grâce de Dieu et miséricorde »[135]. Il ne désigne donc pas une simple émotion – la douleur devant la misère humaine – mais plutôt la sollicitude tout à fait gratuite de Dieu envers l'homme. Il sert à exprimer une relation qui se développe dans le temps et ne s'établit pas seulement sur des actions ponctuelles[136]. Appliqué à Dieu, le mot désigne un cadeau de Sa grâce, inattendu, immérité, indépendant de la fidélité de l'homme, dépassant tous ses espoirs et faisant voler en éclat toutes ses catégories. Car le fait que ce Dieu saint et tout-puissant se penche sur les détresses des hommes dont ils sont souvent seuls responsables, qu'Il voie la misère du pauvre et du malheureux, qu'il entende sa plainte, qu'il s'abaisse et descende jusqu'à lui pour le rejoindre dans sa détresse, qu'Il s'en occupe inlassablement malgré son infidélité et lui pardonne – bien qu'il ait mérité une juste punition – et qu'Il lui donne une nouvelle chance, tout cela dépasse l'entendement humain. Le message de la *hesed* divine lève un peu le voile sur ce secret de Dieu qui, généralement, reste un mystère pour la pensée humaine, mais que nous pouvons approcher par la Révélation.

---

133. E. Baumgärtel/J. Behm, art. *καρδιά*, in : ThWNT 3, p. 609-616 ; H.W. Wolff, *Anthropologie des Alten Testaments,* München, 1983, p. 68-95.

134. A. J. Heschel, *The Prophets*, New York – Evanston 1955 ; P. Kuhn, *Gottes Selbsterniedrigung in der Theologie der Rabbinen,* München, 1968 ; id. *Gottes Trauer und Klage in der rabbinischen Überlieferung,* Leiden 1978.

135. R. Bultmann, art. *ἔλεος* , in : ThWNT 2, p. 474-482.

136. W. Zimmerli, art. *χάρις*, in : ThWNT 9, p. 366-377.

2. La réponse de Dieu face au chaos et à la catastrophe du péché

L'importance accordée à la miséricorde dans la Bible ne se laisse pas déduire uniquement de son usage linguistique. Ce n'est qu'en contemplant l'ensemble de l'histoire du salut que l'on peut la reconnaître. Tout commence après le récit de la création. La création de Dieu est bonne, et même très bonne (Gn 1, 4.10.12.18. 21. 25. 31). Dieu a créé l'homme à son image, homme et femme, Il les a bénis, pour qu'ils soient féconds, se multiplient et peuplent la terre. Il leur a confié la terre, qu'ils doivent cultiver et garder (Gn 1, 27-30 ; 2, 15). Tout était très bon.

Mais très vite, tout se gâte. L'homme a voulu être comme Dieu et décider par lui-même du bien et du mal (Gn 3, 5). En s'éloignant de Dieu, l'homme s'est également éloigné de la nature et de ses semblables. La terre produit désormais des épines et des ronces, et l'homme doit peiner à la sueur de son front pour la travailler ; une vie nouvelle ne peut naître que dans les douleurs de l'enfantement ; homme et femme deviennent des étrangers l'un pour l'autre (Gn 3, 16-19) ; et cela culmine dans le meurtre fratricide d'Abel par Caïn (Gn 4). Par la suite, le mal se répand inexorablement, les pensées et les désirs du cœur humain deviennent de plus en plus mauvais (Gn 6, 5).

Pourtant, Dieu ne laisse pas le monde et l'homme courir à la catastrophe ni tomber dans la misère. Bien au contraire, tout de suite Il prend des mesures, Il agit et ne cesse de lutter contre le chaos qui déferle sur le monde. Certes, le mot « miséricorde » ne se rencontre pas dans les premiers chapitres de la Genèse, mais de fait, la miséricorde divine est concrètement à l'œuvre dès le début : lorsqu'Il expulse Adam et Ève du paradis, Dieu leur donne des vêtements pour qu'ils puissent se protéger de l'hostilité de la nature, couvrir leur nudité et conserver leur dignité (Gn 3, 21) ; Il menace de représailles quiconque lèverait la main sur Caïn et met un signe sur son front pour le protéger (Gn 4, 15). Enfin, avec Noé après le déluge, Dieu renouvelle la création ; Il garantit la stabilité et l'ordre du cosmos, bénit de nouveau l'humanité et met la vie de l'homme sous sa protection particulière, car il a été créé à son image et à sa ressemblance (Gn 8, 23 ; 9, 1. 5s).

Mais cela ne s'arrête pas là. L'orgueil des hommes n'a pas de fin ; ils construisent la tour de Babel, dont le sommet devait atteindre le ciel. Cette prétention conduit Dieu à confondre leur langage : les hommes ne se comprennent plus entre eux et se dispersent sur toute la terre (Gn 11). Là encore, Dieu n'abandonne pas à son sort l'humanité divisée en clans et peuples ennemis. Il s'oppose au chaos et à la catastrophe. L'appel d'Abraham marque un nouveau départ (Gn 12, 1-3). Dieu commence en quelque sorte une contre-histoire, c'est-à-dire la véritable histoire du salut, la rédemption de l'homme. Tous les peuples de la terre devaient être bénis en Abraham (Gn 12, 3)[137]. Le mot « bénédiction » est fondamental dans la Bible et a plusieurs significations : il signifie en effet à la fois bien-être, paix, plénitude de vie dans la grâce de Dieu[138]. Ainsi, avec Abraham, commence une nouvelle histoire de l'humanité, histoire des bénédictions, c'est-à-dire du salut. De fait dans l'histoire d'Abraham il est déjà question à différents endroits de la bienveillance et de la fidélité de Dieu (Gn 24, 12. 14. 27 ; 32, 11).

Ainsi donc, dès le début de l'histoire Dieu lutte contre le mal qui est à l'œuvre[139]. Sa miséricorde est puissante et efficiente. C'est la manière de Dieu de s'opposer au mal pour l'empêcher de prendre le dessus. Il le fait sans violence, sans rien imposer par la force ; mais dans sa miséricorde il accorde à l'homme de nouveaux espaces où il peut vivre de sa bénédiction.

3. La révélation du Nom de Dieu manifeste sa miséricorde

Dans l'Ancien Testament la révélation explicite de la miséricorde est indissolublement liée à la révélation fondamentale de Dieu lors de la sortie d'Égypte et de la libération d'Israël ainsi qu'à l'expérience du Sinaï, plus exactement à l'Horeb. Le fait se produit à un moment où le peuple d'Israël se trouve dans une situation difficile, voire sans issue. En Égypte il est opprimé par une dure servitude ; Moïse a dû fuir devant la milice égyptienne qui en voulait à sa vie. Au Buisson ardent, à la montagne de l'Horeb, Dieu se révèle comme le Dieu d'Abraham, d'Isaac et de Jacob. Cette révélation renoue donc avec le début de l'histoire du salut. Chaque fois, Dieu se manifeste comme celui qui appelle et fait sortir. Il est le Maître de l'histoire. Alors qu'avec Abraham, c'était l'humanité tout entière qui était concernée, ici il n'est plus question que de son peuple, du peuple d'Israël.

Dieu est un Dieu qui voit la misère de son peuple et entend ses cris :

« J'ai vu la misère de mon peuple qui est en Égypte. J'ai entendu son cri devant ses oppresseurs ; oui, je connais ses angoisses. Je suis descendu pour le délivrer de la main des Égyptiens. » (Ex 3, 7s ; cf. 9).

137. Gn 18, 18 ; 22, 18; 26, 4; 18, 14; Si 44, 21 ; Ga 3, 6-18.

138. Cf. W. Beyer, art. *εὐλογέω*, *εὐλογία*, in : Th WNT 2, p. 751-763.

139. Je dois cette formulation et cette vision des choses au beau livre de G. Lohfink/L. Weimer, *Maria – nicht ohne Israel, Eine neue Sicht der Lehre von der Unbefleckten Empfängnis*, Freiburg, 2008.

Il n'est ni mort ni muet, Il est un Dieu vivant qui se préoccupe de la détresse de l'homme, qui parle, agit et intervient, qui sauve et délivre. L'expression « *Dieu qui t'a fait sortir du pays d'Égypte* » devient la profession de foi fondamentale de l'Ancien Testament (cf. Ex 20, 2 ; Dt 5, 6 ; Ps 81, 1 ; 114, 1 etc.)

La révélation d'un Dieu qui se penche sur la misère de l'homme et descend ne s'accompagne pas d'une fausse familiarité ; elle est indissociable de la révélation de la sainteté de Dieu, de sa majesté au-dessus de tout le créé, de sa gloire et de sa souveraineté. Moïse voit le Buisson ardent qui brûle sans se consumer ; il se voile le visage avec respect : il n'a pas le droit d'approcher et doit retirer ses sandales, car le sol qu'il foule est une terre sainte. Lorsqu'ensuite Moïse demande son nom à Dieu, il obtient la mystérieuse réponse : *« Je suis là »* (Ex 3, 14).

Beaucoup de commentaires, parfois contradictoires, ont été écrits sur l'origine, la prononciation et la signification de ce que l'on appelle communément le tétragramme, c'est-à-dire les quatre lettres hébraïques YHWH[140]. Martin Buber et Franz Rosenzweig traduisent : « Je serai là comme celui qui sera là[141] ». Là s'exprime bien le mystère du Nom divin, finalement indicible, qui nous échappe. Pour le Juif pieux le tétragramme est si sacré qu'il n'a pas le droit de le prononcer. Pour exprimer son respect de la sensibilité juive, la congrégation pour la liturgie a interdit en 2008 de traduire le Nom de Dieu dans la liturgie. La révélation du Nom exprime donc la transcendance absolue de Dieu. Mais elle manifeste aussi la sollicitude personnelle de Dieu envers son peuple, Lui qui s'est engagé à être présent et agissant dans l'histoire de celui-ci. Dieu se révèle comme Celui qui montre le chemin et guide son peuple à travers une histoire qui n'est jamais fixée à l'avance, mais dans laquelle Il est toujours présent de manière imprévisible et souveraine, car Il est et sera toujours l'avenir de son peuple. Il n'est pas lié à un lieu, mais montre sa puissance partout où le peuple le rencontre sur son chemin. L'universalité de Dieu, déjà proclamée explicitement par les prophètes, trouve donc son fondement dès le commencement.

La Septante, traduction grecque de l'Ancien Testament hébreu, réalisée aux alentours de 200 av. J.-C., interprétait la révélation du Nom divin dans le sens de la pensée philosophique hellénistique et traduisait : « Je suis Celui qui est » (*Έγώ εἰμι ὤν*). Cette traduction a fait école et a imprégné la pensée théologique durant plusieurs siècles. En se basant sur cette traduction, on

140. Sur l'interprétation du nom de Yahvé, voir W. Zimmerli, *Ich bin Jahwe,* in : *Gottes Offenbarung*, München 1963 ; G. von Rad, *Theologie des Alten Testaments*, Bd 1, München 1969, 1982. Plus récemment : M. Rose, art. Yahwe, in : TRE 16, p. 438-441 ; R. Brandscheidt, art. Jahwe, in : LThK 5, p. 712-713.

141. Cf. M. Buber, *Moïse*, PUF, 1957.

était convaincu que le plus haut concept dans le domaine de la pensée – l'être – et le plus haut dans le domaine de la foi – Dieu – se correspondaient ; on y voyait une confirmation que la foi et la pensée n'étaient pas en contradiction, mais en corrélation. Cette interprétation se trouve déjà chez le philosophe juif hellénisé Philon († 40 ap. J.-C.). Très tôt Tertullien avait posé la question : « Qu'est-ce que Jérusalem a à voir avec Athènes[142] ? » Blaise Pascal a bien marqué la différence entre le Dieu des philosophes et le Dieu d'Abraham, d'Isaac et de Jacob dans son célèbre Mémorial de 1654 où il raconte son expérience mystique[143].

L'exégèse moderne a attiré l'attention sur les différences de compréhension de l'être dans la philosophie grecque et hébraïque. Dans la pensée hébraïque l'Être n'est pas une entité passive, mais dynamique, et signifie « être là concrètement de manière active et efficiente. » Par conséquent la révélation du Nom de Dieu contient une promesse : Je suis « Celui qui est là. Je suis auprès de vous, avec vous dans votre détresse et je vous accompagne sur le chemin. J'entends vos cris et vos plaintes et je vous exauce. » La révélation du Nom est donc une confirmation de l'Alliance de Dieu conclue avec les Pères et reliée à la formule de l'alliance, devenue classique :

« Je vous adopterai pour mon peuple et je serai votre Dieu » (Ex 6, 7).

Ainsi, en révélant son Nom, Dieu révèle son intimité : l'Être de Dieu est Être là pour et avec son peuple.

> « L'Être de Dieu est Être-pour-son-peuple, l'Être de Dieu comme existence-pour est le merveilleux mystère de son être profond. Israël, dans sa foi, peut compter de manière absolue sur un tel Dieu[144]. »

Le mot « miséricorde » n'apparaît pas encore dans la révélation de l'Horeb ; pourtant ce qu'il signifie y est déjà suggéré, mais ne sera développé que par la suite dans la révélation du Sinaï. La situation dans laquelle celle-ci se produit est extrêmement dramatique. Dieu a fait sortir son peuple de la maison d'esclavage et lui a donné les Dix commandements sur deux tables de pierre pour sceller son alliance (Ex 20, 1-21 ; Dt 5, 6-22). Cependant, à peine conclue, elle est rompue. Le peuple élu devient rapidement infidèle,

---

142. TERTULLIEN, *De praescriptione haereticorum* VII, 9.
143. B. PASCAL, *Pensées*. Voir aussi le chapitre V, 1.
144. U. WILCKENS, *Theologie des Neuen Testaments* 2/1, Neukirchen-Vluyn 2007, p. 93. Le concept « existence-pour » vient de l'exégète protestant W. Schmauch et a été repris par des exégètes catholiques comme H. Schürmann et W. Thüsing. Certains auteurs voient dans le nom de Dieu (Yahvé) non pas la racine *haïa* (être), mais la racine *hasah* qui signifie « aimer passionnément ». Selon cette interprétation Yahvé serait celui qui aime passionnément son peuple. Voir aussi E. OLK, *Die Barmherzigkeit Gottes – zentrale Quelle des christlichen Lebens*, St Ottilien, 2011, p. 46.

apostasie, suit des dieux étrangers et danse autour du veau d'or. La colère de Dieu s'enflamme contre le peuple rebelle et Moïse brise les tables de la Loi au pied de la montagne pour signifier que l'alliance est rompue (Ex 32). Tout semble terminé, parti en fumée.

Alors Moïse intercède et rappelle à Dieu sa promesse ; il implore sa grâce et sa miséricorde : *« Montre-moi ta Gloire »*. Et il s'agit bien là d'une deuxième révélation du Nom divin, Dieu crie son Nom à Moïse en passant devant lui :

> *« Je fais grâce à qui je fais grâce (hen), et j'ai pitié de qui j'ai pitié (rahamim). »* (Ex 33, 19)

La miséricorde divine n'est pas synonyme de familiarité, de proximité, elle est bien au contraire l'expression de la souveraineté absolue de Dieu et de sa liberté inaliénable. Dieu n'entre dans aucun schéma, pas même dans celui d'une justice compensatoire ; de par sa miséricorde il ne correspond qu'à lui-même et au nom révélé à Moïse[145]. Donc, il ordonne à Moïse de fabriquer de nouvelles tables de la Loi. Il ne laisse pas son peuple sombrer dans le néant et le malheur, malgré son infidélité et son entêtement ; Il renouvelle son alliance avec lui, lui redonne une chance dans sa liberté souveraine et par pure grâce.

Finalement, le lendemain matin, a lieu une troisième révélation du Nom. Dieu descend dans la nuée – symbole de sa présence mystérieuse – auprès de Moïse et lui crie :

> *« Dieu de tendresse (henun) et de pitié (rahum), lent à la colère, riche en grâce (hésèd) et en fidélité (émet) »* (Ex 34, 6).

Dans cette troisième révélation, la miséricorde n'exprime pas seulement la souveraineté et la liberté de Dieu, mais aussi sa fidélité. Dieu, dans sa miséricorde, est fidèle à lui-même et à son peuple malgré l'infidélité de celui-ci. On peut reconnaître dans cette troisième révélation l'affirmation centrale d'Israël sur l'être profond de son Dieu[146]. C'est pourquoi cette formule va dorénavant être répétée dans l'Ancien Testament, particulièrement dans les psaumes[147]. Elle est devenue en quelque sorte le Credo de l'Ancien Testament.

Ce Credo n'est pas le résultat d'une réflexion humaine, ni même d'une vision mystique. Au contraire, il est dit clairement à Moïse : *« Tu ne peux pas voir ma Face, car aucun homme ne peut me voir et rester en vie. »* Moïse ne peut pas voir la Gloire de Dieu directement, il ne peut voir Dieu que de dos, lorsqu'Il passe devant lui. Il ne peut le reconnaître en quelque sorte qu'a posteriori, c'est-à-dire après coup, ultérieurement, après son passage dans l'histoire, en

145. Wilckens, *Theologie des Neuen Testaments.*
146. *Idem.*
147. Cf. Dt 4, 31 ; Ps 86, 15 ; 103, 8; 116, 5; 145, 8; Jon 4, 2 ; Jl 2, 13.

se basant sur sa parole qui révèle et éclaire, c'est-à-dire lorsqu'Il crie son nom (cf. Ex 33, 20-23). Ainsi donc, l'affirmation décisive sur la nature compatissante et miséricordieuse de Dieu n'a rien de spéculatif, n'est pas non plus le résultat d'une expérience mystique, mais est une affirmation de foi basée sur la révélation de Dieu lui-même dans l'histoire où Il révèle à l'homme son être caché. On ne peut en parler de manière spéculative, mais seulement narrative. En ce sens cette formule résume la définition que Dieu donne de lui-même dans l'Ancien Testament.

4. La miséricorde, signe d'un Dieu tout-autre, souverain et insondable

Le sommet de la révélation vétérotestamentaire de la miséricorde divine se trouve chez le prophète Osée. Il est avec Amos le premier prophète de l'Écriture. Il a vécu et exercé son activité dans une situation tragique à la fin du royaume du Nord jusqu'à sa disparition (722/721 av. J.-C.). Son message correspond au drame de la situation. Le peuple a rompu l'alliance et s'est prostitué. C'est pourquoi Dieu a lui aussi rompu l'alliance avec son peuple. Il a décidé de ne plus lui pardonner son infidélité (Os 1, 6). Son peuple ne sera plus son peuple (Os 1, 9).

Et donc tout semble fini, l'avenir est bouché. C'est là que se produit le tournant dramatique. La Bible liturgique traduit l'affirmation décisive de Dieu par ces mots :

« Mon cœur se retourne contre moi » (Os 11, 8).

Et encore cette traduction est édulcorée. Le texte hébreu originel est beaucoup plus radical : Dieu renverse sa justice, Il la jette pour ainsi dire par-dessus bord. Au lieu d'un renversement pour détruire, il s'agit d'un retournement à l'intérieur de Dieu lui-même[148]. Pourquoi ? La pitié de Dieu se ranime et Dieu ne veut pas mettre à exécution ce qu'Il a décidé dans sa colère. La miséricorde l'emporte sur la justice.

Ce n'est pas là l'expression d'un arbitraire chez un Dieu colérique qui, par bonté, se calmerait et laisserait une fois de plus l'indulgence l'emporter sur la justice. La raison invoquée par Dieu lui-même, selon le prophète, est beaucoup plus profonde et découvre l'abîme insondable du mystère de Dieu :

---

148. H.W. Wolff, *Dodekapropheten* (Biblischer Kommentar AT, XIV/1), Neukirchen-Vluyn 1976, p. 261.

« Car je suis Dieu et non pas homme, au milieu de toi je suis le Saint, et je ne viendrai pas avec fureur. » (Os 11, 9)

C'est une affirmation étonnante qui veut nous faire comprendre que la sainteté de Dieu, sa différence radicale par rapport à l'être humain, ne s'exprime pas dans une juste colère, ni même dans sa transcendance insondable et inaccessible à l'homme ; l'être de Dieu se révèle dans sa miséricorde qui est l'expression de son être divin.

Arrivés à ce point, le plus bouleversant, nous sommes obligés de reconnaître que Dieu n'est pas un Dieu de colère et de justice – pas même dans l'Ancien Testament – mais qu'Il est un Dieu de miséricorde. Il n'est pas non plus un Dieu apathique qui trônerait dans le ciel, au-delà de toute détresse et du péché du monde ; Il est un Dieu qui a un cœur qui s'enflamme de colère, mais qui, ensuite, littéralement se retourne et s'émeut de compassion. Par ce retournement. Dieu se montre d'une part très touchant et d'autre part se révèle très différent de nous, les hommes, Il se révèle comme le Saint, le Tout-Autre. Sa nature, le fond de son être, qui le différencie fondamentalement des hommes et l'élève au-dessus de sa créature, c'est sa miséricorde qui fait sa noblesse et sa souveraineté, la sainteté de son être.

La souveraineté de Dieu se montre avant tout dans le pardon des péchés. Ne peut pardonner que celui qui est au-dessus – et non pas au-dessous – des exigences de la pure justice et peut donc remettre une juste punition et permettre un nouveau départ. Seul, Dieu peut pardonner, cela fait partie de son être profond. *« Seigneur, tu es pardon et bonté, plein d'amour pour tous ceux qui t'invoquent. »* (Ps 85, 5) *« Il est riche en pardon »* (Is 55, 7) *« Il aime à faire grâce »* (Mi 7, 18 ; cf. Ex 34, 6 ; Ps 130,4).

Toute théologie, si élaborée soit-elle, est impuissante à exprimer l'être de Dieu ; car il n'entre dans aucun moule. On ne peut pas parler d'un Dieu juste ou d'un Dieu miséricordieux, sans se poser de question, comme si c'était la chose la plus évidente du monde. Dans notre langage nous pouvons dire : la miséricorde est la révélation de sa transcendance au-delà de tout ce qui est humain et de tout ce qui est humainement prévisible. Dans sa miséricorde Dieu se révèle comme le Tout-Autre et paradoxalement, en même temps, comme le Tout-Proche. Sa transcendance n'est pas un éloignement infini et sa proximité n'est pas une familiarité sans aucune distance. Le Dieu miséricordieux n'est pas simplement un « bon Dieu » qui fermerait les yeux sur nos méchancetés et nos négligences. Sa proximité salvatrice exprime pourtant sa différence et son mystère insondable (cf. Is 45, 15). Tout en se révélant comme un Dieu proche (*deus revelatus*), il est en même temps un Dieu qui se cache (*deus absconditus*). La miséricorde de Dieu renvoie à sa différence et à sa nature, absolument incompréhensible, qui est en même temps l'expression de sa grâce et de son amour.

5. Miséricorde, sainteté, justice et fidélité de Dieu

Dans l'Ancien Testament la miséricorde divine est étroitement liée à d'autres modes de révélation de Dieu : il ne faut donc pas la retirer de ce contexte ni l'étudier à part. La révélation du Nom de Dieu à Moïse montrait que la miséricorde divine est en lien avec la grâce et la fidélité. Chez le prophète Osée elle exprimait la sainteté de Dieu dont elle est indissociable.

Il est important de relever le lien entre la miséricorde et la sainteté de Dieu. Le mot hébreu « saint » (*qadosch*) signifie à l'origine « couper, séparer, mettre à part ». La sainteté de Dieu exprime donc sa radicale différence et sa transcendance, lui qui est élevé au-dessus du monde et du mal[149]. Elle se manifeste de manière impressionnante dans la vision grandiose du trône chez le prophète Isaïe où il perçoit le chant des séraphins : *« Saint, saint, saint est le Seigneur »*. Cette vision engendre chez le prophète une sainte frayeur et lui fait prendre conscience de son indignité et de son péché.

> *« Malheur à moi, je suis perdu, car je suis un homme aux lèvres impures, j'habite au sein d'un peuple aux lèvres impures. »* (Is 6, 3-5)

Ce passage montre bien qu'il ne faut pas sous-estimer la miséricorde de Dieu ni le prendre pour un imbécile qui, dans sa générosité, fermerait les yeux sur nos fautes et notre méchanceté et laisserait tout faire. Nietzsche s'est moqué de Dieu de cette façon en disant qu'il était mort à cause de sa pitié pour les hommes[150]. On ne peut pas s'amuser avec Dieu ; il ne permet pas qu'on le nargue (cf. Ga 6, 7). Dans sa miséricorde et sa compassion Dieu montre sa sainteté et sa grandeur.

En raison de sa sainteté Dieu ne peut que s'opposer au mal. La Bible parle de la colère de Dieu[151]. Beaucoup seront peut-être choqués dans un premier temps par cette expression et la trouveront inadéquate. Cependant la colère de Dieu n'est pas à comprendre dans le sens d'un accès de fureur d'ordre émotionnel, éclatant à l'improviste et frappant au hasard, mais comme la résistance que Dieu oppose au péché et à l'injustice. La colère est pour ainsi

149. O. Procksch/G. Kuhn, art.*ἅγιος*, in : ThWNT 1, p. 87-112.

150. F. Nietzsche, *Ainsi parlait Zarathoustra.*

151. J. Fichtner/G. Stählin, art. *ὀργή*, in : ThWNT 5, p. 395-410. p. 442-448. G. Bornkamm, *Die Offenbarung des Zornes,* in : *Studien zum NT,* München 1985, p. 136. 189 ; W. Gross, *Zorn – ein biblisches Theologumenon,* in : W. Beinert, *Gott – ratlos vor dem Bösen ?* Freiburg, 1999, p. 47-85.

dire l'expression active et dynamique de son être saint. C'est pourquoi on ne peut supprimer ni édulcorer la notion de justice dans la Bible.

En effet, à la sainteté de Dieu correspond sa justice (*tsedakah*)[152]. La notion de droit et de justice est centrale dans l'Ancien Testament. La justice de Dieu est un présupposé fondamental incontestable pour les justes de l'Ancienne Alliance. En raison de sa sainteté Dieu ne peut faire autrement que de punir le mal et récompenser le bien. Pour l'Ancien Testament cette vérité, au lieu d'inspirer la peur, est au contraire pleine d'espérance. Le juste de l'Ancienne Alliance espère qu'un jour la justice universelle de Dieu se révélera (cf. Ps 5-9 ; 67, 5 ; 96, 13 ; 98, 9) et il demande à Dieu de la manifester (Ps 71, 15). L'espérance eschatologique est orientée vers la venue d'un Messie juste (Is 11, 4). Faire preuve de justice dans un monde injuste est déjà faire œuvre de miséricorde envers les sans-droits et les opprimés.

Ainsi le message de la miséricorde divine n'est pas le message d'une grâce bon marché. Dieu attend de nous que nous pratiquions le droit et la justice (Am 5, 7. 24 ; 6, 12) ou, selon une autre formule, le droit et la miséricorde (Os 2, 21 ; 12, 2). C'est pourquoi la miséricorde ne s'oppose pas à la justice. Dans sa miséricorde Dieu retient plutôt sa juste colère ; en un sens il se retient lui-même. Il le fait pour donner à l'homme une chance de se convertir. La miséricorde de Dieu offre au pécheur un délai parce qu'Il désire sa conversion ; elle est en fin de compte la grâce donnée pour se convertir.

Citons un passage de la Bible pour illustrer notre propos. Après que le peuple fut envoyé en exil, juste punition de son infidélité, Dieu dans sa miséricorde lui accorda une nouvelle chance.

> *« Un court instant, je t'avais délaissée, ému d'une immense pitié, je vais t'unir à moi. Débordant de fureur, un instant, je t'avais caché ma face. Dans un amour éternel, j'ai eu pitié de toi... Car les montagnes peuvent s'écarter et les collines chanceler, mon amour ne s'écartera pas de toi, mon alliance de paix ne chancellera pas, dit le Seigneur qui te console*[153]. *»* (Is 54, 7-8a. 10)

La miséricorde est le moyen que Dieu invente dans sa justice pour recréer l'homme. Certes elle se situe au-dessus de la logique imparable faute-punition, mais elle ne contredit pas la justice ; elle est plutôt à son service. Car Dieu n'est pas lié à une justice extrinsèque qui serait au-dessus de lui. Il n'est pas un juge qui rend la justice selon une loi imposée de l'extérieur et encore moins un fonctionnaire qui exécute les ordres d'un autre. Il fixe le droit de manière souveraine.

Cette liberté souveraine n'a rien d'arbitraire ; loin d'être l'expression d'une

---

152. G. Quell, art. *δικαιοκρισία*, in : ThWNT 2, p. 176-180.
153. Cf. Is 44, 26.28 ; 49, 10-13; Jr 3, 12 ; 12, 15 ; 26, 13.

charité spontanée, pour ainsi dire instinctive, face à la détresse de son peuple, elle manifeste plutôt la fidélité (*« émet »* en hébreu) de Dieu[154]. La révélation du Nom contient déjà la notion de faveur et de fidélité. Le mot *« émet »* vient de la racine « aman » qui signifie « tenir bon, se maintenir ». Ainsi la miséricorde de Dieu implique sa fidélité ; on peut se fier à l'alliance que Dieu a conclue en toute liberté et par pure grâce ; elle apporte soutien, secours et réconfort. La miséricorde est l'expression d'un engagement de Dieu envers lui-même et envers le peuple qu'il a élu. Absolument libre, Dieu est en même temps absolument fidèle. On peut compter sur lui et lui faire une confiance absolue en toutes circonstances.

Les mots *émet* et *aman* se retrouvent dans la liturgie sous la forme *Amen* par laquelle nous exprimons que nous sommes d'accord. Dans le Nouveau Testament *aman* se traduit par « croire » (*πιστεύειν*). Croire ne signifie pas seulement tenir pour vrai, mais aussi faire confiance à Dieu, compter sur lui et trouver en lui force et réconfort. Croire est un engagement confiant qui se base sur la fidélité et la miséricorde de Dieu. *« Si vous ne croyez pas, vous ne tiendrez pas. »* (Is 7, 9) *« Croyez en Dieu et vous vous maintiendrez. »* (2 Chr 20, 20) On peut aussi dire : croire signifie dire 'Amen' à Dieu et, ce faisant, s'appuyer sur sa grâce et sa fidélité, et s'en remettre à son infinie miséricorde. Dans la foi l'homme se fortifie et s'affermit ; dans la foi lui est offert un espace où il peut vivre en toute confiance.

6. L'option préférentielle de Dieu pour la vie et pour les pauvres

Le message vétérotestamentaire de la miséricorde n'est pas uniquement spirituel ; c'est un message de vie qui a, de plus, une dimension concrète et sociale, qui lui est essentielle. Par le péché, l'homme a mérité la mort, dans sa miséricorde Dieu lui accorde à nouveau vie et espace vital. Il n'est pas un Dieu mort, mais le Dieu vivant qui ne veut pas la mort, mais la vie. Dieu ne veut pas la mort du pécheur, mais qu'il se convertisse et qu'il vive (cf. Ez 18, 23 ; 33, 11). Jésus a repris ce message de l'Ancien Testament lorsqu'il dit que Dieu n'est pas le Dieu des morts, mais des vivants (cf. Mc 12, 27 ; Mt 22, 32 ; Lc 29, 38).

Ainsi la miséricorde divine est la puissance par laquelle Dieu maintient en vie, protège, encourage, recrée et reconstruit. Elle fait sauter la logique de la justice humaine qui aboutit à la punition et à la mort du pécheur ;

154. G. Quell/G. Kittel/R. Bultmann, art. *ἀλήθεια*, in : Th WNT 1, p. 233-251.

la miséricorde veut la vie. Fidèle à l'alliance conclue avec son peuple, Dieu rétablit dans sa miséricorde la relation de l'homme à Dieu que le péché avait détruite et lui redonne des conditions de vie acceptables. La miséricorde est l'option de Dieu pour la vie. C'est évident : Dieu n'est pas, comme Nietzsche le prétendait, un ennemi de la vie[155]. Dieu est force (Ps 27, 1) et source de la vie (Ps 36, 10) ; Il est ami de la vie (Sg 11, 26).

Dieu a une préférence pour les faibles et les pauvres[156]. Le peuple d'Israël se souvient que lui aussi était pauvre en Égypte (Ex 22, 20 ; Dt 10, 19 ; 24, 22), que Dieu l'a fait sortir à main forte et à bras étendu et l'a sauvé (Ex 6, 6 ; Dt 5, 15). Dans le pays d'Israël l'amour particulier de Dieu va aux pauvres et aux faibles. Il se manifeste particulièrement dans l'interdiction d'opprimer et d'exploiter les étrangers, les veuves et les orphelins (Ex 22, 20-26), dans la protection du pauvre devant la justice (Ex 23, 6-8) et dans l'interdiction de prêter à intérêt (Ex 22, 24-26). Le livre du Lévitique connaît une législation sociale qui lui est propre (Lv 19, 11-18 ; 25) dans laquelle l'ordre social habituel est renversé. Anne, dans son chant d'action de grâce qui préfigure le Magnificat de Marie dans le Nouveau Testament, proclame :

> *« Il retire de la poussière le faible, du fumier il relève le pauvre, pour les faire asseoir avec les nobles et leur assigner un siège d'honneur. »* (1 S 2, 8)

Il faut faire une mention particulière du commandement du shabbat (Ex 20, 9s ; 23, 12 ; Dt 5, 12-15) qui prescrit d'accorder un jour de repos à tous, y compris aux esclaves et aux étrangers pour leur permettre de souffler ; de même durant l'année sabbatique, qui revient tous les sept ans, les champs reposent en jachère au profit des pauvres et la liberté doit être accordée aux esclaves (Ex 23, 10s ; Dt 15, 1-18). Il en va de même pour l'année jubilaire où toutes les sept fois sept ans toute propriété doit être restituée, les champs ne doivent pas être cultivés et la liberté doit être rendue à tous (Lv 25, 8s ; 27, 14s). Bien que cette dernière prescription ne fût jamais observée, cependant en arrière-fond se trouve la notion de solidarité du peuple de Dieu à qui la terre a été donnée comme bien commun. Le livre du Deutéronome développe cette conception d'un peuple dans lequel il ne doit y avoir ni pauvres ni marginaux (Dt 8, 9 ; 15, 4) et contient des prescriptions détaillées concernant les veuves et les orphelins, les étrangers et les esclaves (Dt 14, 29 ; 15, 1-18 ; 16, 11. 14 ; 24, 10-22) ainsi que l'obligation de verser la dîme en faveur

---

155. F. Nietzsche, *Le crépuscule des dieux.*

156. F. Hauck, art. *πένης*, in : Th WNT 6, p. 37-40 ; F. Hauck/E. Bammel, art. *πτωχός*, in : ThWNT 6, p. 885-902 ; N. Lohfink, *Lobgesänge der Armen*, Stuttgart 1990 ; Fabry, art. Armut, in : LThK3 1, p. 1005-1008.

des pauvres, c'est-à-dire concrètement des étrangers, des orphelins et des veuves[157] (Dt 14, 28s ; 26, 12).

La providence de Dieu et l'option préférentielle pour les pauvres se manifestent avec une insistance particulière dans le message des prophètes. Le prophète Amos commence par reprocher durement à Israël de tordre le droit, d'exploiter et d'opprimer les pauvres (Am 2, 6-8 ; 4, 1. 7-12 ; 8, 4-7) avant de critiquer la classe supérieure insouciante (6, 1-14) ; à la place des fêtes somptueuses et des holocaustes il exige de pratiquer le droit et la justice comme étant le véritable sacrifice (5, 21-25). Chez Isaïe (Is 1, 11-17 ; 58, 5-7), Ezéchiel (Ez 18, 7-9), Osée (Os 4, 1-3 ; 6, 6 ; 8, 13 ; 14, 4), Michée (Mi 6, 6-8) et Zacharie (Za 7, 9s) ce sont les mêmes accents, les mêmes paroles, tout aussi claires. On y trouve aussi des paroles d'encouragement pour les pauvres qui trouvent auprès du Dieu d'Israël – contrairement aux idoles (Ba 6, 35-37) – écoute, refuge, compassion, justice et consolation (Is 14, 32 ; 25, 4 ; 41, 17 ; 49, 13 ; Jr 22, 16).

C'est pourquoi chez les prophètes on retrouve sans cesse des supplications implorant la miséricorde de Dieu (Is 54, 7 ; 57, 16-19 ; 63, 7- 64, 11 ; Jr 31, 20). La promesse ne s'adresse pas aux fiers et aux puissants, mais bien aux pauvres (Is 26, 6 ; 41, 17 ; 49, 13). D'après le troisième Isaïe le Messie est envoyé aux pauvres et aux petits pour leur apporter la bonne nouvelle (Is 61, 1).

C'est donc à juste titre que l'on peut parler, chez les prophètes, d'une option préférentielle de Dieu pour les pauvres, les faibles et les petits. On pourrait presque parler d'utopie pour un nouvel ordre social. Cependant le mot utopie serait ici déplacé. Car il ne s'agit pas d'un projet humain, mais de la volonté de Dieu de sauver l'homme et de sa promesse eschatologique.

7. La louange des psaumes

De nombreux psaumes expriment la miséricorde divine avec une grande beauté poétique. Nous ne pouvons en citer que quelques exemples :

« Tous les sentiers du Seigneur sont amour et vérité pour qui garde son alliance et ses préceptes. » (Ps 25, 10)

« Yahvé, dans les cieux ton amour, jusqu'aux nues, ta vérité. » (Ps 36, 6)

157. Sur le Deutéronome voir : N. Lohfink, *Das deuteronomistische Gesetz in der Endgestalt.* Entwurf einer Gesellschaft ohne marginale Gruppen, in : Biblische Notizen 51 (1990), p. 25-40.

« Dieu est tendresse et pitié, lent à la colère et plein d'amour. » (Ps 103, 8 ; 145, 8)

« Comme est la tendresse d'un père pour ses fils, tendre est le Seigneur pour qui le craint. » (Ps 103, 13)

Comme chez les prophètes Dieu prête l'oreille aux pauvres, les console et leur accorde son aide (Ps 9, 10. 19 ; 10, 14. 17 ; 22, 25 ; 113, 4-8).

À côté de la louange retentit aussi la supplication : *« Aie pitié de moi, Seigneur »* (Ps 4, 2 ; 6, 3). Le début du célèbre psaume *Miserere* – attribué à David et composé après qu'il a commis l'adultère avec Bethsabée, la femme d'Urie, et que le prophète Nathan lui a demandé compte de sa conduite – est particulièrement impressionnant :

« Pitié pour moi, Dieu, en ta bonté, en ta grande tendresse efface mon péché. » (Ps 51, 3)

À la fin, la supplication est presque toujours remplacée par un chant d'action de grâces et de jubilation :

« Rendez grâce au Seigneur, car il est bon, car éternel est son amour ! » (Ps 106, 1 ; 107, 1)

Le psaume répète ce cri de joie 26 fois. Les psaumes ne font que chanter et célébrer la miséricorde de Dieu. Le livre de la Sagesse reprend cette louange :

« Mais toi, notre Dieu, tu es bon et vrai, lent à la colère et gouvernant l'univers avec miséricorde. » (Sg 15, 1)

Dans la période tardive d'Israël le petit peuple (*am haarets*) était appauvri et méprisé par les classes sociales influentes et cultivées. Alors se constitua le groupe des *anawim*, des pauvres, des faibles, des défavorisés, des opprimés, des doux, des humbles qui n'avaient rien à attendre du monde et mettaient leur espoir en Dieu seul[158]. La communauté de Qumran appartient aussi à cette mouvance. Selon le Trito-Isaïe le Messie se savait envoyé vers les pauvres et les petits pour leur apporter la bonne nouvelle et guérir les cœurs brisés ; il devait annoncer aux captifs la libération et aux prisonniers la délivrance (Is 61, 1-3). Dans le Nouveau Testament Syméon et Anne faisaient partie de ceux qui attendaient la venue du Messie (Lc 2, 25-38). Jésus a repris ce thème de l'attente et a mis son accomplissement en relation avec sa venue. Il sait qu'il est envoyé pour apporter la bonne nouvelle aux pauvres (Lc 4, 16-21).

En résumé nous pouvons dire que le message de la miséricorde divine traverse tout l'Ancien Testament. Dieu ne cesse d'apaiser sa sainte et juste colère

158. Hauck/Bammel, art. *πτωχός*, in : Th WNT 6, p. 894-902.

et témoigne sa miséricorde à son peuple, malgré son infidélité, pour lui donner une nouvelle chance de se convertir. Il est le protecteur et le garant des pauvres et des sans-droits. Ce sont surtout les psaumes qui donnent l'exemple le plus percutant, contredisant l'affirmation que le Dieu de l'Ancien Testament est un Dieu jaloux, vengeur et coléreux. Depuis le livre de l'Exode jusqu'au livre des psaumes le Dieu de l'Ancien Testament est surtout *« tendresse et pitié, lent à la colère et plein d'amour »* (Ps 145, 8 ; cf. 86, 15 ; 103, 8 ; 116, 5).

Chapitre IV

LE MESSAGE DE JÉSUS CONCERNANT LA MISÉRICORDE DIVINE

1. Une rose a fleuri

Avant de présenter l'apparition et le message de Jésus, les évangélistes Matthieu et Luc rapportent ce que l'on appelle les récits de l'enfance. Il serait plus juste de parler de protévangile pour cette période précédant la vie publique de Jésus plutôt que de récits d'enfance[159]. D'un point de vue historique cette introduction pose certains problèmes. Elle ne relate pas un événement qui, comme la majeure partie des deux évangiles, se baserait sur le récit de témoins oculaires. Cependant il est tout à fait clair que les deux évangélistes n'ont pas inventé de toutes pièces cette histoire ; ils puisent dans deux traditions différentes qui convergent sur des points importants, la conception virginale et la naissance de Jésus à Bethléem. Cette seule constatation confère à ce protévangile une certaine crédibilité historique. Il faut surtout prendre au sérieux l'affirmation de Luc disant qu'il a tout vérifié avec soin pour écrire l'ensemble de son évangile, et bien évidemment aussi pour ce protévangile ; il attache donc beaucoup d'importance à la fiabilité de son récit (Lc 1, 2-4).

Ces quelques indications montrent que, sans qualifier ce protévangile de récit historique au sens moderne, on ne peut pas pour autant le reléguer au rang de légendes pieuses, édifiantes certes, mais sans aucune valeur historique. Il s'agit d'une histoire d'un style particulier. Le protévangile relève

159. Voir à ce sujet J. Gnilka, *Das Matthäusevangelium* (HTbKNT I/1), Freiburg 1986, p. 1s.

d'une théologie qui raconte à la manière de la Haggada juive[160]. Luc attache beaucoup d'importance au fait que ce qu'il relate s'est passé dans un cadre spatio-temporel, à savoir dans un lieu précis, essentiellement à Bethléem, et dans une situation historique et politique concrète, à savoir sous le règne de l'empereur Auguste et de son gouverneur Quirinius (Lc 2, 1). Selon Matthieu l'histoire se déroule au temps du roi Hérode (Mt 2, 1).

Ce qui se produit dans un lieu précis et à une période précise de l'histoire s'insère en même temps dans l'ensemble de l'histoire de Dieu avec les hommes. Selon l'arbre généalogique de Matthieu Jésus s'inscrit dans toute l'histoire du salut qui commence avec Abraham (Mt 1, 1-17). C'est le sens à donner au premier verset de Matthieu : *« Généalogie de Jésus-Christ, fils de David, fils d'Abraham »*. Luc remonte encore plus loin et intègre Jésus dans l'histoire de toute l'humanité débutant avec Adam (Lc 3, 23-38).

Tout en étant un événement réel qui s'insère *dans* l'histoire, cependant il ne provient pas *de* l'histoire. D'après les deux évangélistes Jésus vient en ce monde par l'action de l'Esprit Saint (Mt 1, 20 ; Lc 1, 35). Il vient de manière merveilleuse par une intervention de Dieu ; il est Fils de Dieu (Lc 1, 32. 35). Le véritable miracle n'est pas tant la naissance virginale : elle n'est que le signe visible et pour ainsi dire la porte d'entrée de Dieu dans l'histoire[161]. Le miracle, plus grand et plus étonnant encore que la naissance virginale, est le miracle de la venue de Dieu et de son incarnation. C'est ce qu'exprime le nom de Jésus : Dieu sauve ; il est l'Emmanuel, Dieu avec nous (Mt 1, 23). Ainsi le protévangile relate ce qui est supposé connu dans la vie publique de Jésus. Il nous dit qui est Jésus et d'où il vient.

Si l'on regarde de près le contenu théologique du récit, on constate que Luc y fait résonner, comme dans un prélude, toutes les questions, tous les thèmes et sujets abordés par Jésus dans sa vie publique et dans son message. Ce protévangile est en quelque sorte l'évangile en résumé (*in nuce*)[162]. Il est sous le signe de la miséricorde divine. Il comprend l'histoire de Jésus comme accomplissement de toute l'histoire des promesses et du salut (Mt 1, 22). Il s'inscrit dans l'histoire de la miséricorde divine (*ἔλεος*) de génération en génération (Lc 1, 50). Comme il l'a promis, Dieu vient en aide *« à son peuple*

160. Ce n'est pas le lieu d'étudier en détail le génie littéraire des récits de l'enfance ni d'examiner la question de leur authenticité. Je me réfère ici au livre de H. Schürmann, *Das Lukasevangelium* (HThKNY III/1) Freiburg, 1969, qui exclut une compréhension légendaire ou purement édifiante et parle plutôt d'une technique narrative proche de la Haggada dans le judaïsme tardif (ou primitif) – ce qui ne dit rien sur le caractère historique du récit.

161. Il n'est pas besoin dans ce contexte d'entrer dans les détails. Je me suis déjà exprimé à ce sujet dans mon livre *Jésus, le Christ*, Ed. du Cerf, 1996.

162. U. Luz, *Das Evangelium nach Matthäus* (EKK I/1) Zürich 1985, p. 85 ; Gnilka, *Das Matthäusevangelium*.

Israël et se souvient de sa miséricorde » (Lc 1, 54). *« Ainsi fait-il miséricorde à nos pères, ainsi se souvient-il de son alliance sainte. »* (Lc 1, 72) Par l'amour miséricordieux de Dieu l'Astre d'en haut vient nous visiter pour illuminer ceux qui sont dans les ténèbres et l'ombre de la mort (cf. Lc 1, 78s). L'histoire de Noël chez Luc annonce la naissance du Sauveur attendue et espérée depuis longtemps :

> *« Aujourd'hui vous est né le Sauveur dans la ville de David ; il est le Messie, le Seigneur »* (Lc 2, 11).

Cet avènement messianique s'accomplit dans un cercle de personnes qui, certes, descendent d'une famille illustre, la tribu d'Aaron (Lc 1, 6) et de David (Mt 1, 20 ; Lc 1, 27 ; 2, 4) ; mais comme Zacharie et Élisabeth (Lc 1, 6) ou Syméon et Anne (Lc 2, 25-38), ils comptent parmi les gens pieux qui attendent la venue du Messie et sont des gens simples qui ne font pas de bruit. Cette histoire renverse donc les catégories humaines, change les règles habituellement en vigueur chez les hommes : Élisabeth, la femme stérile, et la Vierge Marie deviennent fécondes (Lc 1, 7. 34), les puissants sont renversés de leur trône et les humbles sont élevés, les affamés sont rassasiés alors que les riches repartent les mains vides (Lc 1, 52s). Il s'agit donc de l'accomplissement de l'histoire vétérotestamentaire – ce qu'Anne, la mère de Samuel avait déjà chanté dans son cantique d'action de grâces – histoire où Dieu fait mourir et vivre, rend pauvre et riche, abaisse et élève (1 S 2, 1-11). Elle anticipe déjà le Sermon sur la montagne où, contre toute logique humaine, les pauvres, ceux qui pleurent, les faibles, les miséricordieux, les artisans de paix et ceux que l'on persécute sont proclamés bienheureux (Mt 5, 3-11 ; Lc 6, 20-26).

Par son caractère merveilleux cette histoire dépasse le cadre limité du peuple d'Israël et s'ouvre à l'humanité tout entière. Elle remonte, par-delà Moïse, à Abraham qui est destiné à devenir une bénédiction pour tous les peuples de la terre (Gn 12, 2s), et même à Adam, le père de toute l'humanité. Cette dimension universelle s'exprime aussi dans l'histoire des mages venus de l'Orient, représentants d'une religion païenne (Mt 2, 1-12) ; elle préfigure le thème du pèlerinage eschatologique de tous les peuples vers Sion, que l'on trouve déjà dans l'Ancien Testament[163] (Is 2 ; Mi 4, 1. 3 ; cf. Mt 8, 11). Ainsi avec la venue de Jésus la paix (*shalom*) universelle, désirée depuis si longtemps, s'instaure sur terre pour tous ceux qui trouvent grâce auprès de Dieu (Lc 2, 14). C'est ce qu'exprime le vieillard Syméon lorsqu'il loue Dieu dans le temple :

163. GNILKA, *Das Matthäusevangelium*. Voir également pour l'ecclésiologie W. KASPER, *L'Église catholique*.

« Car mes yeux ont vu ton salut que tu as préparé à la face de tous les peuples, lumière pour éclairer les nations païennes et gloire de ton peuple Israël » (Lc 2, 30-32).

Aussi merveilleuse et touchante que soit l'histoire de Noël, elle se prête peu à un romantisme sentimental. Elle raconte en effet que le Messie nouveau-né n'a pas trouvé place dans le monde bien établi et ne fut accueilli que par des bergers qui, à l'époque, étaient méprisés. Elle rapporte l'opposition d'Hérode, le massacre des saints innocents, la fuite en Égypte et la prophétie annonçant que Jésus sera un signe de contradiction et que le cœur de sa mère sera transpercé par une épée (Lc 2, 34s). L'ombre de la croix plane dès le début sur l'histoire qui ne fait que commencer.

Ainsi le début des évangiles est loin d'être une légende populaire idyllique. Cette histoire fait voler en éclats toutes les représentations et attentes habituelles. Un Sauveur, qui naît d'une Vierge, non dans un palais, mais dans une étable au milieu de pauvres bergers méprisés – cela ne s'invente pas. Ce n'est pas le langage de la légende ou du mythe. Au commencement l'étable, à la fin le gibet, « c'est fait de matière historique, non en or, comme la légende l'aime[164] ». Et pourtant c'est précisément dans cette tension et ce contraste entre le chant céleste des anges et la dure réalité historique qu'un charme tout particulier émane de l'histoire de Noël qui n'a cessé de rejoindre et de toucher les cœurs.

Cette histoire ne peut se comprendre que si on la range dans la catégorie du merveilleux. Juste après la période néotestamentaire, Ignace d'Antioche a perçu le sens profond de l'histoire de Noël. Se référant au livre de la Sagesse, il a affirmé que Jésus-Christ procédait du silence du Père[165]:

« Alors qu'un silence paisible enveloppait toutes choses et que la nuit parvenait au milieu de sa course, du haut des cieux, ta parole toute-puissante s'élança du trône royal » (Sg 18, 14).

Dieu, qui semble lointain pour certains et que nous croyons devoir honorer dans le silence, s'est éveillé au milieu de la nuit de ce monde, est sorti du silence par un décret insondable et s'est communiqué à nous dans son Verbe fait chair, plein de grâce et de vérité (Jn 1, 1s. 14). La mystique allemande avec Maître Eckhart a repris et développé cette idée[166].

Depuis deux mille ans l'histoire de Noël n'a rien perdu de sa fascination. Sous une forme plus populaire cette histoire suscite aujourd'hui encore l'étonnement chez les croyants comme chez les non-croyants. C'est François d'Assise qui, le premier, a eu l'idée de construire une crèche pour rendre visible l'amour

164. E. Bloch, *Das Prinzip Hoffnung*, Frankfurt, 2008, p. 1482.

165. Ignace d'Antioche, *Epistula ad Magnesois* 8, 23.

166. Cf. A. Haas, *Im Schweigen Gott zur Sprache bringen*, in : G. Augustin/K. Krämer, *Gott denken und bezeugen*, Freiburg, 2008, p. 344-355.

de Dieu qui s'est manifesté à nous de manière si incompréhensible. Jusqu'à aujourd'hui beaucoup de personnes, même loin de l'Église, rendent visite à l'Enfant-Dieu dans la crèche et expérimentent un rayon de sa lumière, une lueur d'espoir et d'amour au milieu de ce monde sombre et froid.

Un vieux chant de Noël du XVIe siècle exprime l'incroyable, l'inimaginable et le merveilleux de ce message :

« Une rose est éclose d'une racine tendre,
comme les Anciens nous le chantent,
sorti de la souche de Jessé,
Une fleur est née au milieu de l'hiver glacé, vers minuit. »

Une rose au milieu de l'hiver et de la nuit : ainsi s'accomplit la prophétie d'Isaïe (Is 11, 1), annonçant qu'un germe va éclore de manière miraculeuse et sortir d'une souche apparemment morte et stérile. On ne peut pas mieux exprimer l'incroyable et fascinante nouveauté de l'événement de Noël.

2. L'Évangile de Jésus et la compassion du Père

Marc commence son évangile comme Matthieu, de façon peut-être encore plus frappante que celui-ci : *« Commencement de l'Évangile de Jésus Christ, le Fils de Dieu »*. Il résume l'incroyable nouvelle et l'évangile tout entier (*εὐαγγέλιον*) en une formule brève :

« Les temps sont accomplis, le règne de Dieu est tout proche[167] *»* (Mc 1, 14).

L'accomplissement des temps est un thème largement répandu dans la littérature apocalyptique du judaïsme primitif. Jésus le reprend à son compte en le portant à son apogée. Car c'est bien ce qu'il dit : l'heure est venue. La promesse se réalise avec sa venue, c'est maintenant que s'accomplit l'avènement du règne de Dieu. Mais comment se manifeste-t-il ? Dans les chapitres suivants Marc donne une réponse claire. Le règne de Dieu commence par les guérisons miraculeuses de toutes sortes de maladies et par les expulsions de démons, puissances qui nuisent à la vie des hommes.

Luc l'exprime plus clairement encore. À la place de la formule brève de Marc on trouve chez lui le récit de la première apparition en public de Jésus dans la synagogue de Nazareth un jour de sabbat. Jésus y lit un passage du prophète Isaïe :

---

167. R. Pesch, *Das Markusevangelium* (HThKNT II/1), Freiburg, 1976, p. 100-104 ; J. Gnilka, *Das Evangelium nach Markus* (EKK II/1), Zürich, 1978, p. 64-69.

« Il m'a envoyé porter la Bonne Nouvelle aux pauvres (εὐαγγέλειν)... et annoncer une année de bienfaits accordée par le Seigneur ».

Pour Luc l'évangile de Jésus consiste en la proclamation d'une année de grâces, c'est-à-dire une année de libération (Lv 25, 10) pour les pauvres. Alors Jésus ajoute :

« Cette parole de l'Écriture que vous venez d'entendre, c'est aujourd'hui qu'elle s'accomplit » (Lc 4, 18. 21).

Luc, lui aussi, relie l'œuvre de Jésus à sa personne, mais ici il le fait de telle sorte que cette identification concrète fait apparaître le caractère scandaleux de son message.

Dans l'évangile de Matthieu on trouve une affirmation semblable. Lorsque les disciples de Jean viennent voir Jésus pour lui demander s'il est celui qui doit venir, Jésus résume toute sa vie publique en se référant à Is 61, 1 :

« Les aveugles voient, les boiteux marchent, les lépreux sont purifiés, les sourds entendent, les morts ressuscitent, la Bonne Nouvelle est annoncée aux pauvres ».

Les œuvres du Christ sont donc pour Matthieu des œuvres de miséricorde apportant guérison et secours. Par conséquent, l'engagement pour les pauvres, les indigents, les petits et les faibles, pour tous ceux qui ne comptent pas aux yeux des hommes est l'essence même de la mission messianique de Jésus[168]. Là aussi Jésus relie son action à sa personne :

« Heureux celui qui ne tombera pas à cause de moi » (Mt 11, 5s ; Lc 7, 22s).

Le programme des trois textes synoptiques s'exprime dès la première béatitude : *« Heureux les pauvres de cœur »* (Mt 5, 3 ; cf. Lc 6, 20). Il n'est pas seulement question des pauvres économiquement ou socialement parlant, mais aussi de tous ceux qui ont le cœur brisé, les découragés et les désespérés, tous ceux qui se tiennent comme des mendiants devant Dieu[169]. Jésus se tourne vers tous ceux qui ont de lourds fardeaux à porter :

« Venez à moi, vous tous qui peinez sous le poids du fardeau et moi, je vous procurerai le repos. Prenez sur vous mon joug, devenez mes disciples, car je suis doux et humble de cœur » (Mt 11, 28s).

Jésus ne s'est pas contenté de proclamer la miséricorde du Père, il l'a pratiquée lui-même. Ce qu'il a annoncé, il l'a aussi vécu. Il s'est occupé des malades et des possédés. Il a pu dire de lui : *« Je suis doux et humble de cœur »* (Mt 11, 29).

---

168. Gnilka, *Das Matthäusevangelium*, p. 409 s. ; Luz, *Das Evangelium nach Matthäus*, I/2, Zürich, 1990, p. 168-170.

169. Schürmann, *Das Lukasevangelium*, p. 231 ; Luz, *Das Evangelium nach Matthäus*, p. 204-207.

Il est ému de compassion (*σπλαγχνισθείς*) lorsqu'il rencontre le lépreux (Mc 1, 41) ou voit la douleur d'une mère qui a perdu son fils unique (Lc 7, 13). Il a pitié des nombreux malades (Mt 14, 14), du peuple affamé (Mt 15, 32) ou des deux aveugles qui implorent sa miséricorde (Mt 20, 34), des hommes qui sont comme des brebis sans berger (Mc 6, 34). Au tombeau de son ami Lazare il est pris d'émotion et pleure (Jn 11, 35. 38). Dans le grand discours sur le jugement dernier il s'identifie aux pauvres, aux affamés, aux malheureux et aux persécutés[170] (Mt 25, 31-46). Par conséquent beaucoup viennent à sa rencontre en criant : *« Seigneur, aie pitié de moi » ou « aie pitié de nous »* (Mt 9, 27 ; Mc 10, 47s). Sur la croix il a pardonné au larron repentant et prié pour ceux qui l'avaient crucifié (Lc 23, 34-43).

Le message de Jésus a ceci de nouveau par rapport à l'Ancien Testament : la miséricorde de Dieu est pour tous. Tous peuvent avoir accès à Dieu, cela n'est pas réservé à quelques justes, il y a de la place pour tous dans le Royaume de Dieu, personne n'en est exclu. Dieu a définitivement retiré sa colère qui a laissé place à son amour et sa miséricorde[171].

Les pécheurs étaient les interlocuteurs privilégiés de Jésus ; ils font partie eux aussi de ces pauvres en esprit. Contrairement aux pharisiens et aux docteurs de la loi, Jésus ne se tient pas à distance d'eux ; il mange avec eux (Mc 2, 13-17). Il passe pour l'ami des publicains et des pécheurs (Lc 7, 34). Dans la maison du pharisien Simon Jésus manifeste sa miséricorde envers une prostituée bien connue (Lc 7, 36-50), la même chose se reproduit avec le publicain Zachée dans la maison duquel Jésus s'arrête pour prendre un repas (Lc 19, 1-10). Lorsque les pharisiens manifestent leur indignation, il leur répond :

> *« Je ne suis pas venu appeler les justes, mais les pécheurs, au repentir »* (Lc 5, 31 ; cf. 19, 10).

Il leur raconte la parabole du pharisien et du publicain qui montent ensemble au temple pour prier. Ce n'est pas le pharisien – lui qui se glorifie de ses bonnes œuvres – qui repart, justifié, chez lui, mais le publicain qui se frappe la poitrine en disant : *« Aie pitié de moi, pécheur »* (Lc 18, 9-14).

Le cœur du message de Jésus est la révélation de Dieu comme Père[172]. Le fait que Jésus s'adresse à Dieu en l'appelant son Père, *« Abba, Père »* (Mc 14, 36), s'est imprimé de manière indélébile dans la mémoire des premiers chrétiens. Cette appellation, propre à Jésus, s'est transmise dans le texte grec dans l'idiome

---

170. Parallèles dans le judaïsme chez BILL IV/1, p. 559-610.

171. U. WILCKENS, *Theologie des Neuen Testaments*, II/1, Neukirchen, 2007, p. 190-195.

172. G. SCHRENK, art. *πατήρ*, in : ThWNT 5, 984-996 : J. JEREMIAS, *Abba : Jésus et son père*, Ed. Du Seuil, 1972 ; J. RATZINGER/BENOÎT XVI, *Jésus de Nazareth*, Flammarion, 2007, p. 151 à 189, fait ressortir le message central de Jésus sur la paternité de Dieu, qu'il présente comme son Père.

araméen, ce qui montre bien que très tôt elle fut considérée comme le signe distinctif des chrétiens. Le *Notre Père* que Jésus a enseigné à ses disciples lorsqu'ils lui demandaient de leur apprendre à prier (Mt 6, 9 ; Lc 11, 2) est devenu à juste titre la prière chrétienne la plus connue et la plus répandue. Elle exprime le cœur même de notre relation à Dieu et de la conception que nous nous faisons de lui. Elle affirme que nous entretenons une relation personnelle avec un « Tu » divin, qui nous connaît et nous écoute, qui nous porte et nous aime.

Jésus a ajouté que, dans la prière, nous n'avons pas besoin de faire de longs discours, car le Père sait ce dont nous avons besoin (Mt 6, 8). Nous pouvons déverser sur lui tous nos soucis. Comme Il prend soin des oiseaux du ciel, des fleurs et de l'herbe des champs, Il connaît aussi nos besoins (Mt 6, 25-34). Il veille lui-même sur les moineaux et même les cheveux de notre tête sont comptés (Mt 10, 2s). Il est notre Père et le Père de tous les hommes ; nous sommes tous ses enfants, ses fils et ses filles ; Il fait lever son soleil sur les bons comme sur les méchants et tomber la pluie sur les justes comme sur les injustes (Mt 5, 45). Le Père du ciel n'est pas loin de nous (Mt 5, 16 ; 18, 10. 14. 32s) ; Il est le Père du ciel et de la terre (Mt 11, 25 ; cf. 6, 10). Notre vie sur terre est conduite par ce seul et unique Père. Nous pouvons à tout moment sentir la main de Dieu, nous savons qu'il nous protège et nous pouvons l'appeler en toutes circonstances. Sachant cela, nous ne vivons pas comme des orphelins dans un univers infini et froid, nous ne sommes pas le produit du hasard ou d'une évolution qui n'a ni sens ni but.

L'évangéliste Luc met le doigt sur ce qui est important dans le message de Jésus : là où Matthieu parle de la perfection de Dieu (Mt 5, 48), Luc parle de sa miséricorde (Lc 6, 16). Pour Luc, la miséricorde est donc la perfection même de l'Être divin. Dieu ne condamne pas, Il pardonne, Il donne et donne encore ; sa mesure est une mesure bien pleine, tassée, remplie à ras bord et débordante. La miséricorde divine est pour ainsi dire au-delà de toute proportion ; elle dépasse toute mesure[173].

3. Le message des paraboles : la miséricorde du Père

C'est dans les paraboles que Jésus nous a le mieux exposé le message de la miséricorde du Père[174]. C'est surtout valable pour les paraboles du bon

173. Schürmann, *Das Lukasevangelium*, p. 358-365.

174. Fondamental : C. H. Dodd, *Les paraboles du Royaume de Dieu : déjà là ou pas encore*, Ed. du Seuil, 1977 ; J. Jeremias, *Les paraboles de Jésus*, Mappus, 1965. Une introduction à la problématique de l'interprétation des paraboles dans *Jésus de Nazareth* (Benoît XVI), t. 1, p. 207s.

Samaritain (Lc 10, 25-37) et du fils prodigue (Lc 15, 11-32)[175]. Elles sont inscrites dans la mémoire de l'humanité et sont devenues quasi proverbiales.

Dans la parabole du bon Samaritain il est significatif que Jésus prenne un Samaritain comme exemple. En effet, à l'époque, les Samaritains étaient méprisés par les Juifs orthodoxes, qui les considéraient presque comme des païens. Mais le récit même de la parabole devait être tout aussi provocateur pour les auditeurs de Jésus. Tout d'abord un prêtre, puis un lévite passent à côté de l'homme étendu sur le bord du chemin sans prêter attention à lui alors que le Samaritain, lui, prend soin de lui. Il ne passe pas avec indifférence à côté de l'homme tombé aux mains des brigands, gisant à terre sans défense. En le voyant il est ému de compassion, en oublie les affaires pour lesquelles il s'était mis en route, se penche sur lui dans la poussière du chemin, lui donne les premiers soins, panse ses plaies. À la fin il dédommage généreusement l'aubergiste, en paiement d'autres dépenses éventuelles et de tous les soins nécessaires.

Jésus raconte cette parabole pour répondre à la question : Qui est mon prochain ? Sa réponse est la suivante : ton prochain n'est pas celui qui est loin, mais celui dont tu te fais le prochain, la personne concrète que tu rencontres et qui, dans une situation précise, a besoin de ton aide. Jésus ne prêche pas l'amour du plus éloigné, mais du plus proche – du prochain. Le prochain n'est pas celui auquel nous sommes liés par la parenté ou l'amitié ou par une appartenance ethnique ou religieuse ; l'amour du prochain s'exerce envers l'homme concret, rencontré sur le chemin, qui souffre et a besoin d'aide.

Jésus va encore plus loin dans les paraboles lucaniennes de la miséricorde. Il raconte celle du fils prodigue en réaction au murmure scandalisé des pharisiens et des docteurs de la loi qui s'indignent de ce qu'il fréquente les pécheurs et mange avec eux (Lc 15, 2). Selon eux il transgresse la justice prescrite par la loi. Par cette parabole Jésus veut leur donner une leçon. Son attitude manifeste la justice du père céleste, une justice supérieure et plus vaste. Il le dit en effet dans la parabole : il se comporte vis-à-vis des pécheurs – tout du moins ceux qui, à l'époque, passaient pour tels – comme Dieu le fait lui-même.

C'est ce qui ressort de la parabole du fils prodigue qu'il conviendrait mieux d'appeler la parabole de la miséricorde du Père (Lc 15, 11-32). Certes, les mots « justice » et « miséricorde » n'apparaissent pas dans la parabole. Mais elle décrit tout le drame qui se joue entre un père qui aime son fils et un fils qui court à sa perte, gaspille sa part de l'héritage paternel en menant une

---

175. Sur ces deux paraboles, voir Benoit XVI, *Jésus de Nazareth*, t. 1, p. 218 à 226.

vie désordonnée et dissolue et par là même perd ses droits de fils ; il ne peut plus rien attendre de son père en matière de justice.

Et pourtant le Père est et reste son père, comme le fils est et reste le fils. Le père reste lui-même, fidèle à son fils. Lorsqu'il le voit revenir de loin, il est ému de compassion (Lc 15, 20). Pour lui, même si le fils a dilapidé tout l'héritage paternel et a blessé sa dignité de fils, s'il est déchu de ses droits, pourtant il ne les a pas perdus. Le père ne se contente pas d'attendre le fils, il court à sa rencontre, se jette à son cou et l'embrasse. En le revêtant du plus beau vêtement et en lui mettant un anneau au doigt, il l'investit de nouveau comme son fils ; il lui redonne ses droits et reconnaît sa dignité de fils. Il ne lui accorde pas seulement des moyens de subsistance, comme le fils l'avait espéré, la miséricorde du Père dépasse largement toute attente. Elle ne repose pas sur le principe d'une juste répartition des biens matériels, mais se base sur sa dignité de fils ; elle se mesure à l'aune de son amour.

Dans aucune autre parabole Jésus n'a décrit aussi magnifiquement la miséricorde divine. Ici, il veut nous montrer qu'il agit comme le Père. La miséricorde du père est dans cette parabole la plus haute justice. Nous pouvons même dire : la miséricorde est la concrétisation la plus parfaite de la justice. La miséricorde de Dieu conduit l'homme « à se voir lui-même en toute vérité ». Elle n'humilie pas l'homme.

> « La relation de miséricorde se fonde sur l'expérience commune de ce bien qu'est l'homme, sur l'expérience commune de la dignité qui lui est propre[176]. »

La parabole du bon Samaritain et celle du fils prodigue sont passées dans le langage courant, bien au-delà des cercles chrétiens et de l'Église : le bon Samaritain a donné son nom à diverses associations et organisations caritatives. Cela montre bien que la compassion, la pitié et la miséricorde sont profondément ancrées dans le cœur de l'homme et continuent d'exister sous des formes sécularisées.

Pourtant il serait faux d'interpréter le message des paraboles dans le sens d'un humanisme en général. Les paraboles servent à expliquer le comportement propre à Jésus et à voir en lui celui du Père céleste. *« Qui me voit, voit le Père »* (Jn 14, 7. 9). En lui se sont manifestées la bonté et la tendresse de Dieu, notre Sauveur (Tt 3, 4). En lui nous avons un grand-prêtre capable de compatir à nos faiblesses, parce qu'il a connu l'épreuve et la tentation comme nous, mais n'a pas péché (He 4, 15). Jésus veut également nous dire ceci : dans la parabole du fils prodigue, c'est ton histoire qui est racontée. C'est toi

---

176. Jean-Paul II, *Dives in misericordia* (1980), 6.

qui es ce fils perdu, mais toi aussi il faut te repentir et changer de vie. N'aie pas peur. Dieu lui-même vient à ta rencontre et te prend dans ses bras. Il ne t'humilie pas ; Il te rend ta dignité de fils.

4. La vie de Jésus : une pro-existence

Au début, l'avènement de Jésus et son message ont suscité l'enthousiasme ; les masses ont afflué vers lui. Mais bientôt s'est produit un revirement. Ses ennemis lui reprochèrent de faire le bien le jour du sabbat (Mc 3, 6 ; Mt 12, 14) ; Lc 6, 11) et d'oser pardonner les péchés. Comment un homme peut-il dire et faire une chose pareille (Mc 2, 6s ; Mt 9, 2s ; Lc 5, 20-22) ? Ce sont précisément son message et ses œuvres de miséricorde, considérés comme scandaleux, qui suscitèrent l'opposition et le conduisirent à la croix. Jésus a répondu par des paroles de jugement assez dures. Car le royaume de Dieu est la dernière, l'ultime chance ; celui qui la refuse est définitivement exclu du salut. C'est pourquoi il ne faut ni occulter ni faire disparaître les discours du jugement : ce serait mal comprendre le message de la miséricorde de Dieu[177]. Car à travers ces discours, Dieu dans sa miséricorde nous adresse un nouvel et pressant appel à la conversion et nous offre pour ainsi dire une dernière planche de salut.

Connaissant le refus opposé à son message et conscient de sa mort imminente, Jésus monte à Jérusalem avec ses disciples[178]. Il sait que là-bas il sera mis à mort comme les prophètes (Lc 13, 34). Il a surtout le destin du Baptiste à l'esprit (Mc 6, 14-29 ; 9, 13). Il est parfaitement au courant de ce qui l'attend. Jésus est déterminé à aller jusqu'au bout dans l'obéissance à la volonté du Père et en conformité à sa mission, qui est de sauver son peuple et le monde. Il annonce à ses disciples l'imminence de sa passion et de sa mort. Pour mieux l'expliquer il se réfère à un passage du Second Isaïe (Is 53, 10-12) où il est question du Serviteur souffrant qui porte les péchés de la multitude (Is 53, 12).

Dans le contexte vétérotestamentaire ce texte était resté une énigme difficile à résoudre. En Jésus il trouve maintenant son interprétation définitive et son accomplissement. À la suite de cette annonce il déclare que le Fils de l'Homme n'est pas venu pour être servi mais pour servir et donner sa vie en

177. Voir U. Wilckens, *Theologie des Neuen Testaments* (cf. note 171) ; cf. chap. V, 3.

178. Sur la question de la prescience de Jésus et de sa compréhension de la mort, voir Kasper, *Jésus le Christ.*

rançon pour la multitude[179] (*ἀντί πολλῶν*) (Mc 10, 45). Il le comprend comme un devoir (il faut que) (*δεῖ*), c'est-à-dire dans le langage biblique comme l'expression de la volonté de Dieu qu'il assume dans l'obéissance[180]. Il est donc décidé, après que son message a été refusé, à prendre le chemin de la souffrance et à s'offrir à la place de son peuple – ultime chance que Dieu dans sa miséricorde accorde à son peuple. Lorsque Simon-Pierre rejette cette idée de la souffrance et de la mort, Jésus lui-même réprimande durement l'apôtre. L'apostrophe « toi, Satan » exprime très nettement que Pierre ne veut pas ce que Dieu veut et qu'ainsi il va faire échouer l'œuvre de Jésus (Mc 8, 31-33 ; Mt 16, 21-23 ; Lc 9, 22).

Le soir avant sa Passion et sa mort Jésus reprend cette idée dans les paroles de la Cène. Elle est en quelque sorte son testament, sa dernière volonté. Aussi différentes que soient les paroles de la Cène qui nous sont rapportées, nous pouvons cependant établir que dans toutes les versions l'expression *« pour vous »* (Lc 22, 19s ; 1 Co 11, 24) ou *« pour la multitude »* (Mt 26, 28 ; Mc 14, 24) joue un rôle central[181]. Dans la version de Luc et de Paul ce « être-pour-vous » est interprété dans le sens du deuxième chant du Serviteur souffrant qui offre sa vie et sa mort à la place des autres. Tous les récits de la Cène expriment bien en résumé ce qui fait le centre de l'existence de Jésus « être pour nous et pour tous », « exister-pour ». Le « pour nous (*pro nobis*) » donne sens à son existence et à l'offrande de sa vie. En tant que tel il est le centre incontournable de toute la théologie du Nouveau Testament[182].

Ce n'est pas ici le lieu d'examiner en détail les problèmes que soulèvent les paroles de la Cène dans leurs différentes versions. Il nous importe dans ce contexte de bien saisir la notion de « substitution ». Ce n'est pas si facile pour nous aujourd'hui. Car l'idée de substitution semble s'opposer à la responsabilité personnelle de l'homme pour ses actes. Comment un autre peut-il agir à notre place sans que nous l'y ayons invité ? – c'est la question que l'on peut se poser. Il paraît tout à fait incompréhensible, voire scandaleux, que selon cette conception Dieu ait voulu l'offrande de son propre fils pour le salut du monde. Quel genre de Dieu est-ce là qui est prêt à passer sur le cadavre de son propre fils ? demande-t-on encore. Beaucoup se posent aujourd'hui ces questions qui sont pour eux une objection fondamentale et un reproche moral à l'adresse du christianisme.

---

179. Sur l'exégèse autour de ce mot, voir U. Wilckens, *Theologie des Neuen Testaments*.

180. W. Grundmann, art. *δεῖ* in : Th WNT 2, p. 21-25.

181. H. Riesenfeld, art. *ὑπέρ*, in : Th WNT 8, p. 510-518 ; H. Schürmann, *Gottes Reich – Jesu Geschick, Jesu ureigener Tod im Licht seiner Basileia-Verkündigung*, Freiburg, 1983.

182. Cf. H. U. v. Balthasar, *La Dramatique divine* II/2, Lethielleux : Culture et vérité, 1988.

C'est pourquoi la théologie libérale a voulu donner une autre interprétation du concept de « substitution » et l'a remplacé par celui de solidarité : Jésus est solidaire de nous, les hommes, et prend parti pour les opprimés et les défavorisés. Quelques représentants de la théologie catholique contemporaine sont aussi allés dans ce sens[183]. Cette interprétation « douce » ne rend cependant pas compte de la profondeur ni de la portée des affirmations bibliques. Pour bien les comprendre, il faut considérer dans toute son ampleur la détresse non seulement sociale, mais aussi métaphysique dans laquelle nous nous trouvons à cause du péché – c'est-à-dire combien nous sommes éloignés de Dieu et du salut.

Selon la conception biblique, le pécheur à cause de son péché encourt la peine de mort et mérite la mort ; elle est le salaire du péché (Rm 6, 23). L'humanité formant, dans la Bible, un corps, une entité, ce malheur ne touche pas seulement l'individu, mais aussi tout le peuple et l'humanité tout entière. L'individu « contamine » tout le peuple par son ignominie ; tous sont donc voués à la mort. L'idée de substitution ne peut se comprendre qu'à partir de la conception biblique de l'homme[184]. Puisque tous sont impliqués dans le péché et que tous sont voués à la mort, aucun individu ne peut se tirer d'affaire tout seul, à la manière d'un Münchhausen. De plus, nous qui sommes mortels ne pouvons pas redonner vie à d'autres. Seul Dieu, Seigneur de la vie et de la mort, qui dans sa miséricorde veut la vie et non la mort, peut nous arracher au péché et à la mort et nous donner la possibilité de vivre à nouveau. Personne d'autre que Lui ne peut nous sauver de notre détresse la plus profonde, la mort.

Mais Dieu ne peut pas faire comme s'il ne voyait pas le mal dans l'histoire, il ne peut pas non plus le considérer sans importance ou sans conséquence. Ce serait brader la grâce et cela n'aurait plus rien à voir avec une véritable miséricorde qui prend l'homme et son action au sérieux. Dans sa miséricorde Dieu veut satisfaire aussi à la justice[185]. C'est pourquoi Jésus prend librement sur lui tous les péchés, il se fait même péché (2 Co 5, 21). Mais parce qu'il est le Fils de Dieu, la mort ne peut le vaincre ; c'est lui qui vainc la mort : sa mort est la mort de la mort. Elle devient pour nous le lieu d'irruption de la vie. En Jésus, Dieu nous révèle encore une fois sa miséricorde et ce, de manière

---

183. H. U. v. Balthasar constate et critique cette réduction chez K. Rahner, E. Schillebeeckx, H. Küng. Cf. La Dramatique divine III. Voir aussi K.-H. MENKE, *Stellvertretung, Schlüsselbegriff christlichen Lebens und theologische Grundkategorie,* Einsiedeln – Freiburg 1991 ; id. *Jesus ist Gott der Sohn. Denkformen und Brennpunkte der Christologie,* Regensburg, 2011. Du côté protestant : C. GESTRICH, *Christentum und Stellvertretung,* Tübingen, 2001.

184. H. GESE, Die Sühne, in : *Zur biblischen Theologie,* München, 1977.

185. BENOÎT XVI, *Jésus de Nazareth,* vol. 2.

définitive (Ep 2, 4s) ; il nous donne la possibilité d'un nouveau départ et nous fait renaître à la vie (1 P 1, 3).

Dans la notion de substitution – contrairement à l'idée largement répandue – il n'est pas question d'un Dieu vengeur qui aurait besoin d'une victime pour assouvir sa colère. Bien au contraire, en consentant par miséricorde à la mort de son fils, Dieu retire sa colère et donne toute la place à la miséricorde et à la vie ; en prenant notre place en son fils, Il prend sur lui les effets du péché qui détruisent la vie pour nous réenfanter à la vie.

> *« Si donc quelqu'un est dans le Christ, c'est une créature nouvelle : l'être ancien a disparu, un être nouveau est là. »* (2 Co 5, 17)

Ce n'est pas nous qui pouvons nous réconcilier avec Dieu, mais c'est lui qui se réconcilie avec nous (2 Co 5, 18).

La substitution n'est pas un acte compensatoire par lequel Dieu en Jésus-Christ accomplirait notre salut en dehors de nous. Dieu nous réconcilie avec lui dans le sens où il rétablit l'alliance. Augustin le dit très clairement : Dieu nous a créés sans nous, mais il ne nous sauvera pas sans nous[186]. Le salut nous permet de redire oui dans la foi ou de dire non. Tout en étant un acte exclusivement centré sur le Christ, il n'en reste pas moins qu'il nous inclut en même temps[187].

En affirmant que Dieu a réconcilié le monde avec lui, on pose en même temps la question de savoir comment il faut interpréter l'expression « le sang versé pour la multitude » (*ὑπέρ πολλών*) qui se trouve dans les paroles de la Cène (Mc 14, 24 ; Mt 26, 28 ; cf. Mc 10, 45). Selon l'interprétation la plus répandue « pour la multitude » signifie selon l'usage en hébreu « pour tous »[188] – ce qui ne signifie pas forcément « pour chaque individu », mais plutôt « pour l'ensemble », « pour la foule indénombrable »[189]. Dans le Nouveau Testament cette « foule » ne désigne pas seulement tout Israël, mais l'ensemble des Juifs et des païens, l'ensemble de l'humanité. C'est dans ce sens que le mot est employé dans 1 Tm 2, 6 où il est dit explicitement : *« il s'est livré en rançon pour tous (ὑπέϱ πολλών) »*. Cette universalité est confirmée

186. Augustin, *Sermo* 169, c. 11, n. 13.

187. Menke, *Jesus ist Gott der Sohn*, a clairement fait ressortir cette différence en opposition à K. Barth et H. U. v. Balthasar. Selon lui la théorie de la satisfaction est à exclure.

188. J. Jeremias, *La Dernière Cène. Les paroles de Jésus*, Ed. du Cerf 1972 ; id. art. *πολλοί* in : Th WNT 6, 544s.

189. J. Jeremias, *La Dernière Cène. Les paroles de Jésus* ; R. Pesch, *Wie Jesus das Abendmahl hielt*, Freiburg, 1977 ; Wilckens, *Theologie des Neuen Testaments* I/2 ; T. Söding, *Für euch – für viele – für alle. Für wen feiert die Kirche Eucharistie* ? in : M. Striet, *Gestorben für wen ?* Zur Diskussion um das „pro multi", Freiburg 2007 ; M. Theobald, *„Pro multis" – ist Jesus nicht für alle gestorben ?* ; Ratzinger/Benoît XVI, *Jésus de Nazareth*, vol. 2, p. 153.

par la tradition néotestamentaire (Jn 6, 51 ; Rm 5, 18 ; 2 Co 5, 14 ; He 2, 9). Il ne peut donc subsister aucun doute sur la volonté de Dieu de sauver toute l'humanité en donnant sa vie pour tous[190].

Mais on ne peut fonder la théorie du salut de tous sur l'intention de Jésus de donner sa vie « pour la multitude » ni en conclure que, de fait, tous les individus seront sauvés[191]. La substitution est exclusive dans le sens où Jésus est l'unique et seul médiateur du salut ; mais elle est aussi inclusive dans la mesure où elle nous inclut dans l'offrande de sa vie. Elle ne consiste pas à faire à notre place ce que nous pourrions ou devrions faire. Elle ne remplace pas la responsabilité personnelle de l'homme, mais elle la libère et la restaure après que le péché l'a galvaudée, elle la rend à nouveau possible et la stimule. Dans la foi nous pouvons dire avec certitude que Jésus a donné sa vie pour tous, et donc aussi pour moi personnellement. C'est ce que veut dire Paul quand il affirme qu'il vit dans la foi au Fils de Dieu qui *« [l]'a aimé et s'est livré pour [lui] »* (Ga 2, 20)[192].

Cette certitude de foi n'est pas restée un article de foi abstrait et ne pouvait pas le rester. Elle a une importance existentielle pour chaque individu et pour sa relation personnelle avec Jésus. C'est chez Bernard de Clairvaux que s'expriment le mieux cette dévotion intériorisée, cette mystique et cette relation personnelle au Christ. On le représente souvent au pied de la croix d'où le Christ se penche pour l'enserrer de ses bras. Il a exprimé le sens de cet événement dans la phrase : nous sommes transformés lorsque nous sommes conformés *(transformamur cum conformamur)*[193]. Cette spiritualité a été reprise par Henri Suso, par exemple, dans sa mystique et ensuite par Thomas von Kempen dans *l'Imitatio Christi* qui est devenu un classique. Pour la spiritualité des temps modernes, c'est le petit livre des Exercices de saint Ignace de Loyola, contenant des colloques et entretiens avec le Crucifié, qui s'est imposé. Cette dévotion vécue de façon très personnelle s'exprime aussi dans le chant bien connu de Paul Gerhard *Chef couvert de blessures* :

> « C'est ainsi que tu paies le prix de ma rançon. Tes langueurs et tes plaies, Voilà ma guérison. » « Pour ta longue agonie, Pour ta mort sur la croix, Je veux toute ma vie Te louer, Rois des rois[194] ! »

---

190. La question est devenue actuelle lorsque le préfet de la Congrégation pour le culte divin fit paraître le 17 octobre 2006 une circulaire sur la traduction des paroles de la consécration, qui prévoyait de traduire « pro multis » par « pour beaucoup ».

191. Pour plus de détails, voir le chap. V, 3.

192. C'est dans ce sens qu'il faut aussi interpréter GS 22 où il est dit que le Fils de Dieu s'est en quelque sorte uni lui-même à tout homme.

193. Bernard de Clairvaux, cant. 62, 5.

194. Chant allemand traduit du latin : *Salve caput cruentatum* et que Bach a repris dans sa Passion selon saint Matthieu.

5. La miséricorde divine, sa justice, notre vie

Ce que Jésus dit très clairement et très concrètement de Dieu le Père dans ses discours et ses paraboles, ce qu'il exprime dans les annonces de la Passion et dans les paroles de la Cène, Paul le médite avec une profondeur insondable. Et la croix est au centre de la prédication de l'apôtre. Paul ne veut rien connaître d'autre que le Christ et le Christ crucifié (1 Co 2, 2). Sa théologie est une théologie de la croix. Mais elle ne peut être séparée dans sa prédication de l'annonce de la résurrection de Jésus. En fait il ne fait que transmettre ce que lui-même a reçu de la tradition qui l'a précédé (1 Co 15, 3-5). C'est là qu'il a puisé la confession de foi professant que Jésus est mort (1 Co 15, 3 ; cf. 11, 24) pour nos péchés *(ὑπέρ τών ἁμαρτιών ἡμών)* selon les Écritures, c'est-à-dire selon la volonté de salut de Dieu, déterminée à l'avance.

Sans la résurrection la croix du Christ ne ferait que sceller son échec. Mais en raison de la résurrection elle devient un signe de victoire (1 Co 15, 54) et le fondement de notre foi sans lequel tout le reste se mettrait à vaciller et perdrait tout sens (1 Co 15, 14. 17). C'est pourquoi l'Église des premiers siècles ne représentait pas la croix comme poteau de torture avec le Christ souffrant, mais comme signe de victoire, incrustée de pierres précieuses[195]. C'est le signe de victoire qui nous dit que l'amour a vaincu la haine, que la vie a vaincu la mort et qu'à la fin la miséricorde triomphera sur la justice (Jc 2, 13)[196].

À la lumière du mystère pascal, Paul a approfondi l'événement de la croix et le concept de substitution qu'il avait trouvés dans la tradition de ses communautés sous la forme d'une profession de foi. Dans ses épîtres il ne cesse de répéter que Jésus est mort pour nous (Rm 8, 3 ; 2 Co 5, 21 ; Ga 3, 13). Il veut signifier par-là que Jésus a pris sur lui la malédiction du péché et l'exigence de la loi selon laquelle le pécheur mérite la mort. De fait Paul va même jusqu'à dire que Jésus s'est fait péché pour nous (2 Co 5, 21). Lui qui était innocent a satisfait à notre place et en notre faveur aux exigences de la justice (Rm 8, 3 ; Ga 3, 13).

Cette compréhension de la mort et de la résurrection du Christ est fondamentale pour comprendre la justice de Dieu *(δικαιοσύνη Θεού)*[197]. Selon la logique humaine la justice aurait exigé la condamnation à mort pour

195. Sur la théologie de la résurrection, voir Kasper, *Jésus le Christ.*

196. Voir F. Mussner, *Der Jakobusbief* (HThKNT XII/1), Freiburg 1964, p. 126s.

197. Sur la compréhension paulinienne de la justice divine, voir : G. Schrenk, art. *δικαιοσύνη* in : ThWNT 2, p. 204-214; G. Stuhlmacher, *Gerechtigkeit Gottes bei Paulus* (FRLANT 87), Göttingen, 1965 ; K. Kertelge, *Rechtfertigung bei Paulus* (NTA NF 3), Münster, 1971 ; id. art. Gerechtigkeit Gottes I, in LThK3 4, p. 504-506 (Lit.) ; U. Wilkens, *Der Brief an die Römer*, Bd. 1 (EKK IV/1), Zürich – Neukirchen, 1978, p. 202-233 ; W. Klaiber, *Gerecht vor Gott*, Göttingen, 2000.

nous, pécheurs. Mais maintenant il en va tout autrement : la justice nous acquitte et nous permet de vivre. L'exigence de la loi n'est pas pour autant abrogée, mais c'est Jésus-Christ qui s'en est acquitté pour nous et à notre place. Il nous a libérés de l'obligation de nous justifier par nous-mêmes, car lui-même est notre justification (1 Co 1, 30). Ainsi donc, la justice de Dieu révélée en Jésus n'est pas une justice qui punit et condamne, mais qui rend juste ; elle nous justifie devant Dieu, par pure grâce, sans aucun mérite de notre part et même malgré nos péchés. Elle nous est accordée non en vertu de nos bonnes œuvres, mais à cause de notre foi (Rm 1, 17 ; 3, 21s. 28 ; 9, 32 ; Ga 2, 16 ; 3, 11).

Ainsi la miséricorde de Dieu révélée de manière définitive à la croix nous laisse vivre et renaître à la vie alors que nous avions mérité le jugement et la mort ; elle nous redonne l'espérance contre toute espérance (Rm 4, 18). Elle accorde la vie et la liberté à l'homme. Elle n'opprime ni ne supprime la liberté humaine. Au contraire, la nouvelle justice restaure notre liberté pour que nous portions des fruits de miséricorde et que nous œuvrions pour la justice dans le monde (2 Co 9, 10 ; Col 1, 10). Ainsi la justice nouvellement reçue par la foi fonde la liberté chrétienne (Ga 5, 1. 13)[198].

Cette compréhension de la justice divine qui ne punit pas le pécheur, mais le justifie, passe pour être la grande découverte de Martin Luther, découverte qui l'a libéré personnellement de ses tourments et du poids de sa conscience. En fait elle n'est qu'une redécouverte. Car elle a des racines plus anciennes dans la tradition commune de l'église primitive. Nous la trouvons en effet chez Augustin que Luther tenait en haute estime[199] et chez Bernard de Clairvaux qui, juste avant Luther, avait vécu lui aussi une renaissance et que Luther connaissait bien[200]. Malheureusement les controverses autour de la justification sont devenues au XVIe siècle un sujet brûlant, ce qui nous a valu durant des siècles une longue suite de malentendus et de polémiques qui divisèrent la chrétienté occidentale et occasionnèrent beaucoup de souffrances chez les hommes et les peuples d'Europe. Ce n'est qu'au XXe siècle que l'on parvint à un accord fondamental entre catholiques et luthériens[201]. Aujourd'hui ils peuvent, Dieu merci, témoigner ensemble à la face d'un monde préoccupé de lui-même, désespéré et angoissé, et proclamer : N'ayez pas peur ! La justice de Dieu est sa miséricorde et sa miséricorde est sa justice. Elle vous libère de toute

198. Kasper, *Jésus le Christ.*
199. Augustin, *De spiritu et littera* 9, 15.
200. F. Posset, *The Real Luther. A Friar at Erfurt and Wittenberg*, Saint Louis, 2011.
201. Voir *La Déclaration conjointe sur la doctrine de la justification* (1998).

désespérance et vous ouvre à une vie nouvelle, à une nouvelle espérance, à une vie faite d'amour et pour l'amour.

Paul expose dans le détail en quoi consiste la nouvelle liberté du chrétien et précise ce qu'elle n'est pas. Il ne faut pas la confondre avec le désir de faire ce qui nous plaît et croire que tout est permis (1 Co 6, 12 ; 10, 23). Elle nous libère de la pression de la loi que nous accomplissons bien souvent pour nous justifier nous-mêmes, sans jamais pouvoir vraiment satisfaire à ses exigences, car elle nous en demande toujours plus. Elle nous libère aussi du poids de péché que nous traînons avec nous et dont nous ne pouvons nous débarrasser par nos propres forces. Elle nous libère de l'angoisse de devoir sans cesse nous justifier, souvent sans résultat, par le succès, l'argent, le pouvoir, le prestige, le plaisir, le sex-appeal. Elle nous libère de l'esclavage qui nous lie aux biens de ce monde de manière tyrannique. Elle nous libère de la peur de ne pas trouver de sens à la vie et de la peur de la mort. Elle est une « libération de », mais toujours une « liberté pour », à savoir pour Dieu et pour les autres. Elle opère par la charité (Ga 5, 6). L'amour est suffisamment libre pour aussi se libérer du Moi et se faire violence. Il est l'accomplissement de toute la loi (Rm 13, 10).

Paul a utilisé l'image de l'échange pour faire comprendre la justice divine.

> *« Celui (Dieu) qui n'a pas connu le péché, Dieu l'a pour nous identifié au péché des hommes, afin que, grâce à lui, nous soyons identifiés à la justice de Dieu »* (2 Co 5, 21).

> *« Lui qui était riche s'est fait pauvre pour vous afin de vous enrichir par sa pauvreté »* (2 Co 8, 9).

Ce n'est pas nous qui nous réconcilions avec Dieu, c'est Dieu qui se réconcilie avec nous en Jésus Christ, si bien que, dans le Christ, nous devenons une créature nouvelle (2 Co 5, 17-19).

Cette idée d'échange sacré *(sacrum commercium)* a été souvent reprise par les Pères de l'Église chez qui elle a trouvé un écho favorable. Ils ne cessent de répéter que le Juste est mort pour les injustes pour rendre justes les injustes ; il est mort pour que nous vivions. Ils vont même plus loin en affirmant : Dieu s'est fait homme pour que l'homme devienne Dieu[202]. Dans la troisième préface de la Nativité il est dit :

> « Par lui s'accomplit en ce jour l'échange merveilleux où nous sommes régénérés : lorsque ton Fils pend la condition de l'homme, la nature humaine en reçoit

202. Irénée de Lyon, *Adversus haereses* III, 19, 1 ; V, 1, 1 ; surtout : Athanase, *Contra Arianos* III, 34 ; *De incarnatione* 54. Cf. Balthasar, *La Dramatique divine* II/2 III. Voir aussi M. Herz, art. Commercium, in : LThK 3, p. 20-22. ; E. M. Faber, art. Commercium, in : LThK 2, p. 1274s.

une incomparable noblesse ; il devient tellement l'un de nous que nous devenons éternels. »

Martin Luther a poussé cette idée à l'extrême et parle à plusieurs reprises d'heureux échange[203].

C'est dans l'hymne au Christ[204] de l'épître aux Philippiens (Ph 2, 6-11) que se trouve la théologie de la croix la plus complète. C'est là que Paul parle de la kénose de Dieu (*κένωσις*) : celui qui était de condition divine (*μορφή Θεοῦ*) s'est anéanti lui-même et a pris la condition d'esclave (*μορφή δούλου*). Selon de nombreux exégètes Paul aurait rajouté à cet endroit au cantique déjà existant : *« il s'humilia plus encore, obéissant jusqu'à la mort »*. Il a pris librement la condition d'esclave, se soumettant aux puissances de ce monde et se faisant obéissant jusqu'à mourir sur la croix. Mais Dieu ne l'a pas abandonné à la mort, il l'a exalté et lui a conféré la souveraineté sur le monde (*κύριος*). La condition d'esclave qu'il a prise à notre place est désormais la loi qui régit le monde. Un changement de souveraineté s'est opéré, engendrant une nouvelle situation dans le monde. L'hymne de l'épître aux Colossiens a repris cette idée :

> *« Il est le Principe, Premier-né d'entre les morts… car Dieu s'est plu à faire habiter en lui toute la Plénitude et par lui à réconcilier tous les êtres pour lui, aussi bien sur la terre que dans les cieux, en faisant la paix par le sang de sa croix. »* (Col 1, 18-20)

Dans l'abaissement de Celui qui était de condition divine nous retrouvons une idée que nous avons déjà rencontrée dans l'Ancien Testament et qui, ici, est menée à son accomplissement : Dieu se retire pour ainsi dire, laissant la place à sa miséricorde pour nous donner la vie. Cette idée est encore plus radicale dans le Nouveau Testament : Dieu va à l'opposé de ce qu'il est, il prend sur lui la mort et se soumet aux puissances de la mort. Dieu lui-même est mort[205]. Et pourtant la mort ne pouvait retenir Dieu qui est immortel. La mort a pour ainsi dire été enterrée sur la croix. La mort de Jésus sur la croix signifie donc la mort de la mort et la victoire de la vie. Ainsi Paul peut se moquer et dire :

---

203. Par exemple M. Luther, *La liberté du chrétien*, Aubier Montaigne, 1969. Pour l'interprétation, voir : W. von Löewenich, *Luthers Theologia crucis*, Witten, 1967. La position de Luther n'a pas toujours été bien comprise, c'est le cas de T. Beer, *Der fröhliche Wechsel und Streit. Grundzüge der Theologie Martin Luthers*, Einsiedeln, 1980. Cette mauvaise interprétation a été bien souvent reprise sans esprit critique par des exégètes catholiques – dont H. U. v. Balthasar – ce qui a conduit à une position diamétralement opposée à la position catholique. Sur la position de Beer, lire E. Iserloh, in : Cath (M) 36 (1982), p. 101-114, Wicks, in : ThRv 78 (1982), p. 1-12.

204. Voir Käsemann, *Essais exégétiques*, Delachaux et Nestlé, 1972 ; Gnilka, *La lettre aux Philippiens*, Paris, 1970 ; Wilckens, *Theologie des Neuen Testaments*.

205. Sur cette expression chez Hegel, voir : E. Jüngel, *Gott als Geheimnis der Welt. Zur Begründung der Theologie des Gekreuzigten im Streit zwischen Theismus und Atheismus*, Tübingen, 1977, p. 83-132.

> *« La mort a été engloutie dans la victoire. Où est-elle, ô mort, ta victoire ? Où est-il, ô mort, ton aiguillon ? » (1 Co 15, 54-55)*

Sur la croix la miséricorde de Dieu et donc la vie ont définitivement remporté la victoire. C'est Dieu qui s'est réconcilié le monde par le Christ (2 Co 5, 18). Dieu est un *Dieu de miséricorde* (2 Co 1, 3), *riche en miséricorde* (Ep 2, 4). Par sa miséricorde nous sommes sauvés de la mort (Ep 4, 24) et nous renaissons à une vivante espérance (1 P 1, 3 ; Tt 3, 5). Ainsi Paul peut dire :

> *« Rien ne peut nous séparer de son amour, ni la tribulation, ni la détresse, ni la persécution, ni la faim ni le froid, ni le danger ni l'épée. »* (Rm 8, 35)

Dans toute situation humaine, aussi désespérée soit-elle, dans la vie comme dans la mort, Dieu nous accueille, nous soutient et nous aime.

La première épître de Jean exprime le même message : Dieu est plus grand que notre cœur (1 Jn 3, 20). Il est plus grand que nos petits calculs, plus grand aussi que notre peur. Il nous a appelés à être en communion avec lui et avec Jésus-Christ (1, 3). C'est pourquoi Jean dans son épître peut dire en résumé : *« Dieu est Amour »* (1 Jn 4, 8. 16). La miséricorde qui est débordement de l'amour de Dieu est donc le résumé de l'Évangile.

Aujourd'hui beaucoup ne supportent pas de regarder la croix ni le Crucifié ; ils trouvent intolérable de mettre des représentations de la croix dans les lieux publics et exigent qu'elles soient retirées. De telles positions, témoignant d'une progression de la sécularisation, posent question dans une société de plus en plus pluraliste : est-ce que la souffrance n'aurait plus de place dans un monde de bien-être ? Est-ce que nous la rejetons et la refoulons ? Ne manquerait-il pas quelque chose à notre monde et surtout à toutes les personnes qui souffrent si ce signe de l'amour et de la miséricorde ne pouvait plus être visible en public ? N'est-il pas nécessaire que nous nous souvenions de cette phrase : *« C'est par ses plaies que nous sommes guéris »* (Is 53, 5 ; 1 P 2, 24) ? Croire au Fils de Dieu crucifié signifie croire que l'amour est présent dans le monde et qu'il est plus puissant que la haine et la violence, plus puissant que tout le mal que les hommes sont entraînés à commettre. « Croire en cet amour signifie croire en la miséricorde[206] ».

Croire en l'amour et en faire le sommet et le résumé de notre compréhension de l'existence a de nombreuses conséquences, qui peuvent renverser l'image que nous nous faisons de Dieu, la manière dont nous nous comprenons nous-mêmes et notre façon de vivre, la vie de l'Église et notre

---

206. Jean-Paul II, *Dives in misericordia* (1980), 7.

comportement dans le monde. L'amour qui se manifeste dans la miséricorde peut et doit être le fondement d'une nouvelle civilisation et amener des changements dans notre vie, dans l'Église et dans la société. C'est ce que nous allons étudier maintenant, après avoir exposé les fondements bibliques de la miséricorde.

Chapitre V

RÉFLEXIONS SYSTÉMATIQUES

1. La miséricorde, attribut fondamental de Dieu

Dans la théologie de l'Église primitive le message biblique de l'infinie miséricorde de Dieu a eu un retentissement extraordinaire – le contraire aurait été surprenant. Clément de Rome écrivait déjà de son temps dans une lettre aux Corinthiens :

> « Le Père plein de bonté qui est toute miséricorde aime tous ceux qui le craignent ; il accorde avec joie ses grâces à ceux qui viennent à lui avec un cœur simple[207]. »

Irénée de Lyon a qualifié la miséricorde d'attribut particulier de Dieu[208]. Cela nous mènerait trop loin de citer tous les textes traitant de ce sujet. Il nous semble plus important de constater que ce message de la miséricorde a eu de grandes répercussions et a permis entre autres d'apporter une réponse dans un cas bien précis : en effet, on se demandait si des chrétiens qui, après leur baptême, avaient gravement péché et donc avaient été infidèles à leurs promesses pouvaient obtenir une seconde chance. La référence à l'infinie miséricorde de Dieu fut déterminante et aboutit à introduire la pratique de la pénitence dans l'Église primitive[209].

Mais ce sont les controverses avec Marcion qui provoquèrent un débat de fond. Ce riche armateur de Sinope du Pont arriva à Rome vers 135 et se joignit à la communauté chrétienne dont il fut exclu en 144 après plusieurs

---

207. 1 Clem. 28, 1.

208. Irénée de Lyon, *Demonstratio praedicationis apostolicae* 60.

209. Tertullien, *De penitentiae* 7 ; Cyprien, Ep. 55, 22 entre autres. En prolongement des recherches de B. Poschmann, voir K. Rahner et H. Vorgrimler, *Buße und Krankensalbung*, Freiburg, 1978.

dissensions dramatiques. Il s'agissait d'un événement d'une importance capitale qui eut des effets considérables. Car Marcion faisait la distinction entre le Dieu juste et irascible de l'Ancien Testament et le Dieu miséricordieux du Nouveau Testament. De cette manière il mettait en cause l'unité de l'économie du salut et le lien entre l'ancienne et la nouvelle alliance, en un mot l'ensemble du témoignage biblique et l'unité de l'Ancien et du Nouveau Testament. À y regarder de plus près, il s'agissait bel et bien d'une remise en question de l'unicité de Dieu et d'un refus de croire qu'il puisse être à la fois juste et miséricordieux. Dans les discussions de l'époque les questions fondamentales de la foi chrétienne furent soulevées. Il n'est pas étonnant que les Pères de l'Église aient réagi avec fermeté. En effet, il était urgent de définir les fondements – qui sont valables aujourd'hui encore pour toute la chrétienté – à savoir le canon des Écritures et l'annonce d'un Dieu Unique, juste et miséricordieux à la fois[210].

Les décisions qui furent prises à l'époque furent capitales pour toute l'histoire de l'Église et de la théologie et constituent aujourd'hui encore le lien œcuménique le plus fort avec les églises séparées. Car toutes les églises et communautés de la chrétienté, par ailleurs si disparates et si variées, se réfèrent au canon des Écritures. Pourtant le contenu de ces décisions était explosif. Car elles soulevaient une question importante : comment la justice et la miséricorde peuvent-elles cohabiter en Dieu ? Cette question – nous l'avons dit – s'est révélée déterminante pour la chrétienté occidentale.

Pour bien comprendre et bien analyser ce problème, il nous faut prendre en considération toute l'évolution de la théologie. Son point de départ était et est encore la révélation du Nom de Dieu à Moïse au Buisson ardent. Lorsque Moïse demande à Dieu de lui révéler son nom, il obtient comme réponse : *« Je suis celui qui est là »* ce qui fut traduit en grec dans la tradition théologique par *« Je suis celui qui suis »* (Ex 3, 14)[211]. Derrière la différence entre le texte originel hébreu et la traduction grecque se cache la différence entre la pensée hébraïque et la pensée grecque. Le verbe « être » dans « je suis » n'exprime pas en hébreu – contrairement au grec – le fait d'être au repos, mais il inclut une certaine dynamique ; il ne signifie pas simplement « exister », mais concrètement « être là », c'est-à-dire être là avec et pour les autres. La réponse que Dieu donne à Moïse veut donc dire : « Je suis celui qui est là, qui est avec vous et auprès de vous. » Le nom de Dieu est tout à la fois une affirmation, un engagement et une promesse. Lorsqu'ensuite l'Ancien Testament hébreu

---

210. La discussion fut menée essentiellement par Irénée de Lyon, Tertullien et Origène. Cf. D. Ansorge, *Gerechtigkeit und Barmherzigkeit Gottes,* Freiburg, 2009, p. 203-232.

211. Cf. ci-dessus chap. III. 3.

fut traduit en grec à Alexandrie à la période hellénistique vers 200 av. J.-C. et devint la Septante, la révélation du Nom divin fut interprétée dans le sens de la philosophie grecque de l'être. La Septante traduisit par conséquent : « Je suis celui qui est. ».

Cette traduction a fait école et a imprégné la pensée théologique pendant des siècles, et ce jusqu'à aujourd'hui. Pour bien montrer que Dieu n'est pas un être vivant parmi d'autres ou seulement au-dessus de tous les êtres vivants, il fut alors défini non pas comme « l'étant, le vivant », mais comme l'Être par excellence, l'essence *(ipsum esse subsistens)*. Ce concept devint le nom même de Dieu[212]. Il exprime aussi bien l'immanence que la transcendance de Dieu. Car il veut dire que Dieu en tant qu'Être – essence – est le principe à l'origine de tout en toutes choses ; il signifie également que Dieu en tant qu'Être suprême est au-dessus de tout, est l'âme du monde – il n'est évidemment pas question de panthéisme ni de panenthéisme.

Cette définition de Dieu exprime par ailleurs que le plus haut, l'ultime degré auquel la pensée humaine puisse parvenir est l'Être, mais que, dans l'ordre de la foi, le sommet à atteindre est Dieu ; pourtant les deux ne sont pas contradictoires. Cette conception géniale fut le fil conducteur de toute la tradition théologique. Autrement dit : même si la pensée et la foi appartiennent à des domaines différents et ne peuvent se comprendre, cependant elles se correspondent sans s'opposer. C'est une vision que l'on n'abandonnera pas si facilement[213].

Cependant, même en théologie, tout a son importance. Tertullien posait déjà la question : Qu'est-ce que Jérusalem a à voir avec Athènes[214] ? C'est surtout Blaise Pascal qui a établi la différence entre le Dieu des philosophes et le Dieu d'Abraham, d'Isaac et de Jacob dans son célèbre mémorial de 1654 qu'il rédigea après une expérience mystique nocturne[215]. Le questionnement de Pascal contenait une part d'inquiétude et invitait à se poser de nouvelles questions. À partir du Siècle des Lumières des essais furent faits pour déshelléniser le christianisme[216]. La théologie libérale, quant à elle, chercha à se distancer de la métaphysique grecque – tentative qui continue de résonner dans la théologie protestante du XXe siècle qui, par ailleurs, veut se démarquer

212. Chez Thomas d'Aquin, *S. th. I*, q. 13 a. 11, Augustin (cf. note 220) et Bonaventure (cf. note 223).

213. C'est ce que J. Ratzinger a démontré dans sa conférence inaugurale à Bonn en 1959 (Der Gott des Glaubens und der Gott der Philosophen). Le pape Benoit XVI est revenu sur cette problématique dans sa conférence à Regensbourg (2006).

214. Tertullien, *De praescriptione haereticorum* VII, 9.

215. Pascal, *Pensées*.

216. Cf. J. Drumm, art. Hellenisierung in : LThK3 4, p. 1407-1409.

du libéralisme théologique[217]. Cependant, en voulant dissocier le Dieu de la Bible du Dieu des philosophes, la théologie court le risque de s'enfermer dans un ghetto qu'elle aurait elle-même choisi.

Dans une telle démarche et au nom d'un soi-disant retour à la pureté des origines, on oublie que, dans la Bible, il n'y a jamais eu de foi en Dieu à l'état pur, sans aucun mélange pour ainsi dire ; dès le début la foi s'est intégrée, de par sa nature même, à la culture de l'époque, ce qu'elle a toujours fait par la suite.

La révélation du Nom divin au Sinaï, tout en étant particulière, avait aussi une portée universelle. Dieu ne s'est pas révélé seulement comme le Dieu du peuple d'Israël – autrement dit comme le Dieu d'une nation, d'un peuple particulier – Il a affirmé en effet qu'Il se manifesterait à son peuple partout où celui-ci pérégrinerait. Cette promesse implique la revendication d'être un Dieu universel. Abraham avait déjà reçu la promesse qu'il deviendrait une bénédiction pour tous les peuples (Gn 12, 2s ; 18, 18). Chez les prophètes cette exigence d'universalité fut exprimée plus tard de manière explicite (Is 41, 4 ; 44, 6-9). Il en fut de même, quoique un peu différemment, lorsque la foi au Dieu unique rencontra le monde grec. On reprit le concept le plus large qui existe dans la pensée grecque, l'idée de l'être, et on le mit en relation avec Dieu, qui est le principe de tout. Ainsi l'on pouvait exprimer de manière nouvelle l'exigence d'universalité du Dieu d'Israël ; en même temps on posait la condition pour que le discours biblique sur Dieu puisse être communiqué à tout homme.

Aujourd'hui il ne s'agit donc pas de jeter par-dessus bord la définition traditionnelle de l'être de Dieu. Il nous faudra plutôt repenser dans une critique constructive la métaphysique grecque de l'être dans le sens de la philosophie de la liberté des temps modernes. Ce n'est pas possible dans ce contexte[218]. Il nous importe ici de définir adéquatement le lien entre la compréhension philosophique de l'être et la compréhension biblique de Dieu. La question se pose donc ainsi : Faut-il comprendre l'être de Dieu à partir de la philosophie grecque ou bien – tout en gardant un lien avec celle-ci – à partir de la conception biblique qu'il faudra bien sûr interpréter et préciser ? Il s'agit bien de ce que Thomas d'Aquin appelait la *determinatio*[219].

Partir du concept philosophique de Dieu, tout en le définissant à partir de

217. Voir : W. Pannenberg, *Die Aufnahme des philosophischen Gottesbegriffs als dogmatisches Problem der frühchristlichen Theologie* (1959), in : *Grundfragen systematischer Theologie*, Göttingen, 1967, p. 296-346 ; E. Jüngel, *Gott als Geheimnis der Welt. Zur Begründung der Theologie des Gekreuzigten im Streit zwischen Theismus und Atheismus*, Tübingen 1977.

218. J'ai fait un premier essai dans ce sens dans : *Das Absolute in der Geschichte. Philosophie und Theologie der Geschichte in der Spätphilosophie Schellings* (1965), Freiburg, 2010. En me référant à J. E. Kuhn (*Dogmatique*) j'ai poursuivi l'investigation dans *Le Dieu des chrétiens*, Ed. du Cerf, 1985. Voir ci-dessus chap. II, note 107.

219. Cf. ci-dessus chap. II, notes 105 et 127.

la théologie qui, elle, se fonde sur l'histoire de la révélation, la tentative n'est pas nouvelle et se rencontre déjà dans la tradition patristique et scolastique. Par la suite, elle n'est attestée que chez deux représentants importants de la tradition théologique, à savoir Augustin et Bonaventure.

Au livre VII des Confessions[220], Augustin décrit son parcours personnel et raconte comment il est passé de la compréhension matérialiste de Dieu chez les manichéens aux platoniciens, avant d'arriver à la conception chrétienne qui se base sur la révélation du Nom de Dieu donnée à Moïse : *« ego sum qui sum »*. Il reprend cette expression dans son Traité sur la Trinité tout en soulignant qu'il ne s'agit pas là d'une définition de Dieu – en effet, ce n'est pas une périphrase cherchant à décrire l'être de Dieu, car les hommes ne peuvent ni le concevoir ni le définir vraiment[221]. Augustin n'a jamais compris Dieu en dehors d'une conception trinitaire, c'est-à-dire d'un Dieu Amour. Il en parle en termes émouvants dans le dernier chapitre de son Traité sur la Trinité où il résume une fois encore sa conception de Dieu.

> « Car l'amour du Père, qui est dans sa nature d'une ineffable simplicité, n'est autre chose que sa nature même et sa substance, comme je l'ai dit tant de fois et ne crains pas de le répéter[222]. »

Pour Augustin, Dieu est donc le Dieu de la révélation chrétienne qui est Amour (1 Jn 4, 8.16).

La pensée augustinienne eut une influence considérable sur toute la théologie occidentale. Nous la retrouvons dans la haute scolastique, essentiellement chez Bonaventure. Dans son *Itinerarium mentis in Deum* (Itinéraire de l'esprit vers Dieu) il démontre que l'on ne peut connaître Dieu de manière juste qu'à la lumière du Crucifié[223]. Par conséquent, pour lui comme pour Thomas d'Aquin, le premier nom de Dieu est « Celui qui est », en référence à la révélation au Sinaï. Mais Bonaventure franchit une étape. Il rattache cette révélation à la réponse que Jésus donne au jeune homme riche où il désigne Dieu comme le seul Bon, le seul Bien (Mt 19, 17). Bonaventure poursuit :

> « En effet le bien aime naturellement à se répandre ; donc le bien suprême aime à se répandre d'une manière infinie[224]. »

Dieu est l'Être même, mais qui se diffuse et se répand en amour. Cette

---

220. Augustin, *Confessions* VII, 10. 16.
221. Augustin, *De Trinitate* V, 3 ; VII, 5, 10.
222. Augustin, *De Trinitate* XV, 19. 37.
223. Bonaventure, *Itinerarium mentis in Deum*, Prologue 3.
224. Idem, V, 1.

définition de Dieu n'abandonnait pas la conception philosophique de Dieu, mais elle la précisait théologiquement et la concrétisait, à la manière de Thomas d'Aquin. Pour Bonaventure comme pour Augustin, l'Être de Dieu ne peut être qu'Amour et la théologie ne peut penser Dieu que comme Trinité[225]. Dans la théologie moderne, Karl Rahner a apporté une pierre supplémentaire en précisant que le mot *theos* dans le Nouveau Testament désigne toujours Dieu le Père[226].

Avant d'aborder ce sujet, nous devons revenir sur les conséquences des réflexions énoncées ci-dessus pour la question qui nous intéresse, à savoir les attributs divins. Ils furent développés dans les écoles théologiques dans le cadre de la définition métaphysique de Dieu en tant que l'Être par excellence. Comme nous l'avons montré, la miséricorde de Dieu n'y avait pas trouvé de place qui lui convienne[227]. Selon le témoignage de toute l'Écriture, aussi bien de l'Ancien que du Nouveau Testament, la miséricorde de Dieu est bien l'attribut divin qui occupe la première place dans la révélation divine de l'économie du salut. C'est pourquoi elle ne peut être considérée comme un attribut parmi d'autres, comme c'est le cas dans les manuels de dogmatique. Elle ne peut pas non plus être placée après les attributs qui découlent de l'être métaphysique de Dieu et par conséquent n'être évoquée qu'accessoirement. La miséricorde est bien plutôt l'expression de l'être même de Dieu qui est Amour (1 Jn 4, 8.16), elle est en quelque sorte sa face visible et efficiente ; elle exprime l'être de Dieu qui se penche avec bienveillance sur les hommes et sur le monde – attitude qu'il a toujours eue au cours de l'histoire – elle manifeste également sa bonté et son amour. Elle est *caritas operativa et effectiva* de Dieu[228]. On doit donc qualifier la miséricorde d'attribut fondamental de Dieu.

La miséricorde a – nous l'avons déjà évoqué – un lien interne avec les autres attributs divins, dont elle ne peut être dissociée, notamment avec la sainteté, la justice et la fidélité-vérité[229]. Elle est entourée d'une couronne d'autres attributs qui s'ordonnent autour d'elle en un tout harmonieux et en révèlent d'autres aspects. Scheeben cite entre autres la bienveillance, la magnanimité, la clémence, la faveur, la philanthropie, la complaisance, la générosité, la libéralité, l'indulgence, la douceur, la patience, la longanimité[230].

---

225. Chez Augustin (*De Trinitate*) c'est très clair, de même chez Bonaventure in : *I Sent.* d. 2 q. 2 et q. 4, *Itinerarium mentis* V, 1 et *Breviloquim* I c. 2-3.

226. K. Rahner, *Theos im Neuen Testament* (1954).

227. Cf. ci-dessus chap. I. 3.

228. Thomas d'Aquin, *S. th. I*, q. 21 a. 3 : « La miséricorde doit être attribuée à Dieu au plus haut point, mais selon ses effets, non selon une émotion qui relève de la passion. » cf. B. de Margerie, *Les perfections du Dieu de Jésus Christ*, Paris, 1981, p. 263.

229. Cf. ci-dessus chap. III, 5.

230. M. J. Scheeben, *La dogmatique*, t. 2 (1877).

Cette liste invite à ne pas reléguer la miséricorde en annexe, mais à la placer au centre et à regrouper les autres attributs divins autour d'elle.

Comme Dieu n'est pas composite, mais absolument simple, les noms et attributs divins dont il est question dans la Bible coïncident exactement avec son Être. La distinction en différents attributs permet à notre intelligence limitée de mieux comprendre Dieu. Nous ne pouvons reconnaître en chacun d'eux que quelques aspects de l'être unique de Dieu, aspects qui reflètent sa relation au monde ou plutôt les effets de son action dans le monde. Dans cette mesure la distinction des attributs de Dieu trouve aussi en Dieu son fondement (*fundamentum in re*)[231].

Affirmer que la miséricorde est l'attribut fondamental de Dieu a des conséquences sur la manière de définir sa relation avec la justice d'une part et la toute-puissance de Dieu d'autre part. En effet, s'il en est ainsi, la miséricorde ne peut pas relever de la justice ; et celle-ci, inversement, devra être comprise à partir de la miséricorde. Autrement dit, la miséricorde est la manière propre à Dieu d'exercer la justice. Cette conception a servi de base à l'accord sur la doctrine de la justification entre l'Église catholique et luthérienne[232]. Mais nous y reviendrons en détail par la suite[233].

Cette position centrale va également déterminer la relation entre la miséricorde et la toute-puissance de Dieu. Cette question a joué un rôle important dans la théologie après Auschwitz. Avec consternation, on se demandait où était Dieu à ce moment-là et comment il avait pu laisser faire des choses pareilles. En se référant à la mystique juive de la cabbale et à sa théorie du Zimzum[234] ainsi qu'à la théologie protestante de la kénose des XVIe et XIXe siècles on a fini par affirmer que Dieu s'était tellement anéanti et dépossédé de lui-même qu'il s'était dépouillé de sa toute-puissance pour pouvoir être auprès des faibles et des opprimés qui, humainement, n'avaient plus d'espérance. Cette réponse trouve sa plus haute expression dans la pensée de Hans Jonas[235]. Cependant, malgré tout le respect dû au sérieux et à la qualité de son travail, il faut reconnaître que cette réponse est sans consistance. Car un Dieu qui ne serait plus tout-puissant ne serait plus Dieu ; un tel Dieu ne pourrait plus venir en aide à personne ; on ne pourrait plus espérer en lui. Sa miséricorde serait pure faiblesse. Le

231. Voir à ce sujet F. Diekamp, *Katholische Dogmatik*, t. 1, Münster 1953, p. 144-148. Pour développer la doctrine des attributs divins, voir Margerie, *Les perfections du Dieu de Jésus-Christ* (cf. note 228) et W. Krötke, *Gottes Klarheiten*, pour la vision protestante.

232. Cf. ci-dessus chap. IV. 5.

233. Cf. ci-dessous chap. V. 3.

234. G. Scholem, *La mystique juive. Les thèmes fondamentaux*, Ed. du Cerf, 1985.

235. H. Jonas, *Le concept de Dieu après Auschwitz*, Ed. Rivages, 1994.

témoignage de la Bible nous enseigne tout le contraire[236]. La souveraineté et la toute-puissance de Dieu consistent justement dans le fait de s'abaisser et de s'anéantir ; c'est lorsqu'il se montre miséricordieux envers les pauvres et les opprimés qu'il manifeste le plus sa divinité et sa toute-puissance[237]. Comme le dit une prière de l'Église, Dieu donne la preuve suprême de sa puissance lorsqu'il patiente et prend pitié[238]. Il s'agit de la toute-puissance de son amour et de sa miséricorde.

Dépassant une théologie fondée uniquement sur la métaphysique, plusieurs grandes saintes des temps modernes ont redécouvert toute la force de l'expérience de Dieu dans la Bible. Thérèse de Lisieux qui n'a jamais écrit un seul traité théologique et qui est cependant vénérée comme docteur de l'Église – et ce, à juste titre – a pu dire :

> « A moi Il a donné sa miséricorde infinie et c'est à travers elle que je contemple et adore toutes les autres perfections Divines... Alors toutes m'apparaissent rayonnantes d'amour[239]. »

Sœur Faustine, en présentant elle aussi la miséricorde comme l'attribut fondamental de Dieu, a influencé la pensée théologique de l'Église du XXIe siècle par l'intermédiaire de Jean-Paul II[240].

Enfin Yves Congar, dans l'interprétation qu'il fait de la miséricorde chez Thomas d'Aquin – certainement le plus grand théologien de la tradition occidentale – a montré que Thomas lui aussi comprenait Dieu comme Amour. Congar a avec raison donné l'impulsion pour élaborer une « ontologie de la miséricorde[241] ». Si Dieu est le principe de tout, alors l'affirmation « Dieu est Amour » signifie que l'Amour est le sens ultime du monde. Dans une ontologie de l'amour ce n'est ni la substance en soi – comme dans la métaphysique de l'Antiquité et du Moyen-Âge, ni le sujet, comme à l'époque moderne – qui peuvent être le principe. À sa place se substitue plutôt une ecclésiologie de communion, basée sur la relation et la communication[242]. Développée à l'origine par la théologie dans la doctrine de la Trinité, elle a ensuite servi de modèle pour exprimer la réalité du monde.

---

236. Cf. ci-dessus chap. III. 3.

237. Cf. S. Kierkegaard, *Journaux et cahiers de notes* ; t. 1, Fayard, 2007 ; K. Barth, *Dogmatique II*, 1, Genève, Labor et fides, 1953-1974.

238. Thomas d'Aquin, *S. th. I*, q. 25 a. 3 ad 3 ; II/II q. 30 a. 4 en lien avec l'oraison du dixième dimanche après la Pentecôte, aujourd'hui du vingt-sixième dimanche du temps ordinaire.

239. Thérèse de l'Enfant Jésus, *Œuvres complètes*, Ed. du Cerf, p. 211.

240. Cf. ci-dessus, chap. I. 2.

241. Cf. Y. Congar, *La miséricorde. Attribut souverain de Dieu.* Il reprend à son compte l'expression de Laberthonnière, parlant d'une « ontologie de la charité ». Cité par Margerie, *Les perfections du Dieu de Jésus-Christ*, p. 264.

242. Cf. Kasper, *L'Église catholique*, 2014, p. 48.

2. La miséricorde, miroir de la Trinité

Tenter de comprendre la miséricorde de Dieu comme miroir de son Être trinitaire peut, à première vue, paraître une entreprise difficile. Beaucoup en effet – et cela ne date pas d'aujourd'hui – se trouvent face à la profession de foi en un Dieu Trinitaire comme devant un livre scellé de sept sceaux, impossible à déchiffrer, qui ne les aide pas vraiment à mieux comprendre la miséricorde de Dieu. Même en théologie la doctrine de la Trinité fut pendant longtemps laissée de côté.

Pendant les dernières décennies un changement, suscité par la théologie orthodoxe, s'est cependant opéré dans la pensée catholique et protestante. La conséquence fut une redécouverte du mystère de la Trinité, reconnue comme clé de compréhension de la foi chrétienne[243].

Il est évident que la doctrine de la Trinité n'est pas une formule mathématique « surnaturelle », pour ainsi dire une sorte de table de multiplication magique. Il ne s'agit pas d'affirmer qu'un est égal à trois et qu'une même réalité, vue sous le même angle, peut être à la fois une et triple. La doctrine de la Trinité est bien plutôt une interprétation rigoureuse de la phrase tirée de la première épître de Jean qui condense tout le message du Nouveau Testament : *« Dieu est Amour »* (1 Jn 4, 8.16). Certes, ce n'est pas de cette phrase que la profession de foi en la Trinité tire son origine ; elle ne se laisse pas non plus réduire à une vérité de la raison comme Hegel a tenté de le faire. Mais elle s'offre à la compréhension du croyant – dans le sens de l'axiome selon lequel la foi est en quête d'intelligence (*fides quaerens intellectum*) – comme une vérité qui n'est pas en contradiction avec elle-même, mais qui prend tout son sens dans une perspective de foi et dans cette mesure est érigée en principe compréhensible par tout croyant[244].

Si Dieu est Amour, alors son être le plus intime peut se comprendre à partir de l'analogie avec l'amour humain. Il ne s'agit cependant que d'une approche où les différences sont plus importantes que les ressemblances. En effet le propre de l'amour humain est non seulement de donner quelque chose à l'autre, mais aussi de se communiquer et de se donner soi-même. En se donnant, chacun se dépouille et se livre, tout en restant soi-même, et trouve dans l'amour son propre épanouissement[245]. Car cela fait partie de l'amour d'être un avec l'autre sans qu'aucun des deux ne soit absorbé

243. Dans ce contexte il est impossible de traiter l'ensemble de la problématique biblique, historique et systématique. Cf. W. Kasper, *Le Dieu des chrétiens* (cf. note 5).

244. Cf. Kasper, *L'Église catholique*, p. 78-79 et 91-92.

245. Voir les analyses de J. L. Marion (cf. ci-dessus chap. II, 1).

par l'autre ni ne fusionne avec lui. C'est en cela que consiste le mystère de l'amour : se trouver soi-même dans l'union avec l'autre et parvenir à son plein accomplissement. L'amour vrai inclut aussi la distance ; il respecte la différence et préserve la dignité de l'autre. Il accorde à l'autre la possibilité d'être lui-même et crée l'espace dans lequel il ou elle pourra se réaliser tout en étant uni à l'autre. Voilà bien le paradoxe de l'amour : être unité sans exclure la différence ni la diversité.

L'amour humain, tel que nous l'avons décrit, est bien évidemment un faible reflet de l'amour de Dieu ; il est une analogie où la différence est plus grande que la ressemblance[246]. Malgré tout cette approche fait apparaître que la foi en un Dieu trinitaire n'a rien d'absurde ni de contradictoire. Il n'y a en effet aucune contradiction avec le monothéisme, fondement de l'Ancien comme du Nouveau Testament. La doctrine de la Trinité n'est pas un polythéisme déguisé, elle affirme que le Dieu unique n'est ni solitaire ni mort, mais qu'il est en lui-même Vie et Amour.

La doctrine de la Trinité n'est pas un ajout au monothéisme ni même son contraire, elle est un monothéisme concret[247]. En elle la définition philosophique abstraite de Dieu selon laquelle Dieu est l'Être même se trouve concrétisée et précisée. Autrement dit : en tant qu'Être suprême Dieu est Amour, un amour qui se diffuse et se donne. Nous trouvons des approches de cette concrétion, comme nous l'avons vu, chez Augustin et Bonaventure. Dieu en tant qu'il est le Bien se définit par le fait qu'il se diffuse et se donne *(bonum est diffusivum sui)*. En tant qu'il est amour diffusif, il est à la fois un et trine. De toute éternité Dieu a un « Aimé et un Autre-Aimé-Ensemble » ; il est donc Père, Fils et Esprit Saint. Le Nouveau Testament va donner une définition plus précise de l'être de Dieu comme Être trinitaire dans l'Amour[248].

Dieu ne peut se communiquer que dans la mesure où il est en lui-même amour diffusif, il ne peut agir que selon sa nature intrinsèque. Si ce n'était pas le cas, en se diffusant il ne ferait que devenir et se réaliser lui-même. Il ne deviendrait Dieu qu'en se révélant. La théologie serait alors une théogonie, telle que nous la connaissons dans les mythes. S'il en était ainsi, alors la révélation de la miséricorde divine ne serait plus un acte libre, purement gratuit, mais un processus nécessaire à Dieu pour devenir lui-même. Mais si Dieu est Amour en lui-même – et seulement à cette condition – alors c'est librement et gratuitement qu'Il se révèle et nous accorde son amour.

---

246. Comme l'affirme le quatrième Concile du Latran (1215) DH 806 : Car si grande que soit la ressemblance entre le Créateur et la créature, on doit encore noter une plus grande dissemblance entre eux.

247. En référence à J. E. Kuhn, voir Kasper, *Le Dieu des chrétiens*, p. 448.

248. Cf. Bonaventure, *Itinerarium mentis in Deum*, cap. VI, 1 ; *Breviloquim* Ic. 2-3 et I Sent d. 2 q et q. 4.

La Trinité est donc une condition inhérente à sa miséricorde ; inversement sa miséricorde est révélation et miroir de son être. Dans la miséricorde divine se reflète et se révèle l'amour éternel du Père, du Fils et de l'Esprit, amour qui se diffuse et se répand[249].

Mais allons plus loin pour pénétrer davantage dans les profondeurs du mystère de la miséricorde divine. Jusqu'à présent nous avons affirmé que la miséricorde n'est pas pour Dieu une manière de se réaliser, mais le miroir de l'intimité de son être trinitaire. Maintenant il nous faut ajouter ceci : même si, en exerçant sa miséricorde, l'être trinitaire de Dieu ne trouve pas sa réalisation, cependant il devient réalité concrète pour nous et en nous. Comment comprendre cela ?

Étant donné qu'en Dieu tout est infini, le Père ne peut communiquer sa divinité au Fils et par le Fils à l'Esprit qu'en se retirant de son infinité pour faire place à l'autre à l'intérieur de lui-même. Cette kénose de Dieu, cette dépossession de soi-même, est également la condition nécessaire pour que Dieu, qui est infini, puisse donner naissance à la création[250]. L'incarnation de Dieu en Jésus-Christ et plus encore la mort de Jésus sur la croix sont le sommet inégalable de l'autorévélation de Dieu dans sa kénose trinitaire. À la croix Dieu, qui est la Vie, entre dans la mort qui est l'extrême opposé de son être, pour vaincre la mort par la mort de Celui qui, par essence, est immortel[251]. Sa kénose est révélation de sa toute-puissance d'amour. La croix est ainsi *id quo maius cogitari nequit*[252] – ce au-delà de quoi on ne peut penser rien de plus grand. Quand l'Ancien Testament dit que, par miséricorde, Dieu se retire et reprend sa sainte colère pour nous offrir à nouveau un espace et une possibilité de vie, il s'agit déjà d'une préfiguration et d'une annonce de ce qui se passe à la croix de manière incomparable.

À la croix Dieu nous révèle son être intime, son amour qui se sacrifie et se diffuse – révélation définitive et inouïe. Ne pouvant rester enfermé en soi-même, Il se communique à nous concrètement par l'Esprit Saint. Dans sa miséricorde Dieu nous laisse entrevoir son cœur, bien plus Il nous y accorde une place par l'Esprit Saint. Le Concile Vatican II déclare : en Jésus-Christ

---

249. Pour étudier le lien entre la Trinité dans l'économie du salut et dans son immanence, voir Kasper, *Le Dieu des chrétiens*, p. 420-427.

250. La théologie protestante de la kénose au XIXe siècle alla jusqu'à affirmer que Dieu se dépossédait de sa divinité. Cette théorie fut condamnée à juste titre par Pie XII dans l'Encyclique *Sempiternus Rex* (1951) / Voir à ce sujet Kasper, *Das Absolute in der Geschichte* (cf. note 12). Dans sa kénose, Dieu n'abandonne pas sa divinité, mais la révèle. C'est dans ce sens que S. Bulgakow dans la théologie orthodoxe et J. Moltmann dans la théologie protestante interprètent la kénose de Dieu.

251. Cf. Préface I du temps pascal.

252. Cf. Kasper, *L'église catholique*, p. 121.

Dieu s'est en quelque sorte uni à chaque homme[253]. Tout en se révélant comme le Tout-Autre, Dieu nous accorde en même temps la grâce de nous approcher de lui autant qu'il est possible. Ainsi l'axiome du quatrième Concile du Latran, cité ci-dessus, peut être complété. Il est vrai qu'à toute ressemblance avec Dieu correspond une dissemblance encore plus grande, mais aussi que toute dissemblance appelle une ressemblance et une proximité d'autant plus grandes avec Dieu, voire une intimité avec lui et une vie en Lui[254].

Il ne s'agit pas là de spéculations abstraites, étrangères à la vie. Selon l'Évangile de Jean, Jésus élevé sur la croix a rendu son esprit (Jn 19, 30). Chez Jean l'élévation a un double sens : l'élévation physique sur la croix et l'élévation à la droite du Père. Les Pères de l'Église ont vu dans l'expression : *« il rendit l'esprit »* une allusion à l'Esprit Saint[255]. Si, par l'élévation de Jésus, l'Esprit Saint est répandu, alors cela signifie que la Croix, la Résurrection et l'Ascension coïncident avec la Pentecôte. Dans les discours d'adieu chez Jean Jésus dit lui-même :

> *« Si quelqu'un m'aime, il gardera ma parole et mon Père l'aimera et nous viendrons à lui et nous ferons chez lui notre demeure »* (Jn 14, 23).

Jean parle à plusieurs reprises d'une inhabitation réciproque : il est en nous et nous sommes en lui[256]. Ainsi nous avons une communion intense avec le Père et le Fils et cette communion est pour nous source de joie parfaite et épanouissement de notre humanité (1 Jn 1, 3s). Paul développe une mystique légèrement différente ; il dit non seulement que nous sommes dans le Christ et que le Christ est en nous, mais il affirme également que l'Esprit de Dieu habite en nous (cf. Ro 8, 9 ; 1 Co 6, 19 ; Ep 2, 22).

Ces affirmations du Nouveau Testament ont laissé des traces dans la mystique et l'histoire de la spiritualité chrétienne[257]. C'est sur cette base que la théologie a développé la doctrine de l'inhabitation de l'Esprit Saint dans l'âme du baptisé et du juste[258]. Par l'Esprit Saint, Dieu a donc une place dans le cœur de tout baptisé. Et inversement nous pouvons dès maintenant trouver dans le cœur de Dieu le repos dont nous jouirons un jour définitivement.

Thomas d'Aquin a bien fait ressortir cet aspect dans son commentaire du psaume 24 (25) et du célèbre psaume de pénitence, le psaume 50 (51), où il évoque la situation eschatologique intermédiaire dans laquelle nous nous

253. GS 22.
254. Jüngel, *Gott als Geheimnis der Welt* (voir note 217).
255. R. Schnackenburg, *Das Johannesevangelium* (HThKNT IV/3) Freiburg, 1975.
256. Cf. R. Schnackenburg, *Die Johannesbriefe* (HThKNT XIII/3) Freiburg, 1953.
257. Voir à ce sujet : J. Eckert/J. Weismayer, art. Christusmystik, in : LThK3 2, p. 1179-1182.
258. Voir Kasper, *L'Église catholique*, p. 122-130 ; p. 162-165 ; p. 202-212 ; p. 241-242.

trouvons : le déjà là et le pas encore du Royaume. Il a montré que notre misère et notre pauvreté, sur lesquelles se penche la miséricorde divine, ne sont pas d'ordre physique. Notre véritable pauvreté est notre éloignement de Dieu dû au péché. Dieu veut de toute éternité que nous soyons proches de lui et que nous vivions en communion avec lui. Ce message de miséricorde nous présente donc un Dieu bon et ami des hommes, qui est proche de nous dans notre misère et s'occupe de notre pauvreté fondamentale. C'est pourquoi la miséricorde est synonyme de bonheur et d'accomplissement. Elle nous offre l'expérience et l'avant-goût d'une béatitude intérieure, elle nous relève, élargit notre cœur et nous donne la joie et l'espérance ; elle rétablit l'ordre originel et nous donne le repos, la paix, et le bonheur dans lequel nous pouvons déjà goûter un avant-goût de la béatitude éternelle[259].

Bonaventure reprend ces idées dans son *Itinerarium mentis in Deum* en se référant à la recherche de la paix selon Augustin et à la prédication de saint François d'Assise. Il a écrit cet ouvrage, encore sous l'impression de sa visite à la montagne de l'Alverne où François a reçu les stigmates[260], lieu qui a une grande importance spirituelle pour un disciple de saint François. Il termine son écrit par une réflexion sur l'expérience mystique de saint François sur le mont Alverne où il était avec le Christ crucifié, complètement uni à Dieu et embrasé du feu de l'Esprit Saint[261].

Plus tard la théologie de la Trinité s'est explicitement transformée en mystique trinitaire. Reprenant les affirmations bibliques sur l'inhabitation de la Trinité dans l'âme du juste, elle les a élargis à la doctrine de l'incarnation : le Christ est enfanté dans les cœurs des croyants dont chacun reproduit l'image, conséquence de l'engendrement éternel du Logos par le Père et de l'enfantement de Jésus dans le temps par la Vierge Marie[262]. Maître Eckhart, Jean Tauler et Henri Suso développent ces mêmes idées. D'une autre manière la mystique de la Trinité se retrouve dans les visions impressionnantes d'Hildegarde de Bingen, dans la mystique féminine du Moyen-Âge (Angèle de Foligno, Gertrude d'Helfta, Mechtilde de Magdebourg et Mechtilde de Hackeborn) et chez les amis de Dieu du haut Moyen-Âge.

Au XIXe siècle elle s'exprima particulièrement chez la bienheureuse carmélite Élisabeth de la Trinité. Elle nous a laissé une des plus belles prières de la chrétienté qu'elle rédigea au soir du 21 novembre 1904. Elle commence

---

259. THOMAS D'AQUIN, *In Psalmos* 24 N. 7 ; 50 N. 1 ; 4-6 ; cf. *S. th.* IIIq. 1a. 2. Thomas se réfère directement à AUGUSTIN (*Sermo* 138).

260. BONAVENTURE, *Itinerarium*, Prolog 2 ; cap. VII, 3.

261. *Idem*, cap. VII, 2-4.

262. Voir H. RAHNER, *Symbole der Kirche. Die Ekklesiologie der Väter*, Salzburg, 1964, p. 11-87.

ainsi : Ô Trinité que j'adore, aide-moi à m'oublier entièrement…[263]

Cette mystique n'a rien à voir avec un état de fusion euphorique avec Dieu. Bien au contraire, la lumière de Dieu est si claire que l'homme en est ébloui et se retrouve dans les ténèbres. Les mystiques chrétiens qui ont expérimenté la proximité de Dieu et le bonheur et la paix de sa présence se sont toujours tenus à distance vis-à-vis de Dieu, dans le respect de sa transcendance. L'expérience de la miséricorde divine n'apporte pas une consolation bon marché et permet encore moins de jouir de sa présence. Au contraire, les mystiques ont bien souvent été plongés – et ce, pour un temps relativement long – dans la nuit du Christ sur la croix et ont fait l'expérience de sa déréliction. Dans cette communion très intime avec Dieu, ils ont expérimenté aussi sa sainteté et sa transcendance et, tout en se sentant éloignés de Dieu, ils étaient pourtant certains de sa proximité[264].

La mystique est une pérégrination, où il faut persévérer sous la croix, dans l'espérance de la résurrection et de la vie éternelle avec Dieu. Les mystiques nous invitent donc nous aussi à une existence de pèlerins. Ils vivent souvent dans les ténèbres du Golgotha, tout en apercevant déjà la lumière de Pâques poindre à l'horizon – dans la foi et la certitude que Dieu, dans sa miséricorde, leur accordera une place auprès de lui. Ils reconnaissent que la miséricorde est à l'origine et au terme de toute vie chrétienne.

3. La miséricorde de Dieu – origine et but des voies divines

Si la miséricorde est l'attribut fondamental de Dieu, signe de son action extérieure, elle est en même temps le prélude à toute l'économie du salut. Selon le témoignage du Nouveau Testament tout a été créé en vue de Jésus-Christ. En lui, Dieu, le Père de Notre Seigneur Jésus-Christ, nous a élus dès avant la fondation du monde et nous a destinés par amour à devenir ses fils (Ep 1, 3-4s). Jésus-Christ a été choisi de toute éternité pour devenir l'Agneau de Dieu dont le sang nous rachète et nous sauve (cf. 1 P 1, 19s).

> *« Tout a été créé en lui, par lui et pour lui. Il est avant toutes choses et tout subsiste par lui »* (Col 1, 16s).

Tout a été créé dans et pour le Verbe éternel, qui s'est fait homme et

---

263. Élisabeth de la Trinité, *Œuvres complètes*, t. 1a, Ed. du Cerf, p. 200.

264. La mystique de la Trinité constitue un pont important entre la spiritualité de l'Occident et de l'Orient avec l'hésychasme, essentiellement chez les auteurs russes (Solowiew, Berdaïef, Lossky, Bulgakow). Voir à ce sujet M. A. Meerson, *The Trinity of Love*, Quiercy, 1998. Sans oublier la tradition piétiste avec Johannes Arndt, Michael Hahn entre autres.

est entré dans le temps. Il est dès le commencement la lumière et la vie du monde (Jn 1, 1 1.11). Donc, le monde entier et toute l'histoire du salut sont de toute éternité placés sous le signe de Jésus-Christ ; la miséricorde, qui s'est révélée de manière définitive en Jésus-Christ, en est l'annonce, précédant et dépassant toute réalité[265]. La miséricorde divine est l'origine, la cause et le fondement de la création ainsi que de toute l'économie du salut.

Cette affirmation est loin d'être une théorie abstraite, elle a en effet des répercussions concrètes pour répondre à la question : tous les hommes peuvent-ils être sauvés ? Comme nous le verrons plus loin, il ne s'agit pas de mettre en cause la réalité du salut. Les Pères de l'Église savaient que la miséricorde et la grâce de Dieu manifestées en Jésus-Christ préexistaient depuis la nuit des temps et étaient à l'œuvre – comme le dit Augustin – « depuis Abel, le juste[266] ». Selon Thomas d'Aquin, Jésus-Christ n'est pas seulement la tête de l'Église, il est aussi la tête de toute l'humanité[267].

Thomas démontre de façon convaincante que la miséricorde est à l'œuvre dès le début de la création. Selon lui, elle est la condition de la justice. Car la justice suppose toujours l'existence de quelqu'un à qui l'on doit rendre justice ; or, la créature ne doit son existence qu'à la bonté de Dieu[268]. Ce n'est pas la justice de Dieu qui fonde sa miséricorde, mais la miséricorde qui est la racine première *(prima radix)* et l'origine dont tout le reste découle[269]. Tout dépend finalement de la bonté de Dieu. Même son décret éternel de sauver l'humanité par l'Incarnation provient de sa miséricorde envers l'homme qui, par son péché, s'est éloigné de Dieu[270] – comme Thomas le met en évidence en s'appuyant sur la Sainte Écriture et sur Augustin, contrairement à d'autres interprétations[271]. La miséricorde est l'origine éternelle du monde comme de l'histoire du salut. Elle est le prélude à tout. Elle est la lumière qui éclaire toute créature dans les ténèbres (cf. Jn 1, 5).

Malheureusement cette vision positive de la création à la lumière de la miséricorde de Dieu s'est obscurcie dans la théologie occidentale. L'origine de cet assombrissement est à chercher dans la doctrine de la prédestination, telle qu'Augustin l'a développée, essentiellement dans ses écrits tardifs[272]. Ce grand Père de

---

265. Cf. Kasper, *Jésus le Christ*, Paris Ed. du Cerf, 1986, p. 258-280.
266. Voir Kasper, *L'Église catholique*, p. 174-177.
267. Thomas d'Aquin, *S. th.* III, q. 8 a. 3.
268. Thomas d'Aquin, *S. th.* I, q. 21, a. 3.
269. Thomas d'Aquin, *S. th.* I, q. 21, a. 4.
270. Thomas pense à Albert le Grand et à Alexandre de Hales (*S. th.* III q. 1 a. 3) ; après lui il convient de citer Jean Duns Scott.
271. Thomas d'Aquin, *S. th.* III, q. 1 a. 1-6.
272. Au sujet de la théorie de la prédestination voir G. Kraus, *Vorherbestimmung,* Freiburg i. Br. 1977 ; art. Prädestination, in : LThK3 VIII (1999) 467-473.

l'Église a chanté la miséricorde de Dieu en de multiples endroits de son œuvre monumentale – comme dans ses commentaires des psaumes, par exemple. D'après son témoignage personnel il a suffisamment fait l'expérience de la miséricorde divine dans sa propre vie pour en éprouver de la reconnaissance[273].

Cependant à la fin de sa vie Augustin fut mis au défi par les pélagiens[274]. Ces moralistes, qui se distinguaient par une spiritualité ascétique et une conception du christianisme fortement moralisante, insistaient sur la nécessité des bonnes œuvres pour le salut des hommes. Sur ce sujet ils entraient en conflit avec la doctrine de la grâce, défendue par Augustin. Selon lui, la grâce de Dieu ne peut être vraiment gratuite que si elle ne dépend pas des œuvres et n'est pas conditionnée par elles. Augustin en arriva à établir la doctrine de la prédestination inconditionnelle, c'est-à-dire non conditionnée par les œuvres, bonnes ou mauvaises, des hommes.

Il affina cette idée dans sa doctrine sur le péché originel. Comme en Adam tous ont péché – selon une traduction de Rm 5, 12 qu'il a reprise de l'Ambrosiaster – Dieu doit en raison de sa justice condamner tous les hommes. De cette manière toute l'humanité est condamnée *(massa damnata)*[275]. Mais il plaît à Dieu dans sa miséricorde de faire des exceptions et de choisir quelques élus pour la béatitude éternelle. Ce qui le conduisit à affirmer la double doctrine de la prédestination, c'est-à-dire une prédestination qui n'est pas conditionnée par les œuvres, mais qui, de plus, détermine les uns pour le salut, les autres – la grande majorité – pour la damnation éternelle.

Cette position fut lourde de conséquences pour toute l'évolution ultérieure de l'Occident. Certes, l'Église n'a jamais entièrement cautionné la théologie de la prédestination d'Augustin, mais l'a toujours considérablement adoucie et a condamné la prédestination absolue, c'est-à-dire sans prise en compte de la liberté humaine[276]. Pourtant la doctrine d'Augustin sur la damnation éternelle avait voilé le message biblique de la miséricorde divine ; car elle remplaçait la compréhension biblique de la justification et du salut par la foi (Rm 1, 17 ; 3, 21s.26) par une compréhension punitive de la justice. Ambroise

273. Augustin, *Confessions* IV, 4.7 ; V, 2. 2 ; VI, 7. 12 ; VI 16. 26.

274. Voir G. Greshake, *Gnade als konkrete Freiheit*, Mainz 1972, p. 47-157 ; Ansorge, *Gerechtigkeit und Barmherzigkeit Gottes* (cf. note 4), p. 232-256 ; H. U. von Balthasar, *Was dürfen wir hoffen ?* Einsiedeln, 1989, p. 52-58.

275. Augustin, *Enchiridion* 8, 27 ; *De dono perseverantiae* 35 ; *De civitate Dei* XXI, 12. Pour le débat critique sur le péché originel voir T. Pröpper, *Theologische Anthropologie*, vol. 2, Freiburg, 2011, p. 981-1025 ; sur le lien entre liberté divine et humaine voir p. 1351-1401.

276. Le deuxième concile d'Orange (529) rejetait déjà une prédestination au mal chez certaines personnes (DH 397), le synode de Quierzy (853) condamna la doctrine de la prédestination du moine Gottschalk (DH 621-624), contrairement au synode de Valence en 855 (DH 625-633), le concile de Trente (1547) condamna la double prédestination des Réformateurs (DH 1567).

posait déjà la question dans son Traité sur l'évangile de Luc :

> « Qu'est-ce que la justice de Dieu si ce n'est sa miséricorde[277] ? »

Pour Ambroise le Christ est non seulement le juste juge (*iustus iudex*), mais aussi et surtout un juge plein de bonté (*bonus iudex*)[278]. Comment le Christ, juge du monde, pourrait-il donc condamner presque tous les hommes alors qu'il a donné sa vie sur la croix pour les sauver ?

Augustin avait laissé un lourd héritage, largement hypothéqué, à la tradition occidentale. Car sa doctrine provoqua chez beaucoup des crises de scrupules et des angoisses quant au salut et à la damnation. L'exemple le plus célèbre, nous l'avons vu, est le jeune moine augustinien Martin Luther avec sa question angoissée : « Comment obtenir la grâce de Dieu ? » La Réforme prit corps lorsqu'il découvrit que le sens originel de la justice divine dans la Bible n'est pas une justice punitive, mais une justice qui libère, justifie et sauve[279].

Cependant dès le haut Moyen-Âge une évolution se dessina, visant à dépasser la conception trop étriquée d'Augustin. On commença en effet à montrer l'importance du libre arbitre de l'homme et à mieux comprendre la justice divine.

Le père de la scolastique, Anselme de Canterbury, était tourmenté par cette question : comment Dieu peut-Il être à la fois juste et miséricordieux ? Car, disait-il, la justice exigerait que Dieu récompense les bons et punisse les méchants. Alors comment peut-Il pardonner aux pécheurs dans sa miséricorde ? Anselme répond : Dans sa miséricorde Dieu ne nous rend pas selon nos œuvres, mais agit selon lui-même et selon sa bonté. Dieu n'est pas juste en fonction de nous et de nos œuvres, mais relativement à lui-même et à sa bonté. Anselme va très loin et résume ainsi sa pensée :

> « Dieu est si juste qu'il ne peut être pensé plus juste. Sa miséricorde est un effet de sa justice[280] ».

Le maître de la théologie du haut Moyen-Âge, Thomas d'Aquin, a repris l'idée d'Anselme. Lui aussi fait observer que Dieu n'est pas lié par une loi extérieure à lui, mais qu'il est sa propre loi et donc agit selon sa bonté ; sa *misericordia* correspond à sa *bonitas*[281]. La miséricorde est la racine, l'origine

---

277. Ambroise, *Expositio evangelii secundum Lucam 2*, 90.
278. Ambroise, *De fide II*, 2, 28.
279. H. U. von Balthasar, Kleiner *Diskurs über die Hölle. Apokatastasis*, Einsiedeln, 2007, p. 42-44.
280.Anselme de Canterbury, *Proslogion* 8-12. Cf. H.-J. Verweyen, *Die Einheit von Gerechtigkeit und Barmherzigkeit bei Anselm von Canterbury*, in : IKaZ 14 (1985) 52-55 ; Ansorge, *Gerechtigkeit und Barmherzigkeit Gottes* (cf. note 61), p. 256-280, où il intitule le chapitre sur Anselme : « La miséricorde de Dieu qui tient compte de la liberté créée ».
281. Thomas d'Aquin, *S. th.* I, q. 21, a. 1 ad 2 et 3 ; cf. *Sent* d. 46, q. 2, a 2 q. a. 2.

(prima radix) à laquelle il faut tout ramener[282]. Ainsi le thème biblique originel s'imposa chez Thomas – le primat de la miséricorde – en opposition à une pensée trop exclusivement orientée vers la justice punitive.

Mais ce n'est qu'au XXe siècle qu'eut lieu un tournant décisif, inauguré par Karl Barth, qui prit comme point de départ le thème de l'élection divine. Selon lui l'élection n'est pas un décret de Dieu abstrait et éternel. Jésus-Christ est à la fois celui qui élit et qui est élu et nous sommes élus en lui. Dieu nous a choisis de toute éternité en Jésus-Christ avant la fondation du monde et prédestinés à devenir ses fils (cf. Ep 1, 4-6). L'élection est donc « le commencement de tous les chemins et de toutes les œuvres en Jésus-Christ[283] ». Ainsi la prédestination n'est plus un décret sinistre, inspirant la crainte de l'enfer, mais une bonne nouvelle qui rend joyeux et ferme dans la foi.

Karl Barth a trouvé un écho favorable et durable, y compris dans la théologie catholique[284]. Aujourd'hui, en se référant à lui, des théologiens protestants et catholiques laissent de côté les concepts abstraits de justice et de miséricorde sans chercher à les harmoniser ; ils partent davantage de la révélation de l'élection éternelle en Jésus-Christ. Ainsi la miséricorde peut être de nouveau mise en valeur et considérée comme condition préliminaire et prélude à toute l'histoire du monde et du salut.

La position de Karl Barth trahit cependant une certaine partialité. Hans Urs von Balthasar parle d'un rétrécissement théologique et voit chez Barth une forme de pensée idéaliste[285]. Karl-Heinz Menke s'oppose à la conception de Karl Barth qui, selon lui, comprend de manière trop exclusive la théorie de la substitution : il va la remplacer par une conception plus inclusive[286]. Il veut dire par là qu'il faut prendre en compte la réalité de la création dans son autonomie relative ainsi que l'homme dans sa liberté. Dès le commencement ils sont sous le signe de la miséricorde de Dieu, révélée en Jésus-Christ une fois pour toutes ; en effet, de même que, en Jésus-Christ, la véritable humanité n'est pas absorbée par la divinité, mais unie à elle sans mélange ni altération[287], de même dans l'histoire de l'humanité et du salut la libre participation de l'homme a une place non négligeable. L'humanité n'est pas supprimée parce que Jésus-Christ est le modèle, le centre et le but de toute

282. Thomas d'Aquin, *S. th.* I, q. 21, a. 4.

283. K. Barth, *Dogmatique* II/2 § 33.

284. B. Dahlke, *Die katholische Rezeption Karl Barths. Theologische Erneuerung im Vorfeld des Zweiten Vatikanischen Konzils*, Tübingen 2010 ; voir surtout : H. Küng, *Rechtfertigung. Die Lehre Karl Barths und eine katholische Besinnung. Mit einem Geleitbrief von Karl Barth*, Einsiedeln, 1957 und H. U. v. Balthasar, *Karl Barth. Darstellung und Deutung seiner Theologie*, Köln, 1962.

285. *Idem* p. 210-259, ici p. 253s.

286. K.-H. Menke, *Jesus ist Gott der Sohn*, Regensburg, 2008, 378-385.

287. Cf. la célèbre formule du concile de Chalcédoine (451) : DH 302.

l'histoire humaine, bien au contraire elle devient une création nouvelle par la rédemption opérée en Jésus-Christ et est ainsi rendue à sa véritable dignité[288].

De fait le Concile Vatican II a insisté à plusieurs reprises pour que soit élaborée une christologie universelle. C'est la Constitution pastorale *Gaudium et spes* qui en est le plus imprégnée. Elle définit Jésus-Christ comme la clé, le centre et le but de toute l'économie du salut[289]. Il est « le terme de l'histoire humaine, le point vers lequel convergent les désirs de l'histoire et de la civilisation, le centre du genre humain, la joie de tous les cœurs et la plénitude de leurs aspirations ». Il est l'Alpha et l'Omega, le premier et le dernier, le commencement et la fin (cf. Ap 22, 12s)[290].

La miséricorde étant à l'origine de tout, elle se situe au-dessus du monde et de son histoire ainsi que de toute histoire humaine. Dans sa miséricorde Dieu veut de toute éternité le salut de tous les hommes en Jésus-Christ. Mais que signifie cette volonté de Dieu de sauver tout homme ? Est-ce que cela signifie qu'à la fin tous les hommes seront effectivement sauvés ?

4. La volonté divine de sauver toute l'humanité

Après avoir dépassé le lourd héritage qu'Augustin avait laissé à la théologie et à la spiritualité occidentales avec sa doctrine de la prédestination, il nous faut maintenant nous poser la question qui, selon Kant, englobe et résume toutes les questions de l'homme : Que nous est-il permis d'espérer[291] ? C'est d'après la réponse à cette question que se décidera le sens ou le non-sens de l'existence humaine.

À cette question, la foi chrétienne ne peut pas donner comme réponse que notre vie s'éteindra comme une fleur se fane ou comme une goutte d'eau s'évapore. L'amour de Dieu qui nous a élus et appelés à la vie par pure miséricorde – c'est pourquoi Jésus-Christ a offert sa vie pour nous sur la croix – est définitif et ne peut s'arrêter simplement à la mort. On ne peut pas non plus conseiller d'attendre un Happy end, selon la devise « pas de souci, tout ira bien ». Dans sa miséricorde Dieu nous prend au sérieux ; Il ne veut pas nous prendre par surprise ni passer outre notre liberté. Cela dépend donc aussi de notre décision et de notre réponse à l'amour que Dieu nous offre. L'amour

288. Cf. les nombreuses formules dans la tradition de la prière liturgique. Voir Kasper, *L'Église catholique*.

289. GS 10.

290. GS 45 ; cf. AG 3 ; 8.

291. Kant, *Critique de la raison pure*, B 833.

peut solliciter une réponse d'amour, mais il ne peut ni ne veut le contraindre. L'amour de Dieu demande à être rendu ; mais l'homme peut l'ignorer et le refuser.

Étant donné que nous sommes créés pour aimer Dieu, le refus de cet amour revient pour l'homme à se renier lui-même et, théologiquement parlant, à faire son malheur, c'est-à-dire à perdre la béatitude éternelle. C'est ce qui fait le sérieux de la vie et de notre liberté. Notre décision est une question de vie ou de mort.

C'est pourquoi à la question : « Que nous est-il permis d'espérer ? » on ne peut donner une réponse simple. L'Écriture et la tradition ne nous donnent pas une seule réponse. Nous trouvons en effet dans l'Écriture deux séries d'affirmations différentes qui, à première vue, semblent contradictoires.

D'un côté se trouve l'assertion claire et évidente : en Jésus-Christ, Dieu veut le salut de tous les hommes (1 Tm 2, 3). Jésus dit de lui-même qu'il est venu dans le monde, non pour le juger, mais pour le sauver (Jn 12, 47) et il a fait cette promesse :

> *« Quand je serai élevé de terre, j'attirerai tous les hommes à moi. »* (Jn 12, 32)

Paul a repris ce message dans une hymne. Il affirme que le Seigneur, une fois élevé de terre, sera reconnu par tous :

> *« Tous, au ciel, sur terre et aux enfers tomberont à genoux au Nom de Jésus et toute langue proclamera : "Jésus-Christ est le Seigneur à la gloire de Dieu le Père" »* (Ph 2, 10).

En lui, Dieu veut tout réconcilier, au ciel et sur la terre (Col 1, 20). Par Jésus-Christ Dieu veut à la fin être tout en tous (1 Co 15, 27s ; cf. Rm 11, 32), tout récapituler et unifier ce qui est sur la terre et dans le ciel (Ep 1, 4s.10). Irénée de Lyon a développé cette idée de manière systématique et parlé de la récapitulation et de la culmination de toute l'histoire de l'humanité, et même de tout le cosmos, en et par Jésus-Christ, chef de tout ce qui existe (*ἀνακεφαλαίαωσις*)[292].

Cependant la Bible connaît une autre série d'affirmations concernant le jugement. Elle est si bien attestée qu'il est impossible de l'ignorer ou d'en donner une autre interprétation[293]. Dans l'Ancien Testament la menace d'une punition commence dès le paradis : *« Si tu manges de cet arbre, tu mourras »* (Gn 2, 16s) ; elle se rencontre également dans la suite des récits de la Genèse (expulsion du paradis, déluge, Sodome et Gomorrhe…) et très fréquemment dans les psaumes où il est dit entre autres : *« Il juge le monde avec justice et gouverne les*

---

292. Irénée de Lyon, *Adversus haereses* III, 18, 1. 7.

293. M. Reiser, *Die Gerichtspredigt Jesu*, Münster, 1990 ; H. J. Klauck, Weltgericht und Weltvollendung, Freiburg 1994.

peuples avec droiture » (Ps 9, 9) ; les prophètes parlent du jour du Seigneur comme jour du jugement (Am 5, 18s ; Is 13, 34 ; 66, 15s ; Ez 7) ; l'idée de jugement est très présente dans la littérature sapientielle (Sg 1-5 par exemple). Le Nouveau Testament se situe dans cette même tradition prophétique : d'abord avec Jean le Baptiste (Mt 3, 7-12) puis avec Jésus lui-même (Mt 8, 11s ; 11, 21-24 ; 12, 41s). Le discours de Jésus sur le jugement des nations est très éclairant à ce sujet : le Royaume des cieux est promis à ceux qui se montrent miséricordieux envers les pauvres, les nécessiteux et les opprimés ; par contre ceux qui se comportent sans miséricorde sont condamnés au châtiment éternel (Mt 25, 31-46). Il y est question du feu éternel, préparé pour le diable et ses suppôts (Mt 25, 41). Paul lui aussi parle du jour de la colère (Rm 2, 5) et de la rétribution pour les bons et les méchants (2 Co 5, 10 ; 2 Th 1, 5-10). Enfin, les écrits apocalyptiques de l'Ancien comme du Nouveau Testament (Dn 2, 28-49 ; 1 Co 15, 23-28 ; Ap 7-9 ; 14-18 etc) ne peuvent être passés sous silence, même s'il faut les interpréter avec soin. Nulle part il n'est question de rédemption finale pour tous les hommes, mais du jugement final de tous.

Les passages bibliques sur le jugement ont connu au cours de l'histoire des interprétations différentes[294]. Le fondement est l'affirmation du Credo : « Il reviendra pour juger les vivants et les morts[295]. » Il suffit de penser aux innombrables représentations du jugement et de l'enfer dans l'art chrétien ; la plus célèbre est sans aucun doute le tableau grandiose de Michel-Ange représentant le jugement dernier à la chapelle Sixtine. Méditations et sermons sur l'enfer, inspirant la peur, jouèrent un rôle quelque peu problématique dans l'histoire de la piété. Certains prédicateurs décrivaient le feu de l'enfer avec un grand réalisme pour faire peur aux gens et leur inspirer la crainte de l'enfer.

De nos jours ce genre de sermons ne s'entend plus guère. Les mentalités ont changé et on est passé d'un extrême à l'autre – ce qui n'est pas moins problématique. La peur de ne pas être sauvé, telle que Martin Luther l'a vécue, est plutôt rare de nos jours. La peur de l'enfer a bien souvent laissé la place à un optimisme facile. Beaucoup sont d'avis que tout se finira bien. Le « bon » Dieu, dans sa miséricorde, ne peut pas laisser des hommes languir éternellement en enfer. Ce sont les paroles de la chanson : « Nous irons tous, tous au ciel... » Il ne faudrait pas donner une interprétation trop facile de la solidarité humaine et chrétienne qui risquerait d'empêcher beaucoup de gens de penser

---

294. Voir sur ce sujet la présentation détaillée dans les 5 fascicules du manuel d'histoire de la dogmatique (Freiburg, 1980-1990) ; pour un résumé succinct voir : J. AUER, *Siehe, ich mache alles neu. Der Glaube an die Vollendung der Welt*, Regensburg, 1984 ; M. KEHL, art. Gericht Gottes III et IV, in : LThK 4, p. 517-519.

295. Symbole des apôtres (DH 30) ; Symbole des apôtres de Nicée-Constantinople DH 125 ; 150. Autres formules plus anciennes : DH 10 secondes ; 46 ; 48 ; 50 ; 61-64 ; 76.

aux supplices de l'enfer – ce qui semble être le cas. Enfin il reste la question théologique : est-ce que le discours sur l'enfer n'annule pas de fait le message de la miséricorde ? Comment Jésus peut-il damner pour toujours ceux pour lesquels il est mort sur la croix ? Il n'est pas possible que la volonté de Dieu de sauver les hommes puisse connaître des limites et que son plan de salut, finalement, échoue. Ne serait-ce pas une tragédie pour Dieu lui-même ? Ne doit-on pas – demande-t-on – rejeter l'idée d'une damnation éternelle en raison même de la miséricorde divine ?

Le changement de mentalité a conduit à mettre l'accent uniquement sur la première série d'affirmations de l'Écriture et a rendu actuelle la thèse de l'apocatastase*, du salut et de la réconciliation pour tous[296]. Le mot apocatastase, au sens strict du terme, peut être rattaché au passage des Actes des Apôtres (3, 21) où il est question du temps de la restauration (*ἀποκατάστασις*) de toute la création. Mais le contenu de ce passage n'a pour ainsi dire rien à voir avec le sens généralement donné à ce concept dans différentes réflexions. Par cette expression on reprend un vieux schéma cosmologique qui parle du rétablissement final de toutes choses dans l'état originel et donc enseigne la restauration finale de tout le créé. Or, la Bible ne connaît pas ce schéma cyclique, mais comprend l'histoire uniquement de manière linéaire avec l'accomplissement de toutes les promesses à la fin des temps. Les deux significations sont cependant difficiles à distinguer. Chez les grands Pères de l'Église (Irénée, Origène, Grégoire de Nazianze, Grégoire de Nysse, Maxime le Confesseur) les deux se recoupent. Thomas d'Aquin a lui aussi repris ce schéma début-fin-retour, mais l'a adapté à l'économie du salut[297]. En effet un schéma de cycles à l'état pur est étranger à la Bible ; pour elle le plus important n'est pas le cycle, mais l'accomplissement et l'avènement, à la fin des temps, d'une création nouvelle, supérieure à la création originelle.

Le discours sur l'apocatastase a conduit certains théologiens à adopter l'interprétation suivante : à la fin des temps tous les hommes, y compris les athées et même les esprits mauvais, seront acceptés dans la béatitude éternelle

* NdT : Certitude du salut universel où même les démons seront restaurés dans leur plénitude originelle.

296. Sur l'usage du mot voir : A. Oepke, art. ἀποκατάστασις, in : Th WNT 1, 388-390 ; C. Lenz, art. Apokatastasis, in : RAC 1, 510-513 ; Balthasar, *Kleiner Diskurs über die Hölle*, p. 73-101. Sur la doctrine voir : W. Breuning, *Zur Lehre von der Apokatastasis*, in : IKaZ 10 (1981) 19-31 ; L. Scheffczyk, *Apokatastasis. Faszination und Aporie*, in : IKaZ 14 (1985) 35-46 ; G. Greshake, *Gottes Heil – Glück des Menschen*, Freiburg, 1984, p. 245-276. W. Breuning, art. Apokatastasis, in : LThK 1, 821-824. Plus récemment : M. Striet, *Streitfall Apokatastasis. Dogmatische Anmerkungen mit einem ökumenischen Seitenblick*, in : ThQ 184 (2004) 185-201.

297. Voir M. Seckler, *Das Heil in der Geschichte. Geschichtsdenken bei Thomas von Aquin*, München, 1964, p. 26-57.

du Royaume des cieux. Cette doctrine fut souvent attribuée au grand théologien grec Origène[298] et condamnée en tant que telle par l'empereur Justin en l'an 543[299]. Pourtant quand on lit les autres écrits d'Origène à ce sujet et que l'on considère la retenue prudente et le caractère hypothétique de ses déclarations, on peut mettre en doute le bien-fondé de cette condamnation[300]. D'autres Pères de l'Église ont soutenu des positions analogues à celles d'Origène sans pour autant avoir jamais été condamnés. Dans l'Église cependant, c'est surtout la doctrine du châtiment éternel qui s'est imposée définitivement sous l'influence de Jean Chrysostome et d'Augustin[301].

Mais la doctrine de l'apocatastase n'a cessé d'exercer une grande fascination ; elle se retrouve sous des formes variées dans plusieurs courants de la mystique. Friedrich Schleiermacher, Ernst Troeltsch et Karl Barth ont le mérite d'y avoir réfléchi sérieusement. En raison de la mentalité actuelle, très optimiste quant au salut, elle reste en arrière-fond comme une hypothèse plus ou moins explicite. Avec raison Johann Baptist Merz a mis en garde la théologie contemporaine. À y regarder de près, dit-il, cette théorie ne rend pas le christianisme plus attrayant, mais superflu[302]. Une compréhension superficielle de la miséricorde de Dieu serait en contradiction avec sa justice et sa sainteté et n'aurait plus rien à voir avec la dure réalité de la croix. Un optimisme étriqué, qui minimise la responsabilité et la faute humaines en excusant les coupables, commet une nouvelle injustice envers les victimes. Pour celles-ci en effet, la justice n'est pas là pour inspirer la crainte, mais pour apporter un message d'espérance. Car devant la justice tous les masques tombent, tous sont égaux et il est fait justice à tous.

Ainsi les deux séries d'affirmations de l'Écriture ont conduit à deux positions diamétralement opposées : d'une part, tous sont coupables (*massa damnata*) et d'autre part, tous seront sauvés. Cela nous place devant la question : pouvons-nous trouver une issue pour sortir de cette aporie – et si oui, laquelle – et existe-t-il une solution pour éviter les deux extrêmes ?

Hans Urs von Balthasar a indiqué une voie médiane entre Origène et Augustin. Sa proposition fut accueillie positivement par de nombreux

298. Origène, *De principiis* I, 6, 1 et 3.

299. DH 411 ; cf. 433 ; 801.

300. Cf. H. Crouzel, *Origène*, Paris 1985, p. 331-342 ; Henri de Lubac, *Histoire et Esprit : l'intelligence de l'Ecriture d'après Origène*, Paris, Ed. du Cerf, 2002 ; Balthasar, *Kleiner Diskurs über die Hölle* (cf. note 279), p. 85-99.

301. Perspective historique et interprétation chez J. Ratzinger, art. Hölle II, in : LThK2 5, 446-449.

302. J. B. Metz, *Kampf um jüdische Traditionen in der christlichen Gottesrede*, in : *Israel und Kirche* 2 (1987), p. 16s.

théologiens, mais durement critiquée par d'autres[303]. Elle fut souvent réduite à la formule : l'enfer existe, mais il est vide. Il s'agit là d'une interprétation simplifiée du raisonnement ambitieux de Balthasar ; elle retire à la question tout son sérieux existentiel qui en est pourtant le point central. Avec de telles platitudes son intention est complètement déviée et tournée en son contraire.

D'après Balthasar nous sommes en présence de deux séries d'affirmations différentes qui, toutes deux, sont à prendre au sérieux et qu'on ne peut abolir ni réduire en en faisant la synthèse. Selon lui nous ne pourrons avancer que si nous prenons en compte le génie littéraire de chacune. Aucune des deux n'est une prédiction de ce qui doit arriver à la fin des temps. Les promesses de salut universel sont pleines d'espérance pour tous, mais elles ne concernent pas le salut effectif de chaque individu. Inversement les passages sur le jugement et l'enfer ne signifient nullement que telle ou telle personne – et encore moins la majorité des hommes – soit passible du châtiment éternel. Aucune révélation n'a jamais affirmé qu'une personne précise se trouve en enfer et l'Église n'a jamais enseigné que quelqu'un fût voué à la damnation éternelle. Nous ne pouvons même pas le dire avec certitude de Judas qui, pourtant, a renié Jésus et s'est jugé lui-même en se pendant[304].

Dans les deux cas nous avons affaire à des affirmations qui dépassent le domaine de notre expérience, liée au temps et à l'espace, et qui ne permettent aucune représentation concrète réaliste. Elles ne fournissent aucune information objective ; leur but n'est pas d'énoncer des faits, mais d'inciter à prendre une décision, d'une part en encourageant la confiance en la miséricorde de Dieu, d'autre part en appelant à se convertir. Ainsi donc, les déclarations sur l'enfer sont des menaces qui exhortent à la conversion. Elles présentent l'enfer comme une réalité qui existe vraiment : il est possible de rater totalement le but de sa vie et de se damner.

Il convient de prendre au sérieux ces mises en garde. Car Dieu veut le salut de tous les hommes, mais il ne veut pas l'accomplir sans l'homme. « La gloire de Dieu, c'est l'homme vivant » lisons-nous chez Irénée[305]. Cet appel à

---

303. La position de Balthasar s'appuie sur d'importants théologiens français comme H. de Lubac ou H. Rondet ; elle fut reprise de manière positive par J. Ratzinger, G. Greshake, H.-J. Verweyen. Le débat avec les opposants se trouve dans : H. U. von Balthasar, *Was dürfen wir hoffen ?* Einsiedeln, 1989 ; *Kleiner Diskurs über die Hölle.* Tout en désirant partager l'opinion de Balthasar, il me semble cependant que certaines de ses interprétations affirment trop de choses et courent le risque de tomber dans une spéculation gnostique. Cf. *Theodramatik*, vol. 4, Einsiedeln, 1983. *Theologik*, vol. 2, Einsiedeln, 1985.

304. La trahison de Judas est exprimée dans le Nouveau Testament par le mot « livrer » (*παραδιδοναι*), terme qui signifie dans l'Écriture la mystérieuse interférence de la volonté divine et humaine. Au sujet de Judas voir : P. Dückers, art. Judas Iskariot, in : LThK 5, p. 1024-1025.

305. Irénée de Lyon, *Adversus haereses* IV, 20, 7.

la conversion et à la foi est une question de vie ou de mort. Il est réellement possible d'aller en enfer.

> « *Aujourd'hui je mets devant tes yeux la vie et le bonheur, la mort et le malheur, la bénédiction et la malédiction. Choisis la vie.* » (Dt 30, 15-19)

Paul nous exhorte à travailler à notre salut avec crainte et en tremblant.

> « *Car c'est l'action de Dieu qui produit en vous le vouloir et le faire selon son projet bienveillant* » (Ph 2, 12s)

La crainte et le tremblement ne se rapportent pas à l'enfer, il s'agit plutôt de craindre l'action de Dieu et de le laisser faire en nous et à travers nous.

Les passages bibliques ne seront interprétés correctement ni par un optimisme facile ni par un pessimisme inspirant la peur de l'enfer. D'une part, nous ne pouvons pas interpréter les promesses de salut universel à partir de la doctrine de l'apocatastase, comme si elle nous donnait une connaissance effective sur la rédemption des personnes. D'autre part, nous ne pouvons pas nous baser sur la menace du jugement et la réelle possibilité de l'enfer pour en déduire que certains ou peut-être même la majorité des hommes subiront la damnation éternelle. Enfin il est impossible de trouver un équilibre entre la miséricorde qui sauve et la justice qui rejette. Le « non » de l'homme qui refuse Dieu ne peut être mis sur un pied d'égalité avec le « oui » inconditionnel de Dieu à l'homme[306]. La miséricorde divine qui a la primauté doit aussi avoir le dernier mot. Jésus-Christ, juge des vivants et des morts, est bien mort pour tous sur la croix. Il est un juge miséricordieux – cela, nous pouvons l'espérer.

Une des caractéristiques de la miséricorde divine est de tenir compte de notre liberté humaine. Dieu conseille, mais ne force jamais[307], il nous poursuit, mais ne nous prend jamais par surprise et ne nous soumet à aucune pression. « Car, dit Augustin, celui qui t'a créé sans ton accord ne veut pas te sauver sans toi[308] ». Mais la miséricorde en appelle à la responsabilité de l'homme, elle ne cesse de la solliciter et d'inciter l'homme à se décider, tout en lui donnant la possibilité de le faire. Car la liberté s'éveille dans la rencontre avec la liberté de l'autre – c'est déjà vrai sur le plan humain. C'est seulement face à la gratuité de l'amour de Dieu et avec sa grâce que la liberté humaine peut prendre une décision vraiment libre – à savoir accepter ou refuser l'offre de Dieu. C'est ainsi que nous sommes encouragés à dire « oui »

306. Cf. K. Rahner, *Traité fondamental de la foi*, Ed. du Cerf, 2011.
307. Irénée de Lyon, *Adversus haereses* V, 1, 1.
308. Augustin, *Sermo* 169 c. 11 N. 13.

sans y être contraints[309]. Edith Stein (sr Thérèse-Bénédicte de la Croix) a tenté de dépasser la simple interaction de la liberté humaine et divine et de découvrir, autant que possible, les procédés que Dieu utilise dans sa quête de l'homme – elle parle même de ruse de l'amour miséricordieux – pour essayer de les décrire avec précision. À partir de ses réflexions le salut pour tous serait en principe possible. Cependant la limite demeure : nous pouvons espérer le salut de tous, mais concrètement il nous est impossible de savoir qui sera sauvé[310].

La liberté de Dieu comme celle de l'homme est un mystère, la relation entre les deux est à plus forte raison un abîme insondable auquel il est impossible d'accéder. La seule réponse qui nous reste en nous basant sur la Bible est la confiance inconditionnelle en la miséricorde infinie de Dieu, car il a pour nous des chemins que nous ne soupçonnons pas et il va sans cesse à la recherche de l'homme ; de plus il fait tout pour nous faciliter la réponse à son amour. Dans sa miséricorde Dieu a en réserve un chemin de salut pour quiconque reconnaît sa faute et désire vraiment se convertir, quand bien même il aurait commis d'énormes péchés et aurait totalement gâché sa vie.

Un signe de cette miséricorde infinie et de la patience de Dieu envers ceux qui n'ont pas encore définitivement refusé son amour est l'enseignement sur le purgatoire. Nous ne pouvons pas dans ce contexte retracer la genèse de cette doctrine[311]. Elle trouve ses racines dans la prière pour les défunts, attestée dans le judaïsme primitif (2 M 12, 32-46) et pratiquée dès le début de l'Église. Une telle prière suppose qu'il est possible d'être purifié en vue d'une pleine communion avec Dieu. Le purgatoire n'est pas un lieu, il n'est pas non plus un camp de concentration dans l'au-delà pour expier ses péchés ; c'est plutôt l'état dans lequel on se trouve lorsque l'on rencontre le Dieu saint et le feu de son amour purificateur – rencontre que nous ne pouvons que subir passivement et qui nous prépare à la pleine communion avec Dieu[312]. C'est une pure œuvre de miséricorde et dans ce sens, pour ainsi dire, une dernière chance qui nous est offerte. Elle donne en même temps la possibilité à la communauté des croyants d'intercéder pour les défunts auprès de Dieu.

Le thème de l'intercession nous permet d'aller un peu plus loin dans notre réflexion. Car s'il est possible d'intercéder pour les autres, cela signifie que

309. Voir les analyses de Maître Eckhardt, d'E. Levinas et d'E. Stein chez H. B. Gerl-Falkowitz, *Von der Gabe zum Geber,* in : G. Augustin/K. Krämer, *Gott denken und bezeugen* (FS Walter Kasper), Freiburg, 2008.

310. E. Stein, *De la Personne. La structure ontique de la personne et sa problématique épistémologique*, Paris, Ed. du Cerf, 1992.

311. Un résumé par K. Rahner in : art. Fegefeuer, III-V, in : LThK2 4, p. 51-55.

312. Voir Benoît XVI, *Spes salvi* (2007), 45-48.

nous espérons leur salut et que donc, en priant pour eux, mais aussi à leur place, notre espérance est active[313]. On peut dans ce domaine citer l'exemple de saint Paul. Pour l'amour de ses frères juifs il aurait même accepté d'être maudit et séparé du Christ (Rm 9, 3). Ce genre de discours n'est pas un cas isolé dans la Bible. Il reprend les paroles de Moïse qui intercède auprès de Dieu à cause de l'infidélité de son peuple :

« Ah ! Si tu voulais pardonner leur péché ! Sinon, efface-moi du livre de vie. » (Ex 32, 32)

Dans le Deutéronome nous voyons Moïse prostré à terre, s'offrant lui-même et intercédant devant Dieu durant quarante jours et quarante nuits (Dt 9, 25). Moïse voulait donc intervenir pour sauver son peuple (Ps 106, 23). Des déclarations analogues se retrouvent chez Jérémie (Jr 18, 20) et Ezéchiel (Es 13, 5 ; 22, 30)[314].

L'affirmation de Paul dans Rm 9, 3 a laissé une trace profonde dans la théologie et dans la mystique. D'après Thomas d'Aquin quelqu'un peut espérer obtenir le salut éternel pour un autre s'il est uni à lui par l'amour[315]. Beaucoup de grands saints, particulièrement des saintes comme Catherine de Sienne, Mechthilde de Hackeborn, Angèle de Foligno, Juliane de Norwich, Thérèse de Lisieux et Edith Stein ont repris et approfondi cette idée[316]. Catherine de Sienne a avoué à son père spirituel : « Si j'étais tout embrasée de l'amour de Dieu, ne pourrais-je demander d'un cœur brûlant à mon Créateur, le vrai miséricordieux, de faire miséricorde à tous mes frères ? » Elle ne pouvait supporter qu'un seul de ceux que Dieu avait créés à son image et à sa ressemblance puisse se perdre[317]. Dans ses lettres elle s'est toujours prononcée pour la douceur et la miséricorde en faveur de ceux qui se sont éloignés de l'Église[318]. Thérèse de Lisieux, quant à elle, voulait s'offrir en victime d'holocauste à la place des pécheurs[319].

Ce témoignage se retrouve dans la littérature moderne. Hans Urs von Balthasar a intitulé un chapitre de son livre *Dieu et l'homme d'aujourd'hui* « Les rebelles et l'enfer » et parlé du sacrement du frère[320]. Le témoignage de Charles Péguy est particulièrement impressionnant ; Gisbert Greshake l'a

---

313. BALTHASAR, *L'enfer : une question*, Paris 1988 ; *Kleiner Diskurs über die Hölle*, p. 59-70. Voir également K. RAHNER, art. Hölle, in : *Sacramentmum mundi II*, Freiburg, 1988, p. 737s.
314. BALTHASAR, *Kleiner Diskurs über die Hölle*, p. 53s ; K. RAHNER, art. Hölle, in : *Sacramentum mundi II*, Freiburg, 1968, p. 737s.
315. THOMAS D'AQUIN, *S. th.* II/II q. 17 a. 3.
316. BALTHASAR, *Was dürfen wir hoffen ?* p. 79-92 ; *Kleiner Diskurs über die Hölle*, p. 62-70.
317. Idem p. 62 s.
318. CATHERINE DE SIENNE, *Lettres*.
319. THÉRÈSE DE L'ENFANT JÉSUS, *Manuscrits autobiographiques, Œuvres complètes*, Ed. du Cerf, p. 242.
320. H. U. VON BALTHASAR, *Dieu et l'homme d'aujourd'hui*, DDB, 1961.

cité à plusieurs reprises[321]. On peut penser aussi à Maximilien Kolbe qui, dans l'enfer d'Auschwitz, est mort à la place d'un père de famille dans le bunker de la faim.

« Il n'y a pas de plus grand amour que de donner sa vie pour ses amis. » (Jn 15, 13)

Ainsi donc, la théologie récente a remis en valeur – au-delà des deux extrêmes dont nous sommes partis – le primat biblique de la miséricorde et le « oui » de Dieu à l'homme. Jusqu'à la fin la miséricorde ira à la recherche de tout homme ; pour lui elle met en action la communion des saints, tout en prenant très au sérieux la liberté humaine. Voici donc la bonne nouvelle qui peut nous consoler, nous relever et nous redonner l'espérance ; nous pouvons nous appuyer sur elle et nous fier à elle en toutes circonstances, dans la vie comme dans la mort. Sous son manteau tout homme de bonne volonté peut trouver sa place ; elle est pour nous refuge, espérance et consolation.

5. Le cœur de Jésus révèle la miséricorde de Dieu

La révélation de la miséricorde divine s'enracine en Jésus-Christ. En lui Dieu nous a choisis de toute éternité. Qui le voit, voit le Père (Jn 14, 9). L'épître aux Hébreux dit : Pour être un grand-prêtre miséricordieux devant Dieu, il lui fallait devenir en tout semblable à nous (He 2, 17). Il est le trône de la grâce vers lequel nous pouvons nous avancer avec assurance pour obtenir miséricorde et recevoir sa grâce (He 4, 16). Jésus-Christ, Fils de Dieu fait homme, est le trône de la miséricorde[322].

Pendant des siècles la dévotion au cœur de Jésus fut considérée comme une expression particulière de la foi en l'amour miséricordieux de Dieu, manifesté en Jésus-Christ ; aujourd'hui elle nous est devenue étrangère à bien des égards. Les nouvelles orientations en matière de dévotion données par le mouvement liturgique y ont certainement contribué ; ainsi que les représentations du cœur de Jésus, héritées des XVIIIe et XIXe siècles. Celles-ci nous montrent en effet Jésus avec le cœur transpercé, souvent entouré d'une couronne d'épines, ce qui nous paraît aujourd'hui inconvenant, choquant et de mauvais goût. Sur le plan théologique elles posent problème ; car elles se concentrent sur le cœur physique de Jésus, laissant

321. G. Greshake, *Leben – stärker als der Tod. Von der christlichen Hoffnung*, Freiburg, 2008.
322. Scheeben, *La dogmatique*, t. 2 (1877).

de côté l'interprétation du cœur comme symbole et centre de toute la personne[323].

Un bref rappel historique de cette dévotion peut aider à sortir de l'impasse et à revenir au sens profond de la vénération du cœur de Jésus. Il suffit pour cela de remonter à ses racines bibliques : en effet, elle est déjà évoquée dans la promesse du prophète Zacharie (Za 12, 10), reprise par l'évangile de Jean : *« Ils regarderont Celui qu'ils ont transpercé »* (Jn 19, 37). Dans cette prophétie le cœur transpercé de Jésus fait référence à l'humanité du Christ, mort pour nous. En regardant le cœur transpercé de Jésus, nous voyons en même temps l'amour de Dieu qui transparaît en lui. Bonaventure écrit cette belle parole :

> « À travers la plaie visible nous voyons la plaie de l'amour invisible » (*per vulnus visibile vulnus amoris invisibilis vedeamus*)[324].

Dans le cœur de Jésus nous percevons le cœur *(cor)* miséricordieux de Dieu qui bat pour nous, les pauvres *(miseri)* – au sens étymologique du terme. Ainsi le cœur de Jésus est le symbole de l'amour de Dieu, devenu homme en Jésus.

Ces passages bibliques n'ont été introduits que progressivement dans l'histoire de la dévotion au Sacré-Cœur et sont passés par bien des interprétations. Ils ne servent pas seulement à édifier, mais ont aussi une justification dogmatique déjà dans l'église ancienne, aussi bien à l'Est qu'à l'Ouest. Car l'Église a établi que Jésus-Christ est vrai Dieu et vrai Homme en une seule et même personne. Dans ce sens elle parle d'une seule hypostase – d'une seule personne, Jésus-Christ – en deux natures. Le concile d'Éphèse en 431 – IIIe concile œcuménique – ainsi que le IIe Concile de Constantinople (553) reconnaissent déjà qu'il convient d'avoir une seule adoration pour la personne de Jésus-Christ – dans sa divinité et son humanité – si bien que l'adoration de la divinité est inséparable de celle de l'humanité[325]. C'est pourquoi on est en droit d'adorer le cœur de Jésus en tant que partie constitutive et centre symbolique de l'humanité de Jésus (*cultus latreiae*)[326]. À la lumière de

323. Cf. J. Ratzinger, *Ils regarderont Celui qu'ils ont transpercé*, Paris, 2006 et K. Rahner, *Einige Thesen zur Theologie der Herz-Jesu-Verehrung*, in : *Schriften, vol. 3*, Einsiedeln 1957, *Le Cœur du Sauveur : études sur la dévotion du Sacré-Cœur*, Ed. Salvator, 1956.

324. Bonaventure, *Itinerarium III*, 5. J. Ratzinger s'y réfère dans son livre : *Ils regarderont Celui qu'ils ont transpercé.*

325. DH 259 ; 431 : « C'est pourquoi on doit lui attribuer le même culte d'adoration dont l'Église honore la personne même du Fils de Dieu incarné. La seconde raison qui se rapporte particulièrement au Cœur du divin Rédempteur et qui, pour un motif également particulier, exige qu'on lui rende un culte de latrie, découle du fait que son Cœur, plus que tout autre membre de son Corps, est un signe ou symbole naturel de son immense charité envers le genre humain. »

326. Pie XI a largement développé cette argumentation dans l'Encyclique *Haurietis aquas.* Voir également J. Ratzinger, *Ils regarderont Celui qu'ils ont transpercé.*

la christologie dogmatique des premiers conciles il devenait évident que la souffrance du cœur de Jésus pour nous et pour notre salut est la souffrance du Fils de Dieu lui-même. Dans le cœur du Fils incarné bat et souffre le cœur du Fils de Dieu. C'est pourquoi Pie XI a déclaré que la dévotion au cœur de Jésus renfermait la synthèse de la religion[327].

Pour savoir quelle forme prenait la dévotion au Sacré-Cœur à l'époque patristique nous renvoyons à la présentation détaillée de Hugo Rahner[328]. Les Pères de l'Église se référaient à la Parole de l'Écriture dans l'évangile de Jean :

> *« De son sein couleront des fleuves d'eau vive »* (Jn 7, 38).

Ils rapprochaient ce passage d'un autre verset de l'évangile où il est question du cœur de Jésus, transpercé par la lance, d'où ont coulé l'eau et le sang (Jn 19, 34). Pour eux l'eau et le sang renvoyaient aux deux sacrements fondamentaux de l'Église, le baptême et l'Eucharistie. Cette référence donnait d'emblée à la dévotion du Sacré-Cœur une connotation sacramentelle, nettement orientée vers l'eucharistie. Augustin a interprété l'ouverture du cœur de Jésus ainsi :

> « Effectivement, la porte de la vie devait s'ouvrir à l'endroit où ont pris naissance les Sacrements de l'Église ; sans lesquels il est impossible d'arriver à la vie, qui est la seule véritable[329]. »

Avec Bernard de Clairvaux s'opéra un tournant : de la mystique objective des Pères il est passé à une piété plus subjective, plus intériorisée. Reprenant le Cantique des Cantiques, il l'interpréta en fonction de l'amour de Dieu, rendu visible par le cœur transpercé de Jésus[330]. Cette piété subjective s'exprime dans le célèbre tableau où Jésus crucifié se détache de la croix pour se pencher vers Bernard. À l'âge d'or de la scolastique du Moyen-Âge, Bonaventure a approfondi cette idée sur le plan théologique. Il voyait dans la plaie du côté de Jésus une blessure d'amour ; car celui qui aime est blessé d'amour (Ct 4, 9). Ainsi notre pauvre cœur, bien souvent endurci, peut se laisser à nouveau enflammer d'amour au contact de l'ardeur de l'amour contenu dans le cœur de Jésus. Et cet amour peut aussi blesser notre cœur, car qui ne pourrait aimer un tel cœur en retour[331] ? Bonaventure ira jusqu'à dire : Le cœur de Jésus est notre cœur[332].

---

327. Pie XI, *Miserentissimus Redemptor* (1928).
328. H. Rahner, *Symbole der Kirche. Die Ekklesiologie der Väter*, Salzburg, 1954.
329. Augustin, *In evangelium Ionnis* 120, 2.
330. Bernard de Clairvaux, *Sermones super Cantica canticorum*, 61, 4.
331. Bonaventure, *Vitis mystica*, III, 4.
332. Bonaventure, *Vitis mystica*, III, 6.

Cette dévotion personnelle se développa davantage encore au Moyen-Âge avec des mystiques telles que Gertrude d'Helfta, Mechtilde de Magdebourg, Mechtilde de Hackeborn et bien d'autres. Ce sont elles qui ont posé le fondement de la dévotion au Sacré-Cœur, telle que nous la connaissons[333]. Nous la trouvons également chez Maître Eckhart, Jean Tauler et Henri Suso. À l'époque moderne elle s'est largement répandue grâce aux visions de Marguerite-Marie Alacoque à Paray-le-Monial. Par la suite on en vint progressivement à instituer la fête du Sacré-Cœur. Les papes Léon XIII, Pie XI, Pie XII, Jean-Paul II et enfin Benoît XVI n'ont cessé d'encourager cette dévotion. Une dernière impulsion fut donnée par le Petit Journal de sœur Faustine Kowalska, mystique polonaise. Pour elle la miséricorde est l'attribut de Dieu le plus grand et le plus élevé, la perfection divine par excellence[334]. Jean-Paul II, en raison des terribles expériences du XXe siècle, a compris toute l'importance de ce message pour le XXIe siècle[335].

On peut ne pas apprécier les représentations que les siècles passés faisaient du cœur de Jésus ni même le tableau du Christ Miséricordieux, fait à partir de la description de sœur Faustine. Mais il ne faut pas s'arrêter à des questions de goût qui nous feraient perdre de vue un fait beaucoup plus important, à savoir que la dévotion récente au cœur de Jésus s'est propagée au début du Siècle des Lumières et de la sécularisation, dans un contexte où l'on expérimentait de plus en plus l'absence de Dieu, voire la mort de Dieu[336]. Les ténèbres du Golgotha (Lc 23, 44s) se sont répandues sur le monde comme une nuit obscure et une éclipse de Dieu. Au milieu de cette nuit de la foi et de l'endurcissement croissant d'un monde devenu insensible à l'amour de Dieu révélé en Jésus-Christ il nous est possible d'expérimenter dans le cœur de Jésus tout ce que Dieu souffre à cause de ce monde et de goûter à son amour infini envers nous, les hommes.

Dans le cœur transpercé de son Fils Dieu nous montre qu'il est allé jusqu'au bout et que, dans la mort de Jésus librement consentie, il a pris sur lui, pour les racheter, l'immense souffrance du monde ainsi que notre froideur de cœur et nos manques d'amour. Par l'eau et le sang qui coulent de son cœur ouvert, nous sommes lavés et purifiés dans le baptême de toute la saleté qui s'est accumulée en nous et dans le monde ; dans l'Eucharistie nous pouvons toujours étancher notre soif, nous qui désirons plus que les

---

333. C. Richtstätter, *Die Herz-Jesu-Verehrung des deutschen Mittelalters. Nach gedruckten und ungedruckten Quellen dargestellt.* Paderborn, 1919.
334. Sr Faustine, *Petit Journal*, Ed. du Dialogue, 1997.
335. Cf. ci-dessus chap. I.
336. Cf. Karl Rahner : *Le Cœur du Sauveur : études sur la dévotion du Sacré-Cœur.*

banalités et le « soft drink » que le monde nous offre. Et alors nous pourrons dire la prière *Anima Christi* (Âme du Christ) d'Ignace de Loyola : « Sang du Christ, enivre-moi, Eau du côté du Christ, lave-moi. »

Une représentation imagée correspondant mieux à notre sensibilité actuelle permettra de mieux comprendre la dévotion au cœur de Jésus sur le plan biblique, patristique et dogmatique. Deux passages de l'évangile de Jean peuvent nous y aider. Il y a tout d'abord la figure du disciple bien-aimé que le Moyen-Âge représentait reposant sur le cœur de Jésus (Jn 13, 23). Cette scène nous enseigne que, au milieu de l'agitation et du tumulte du monde, il existe toujours un lieu où nous pouvons trouver le repos et la paix du cœur. L'autre image est celle de la rencontre de Thomas « l'incrédule » avec le Seigneur ressuscité. Dans cette scène Thomas le sceptique ne parvient à croire que lorsqu'il peut poser son doigt dans la plaie du côté de Jésus, transfigurée par la lumière de Pâques (Jn 20, 24-29). Cette rencontre est probablement importante pour ceux qui aujourd'hui se posent des questions et sont tourmentés par le doute. Car d'une certaine manière nous avons tous une part d'incrédulité en nous comme Thomas. Pas plus que lui, nous ne nous fions à la simple parole des autres. Tout comme lui nous ne croyons qu'après une rencontre personnelle avec le Seigneur ressuscité. Comme Marie-Madeleine il ne nous est pas possible de le toucher physiquement ni de mettre notre main dans son côté ouvert. Cependant, spirituellement, le cœur transpercé de Jésus peut devenir un chemin pour prendre conscience de l'amour de Dieu, blessé lui aussi à cause de nous. Blaise Pascal semblait le pressentir lorsqu'il écrit : « Jésus-Christ n'a laissé toucher, me semble-t-il, que ses plaies après sa résurrection : *Noli me tangere* » (Jn 2, 17)[337].

Qu'une telle dévotion au cœur de Jésus ait une part affective, voire sentimentale, dans le bon sens du terme, ne constitue pas un argument contre elle. Car le cœur et les émotions ont une place irremplaçable dans la dévotion. Là où elles sont bannies, elles sont remplacées aujourd'hui, bien souvent, par une affectivité désordonnée, souvent excessive. Il nous faut veiller à ne pas nous laisser prendre nos émotions ni à en avoir honte. Comme Jésus le dit dans le premier commandement de l'amour, Dieu prend à son service l'être tout entier avec toutes ses forces physiques, psychiques et spirituelles (cf. Mt 12, 30). Finalement la dévotion est une histoire d'amour entre Dieu et nous, les hommes, et l'amour a toujours quelque chose de passionné. C'est un dialogue personnel avec Dieu. Le cardinal Newman l'exprimait ainsi sur son blason : *« Cor ad cor loquitur »* (le cœur parle au cœur).

---

337. B. Pascal, *Pensées*, Laf 554.

Cependant la rencontre avec Dieu ne doit pas rester dans une sphère seulement personnelle ; elle doit s'ouvrir à tous ceux qui souffrent autour de nous. En regardant le cœur transpercé de Jésus, nous apprenons que *Dieu a tant aimé le monde qu'il a donné son fils unique* (Jn 3, 16). Nous pouvons compatir à la souffrance de Dieu et être solidaires de tous ceux qui souffrent des ténèbres et des cruautés du monde présent. Nous pouvons avec Jésus nous enfoncer dans la nuit du Golgotha de ce monde, la traverser avec lui et l'endurer à la place de beaucoup d'autres. Toute l'Église, en tant que Corps du Christ dans l'Esprit Saint, prend part à l'agonie du Christ dans le monde. Selon Pascal elle durera jusqu'à la fin du monde[338]. C'est pourquoi l'Église, Corps du Christ, peut partager la souffrance du monde, la supporter avec et pour lui. Dans toute nuit nous savons, en regardant le cœur transpercé de Jésus, que là le cœur de Dieu bat pour notre monde et que là se trouve le cœur du monde, ce qui fait sa force intérieure et toute son espérance[339]. Ainsi nous pouvons traverser les ténèbres du Vendredi Saint, dans la certitude qu'un jour se lèvera un matin de Pâques, nouvel et éternel. Nous avons la ferme assurance que rien, ni la mort ni la vie, ne pourra nous séparer de l'amour de Dieu révélé en Jésus-Christ (cf. Rm 8, 35-39).

6. Compassion et miséricorde de Dieu

Arrivés au cœur même de notre vie de foi il nous faut encore nous arrêter un instant pour poser la question : Dieu peut-il donc souffrir ? Peut-il faire plus que nous regarder avec compassion ? Peut-on vraiment dire de Dieu qu'il est compatissant et par conséquent qu'il se réjouit aussi avec nous ? Ce n'est pas une question purement spéculative. Car la réponse à cette question nous révélera si Dieu est « sympathique » au sens étymologique du terme. En effet le mot « sympathique » qui vient de la racine grecque *συμπαθείν* ne signifie pas seulement « compatissant », mais qui « souffre avec ». Cela peut-il s'appliquer à Dieu ?

La théologie traditionnelle a nié la capacité de Dieu à souffrir. Elle reprenait – à quelques exceptions près – la position de la philosophie antique[340] qui était convaincue de l'apathie de Dieu (*ἀπαθεία*). Elle avait des arguments très valables

338. B. Pascal, *Pensées,* Laf 553.

339. H. U. von Balthasar, *Le cœur du monde*, DDB, Paris, 1956.

340. W. Maas, *Unveränderlichkeit Gottes. Zum Verhältnis von griechisch-philosophischer und christlicher Gotteslehre.* München, 1974 ; W. Kasper, *Le Dieu des chrétiens* ; P. Kowalski, *Der leidende Gott. Eine philosophische und theologische Kritik*, München, 2001.

pour le démontrer. Son argumentation se basait sur un raisonnement tout à fait logique : Dieu ne peut être affecté par nos souffrances – cela serait incompatible avec sa transcendance et sa souveraineté – étant donné qu'il est séparé du monde et au-dessus de la création et de l'homme ; de plus la perfection de Dieu qui, par définition, exclut toute imperfection, ne peut inclure la souffrance qui est un défaut, un manque en soi. Donc – et c'est la conclusion – un Dieu qui souffre est incompatible avec l'idée de Dieu. Dieu ne peut pas être livré, passif et impuissant, à la souffrance comme les hommes.

Tout comme la souffrance, l'idée d'un Dieu en devenir est incompatible avec celle de Dieu ; il est difficilement concevable que Dieu ne puisse se réaliser et devenir lui-même qu'en traversant l'histoire de la souffrance humaine. De telles conceptions, présentes sous différentes formes dans plusieurs courants de pensées, y compris dans la théologie après Auschwitz[341], ne nous aident guère à trouver une réponse au sens de la souffrance. Karl Rahner l'a exprimé dans une formule un peu abrupte : A quoi cela me sert-il que Dieu soit lui aussi dans le pétrin[342] ? Avec ce genre d'idées on transformerait l'horreur d'Auschwitz en un mythe dans lequel nous – et Dieu avec nous – sommes soumis à un destin incompréhensible sans aucune défense. De cette manière on évacue toute responsabilité humaine et toute notion de conversion.

Cependant le message de la Bible, dès l'Ancien Testament, ne laisse aucun doute : Dieu n'est pas apathique. Selon le témoignage biblique son cœur est ouvert pour l'homme, il souffre avec nous, il se réjouit et pleure avec nous et sur nous[343]. La Bible ne connaît pas un Dieu apathique qui trônerait dans sa gloire au-dessus d'un monde en proie aux pires horreurs. Selon le Nouveau Testament, le Christ, qui était de condition divine, a pris la condition d'esclave et s'est abaissé lui-même (cf. Ph 2, 6s). Il a partagé nos faiblesses, il est en tout semblable à nous, excepté le péché (He 4, 15). Un Dieu crucifié était à l'époque un scandale et cela le demeure sans aucun doute encore aujourd'hui ; un tel message est folie aux yeux du monde, mais il est sagesse de Dieu (1 Co 1, 21. 23).

L'encyclique du pape Pie XII *Haurietis aquas* (1956), étayée de nombreuses citations des Pères de l'Église, insiste sur le fait que, en raison de l'union hypostatique de la deuxième personne de la Trinité avec la nature humaine,

---

341. Ces idées se trouvent dans la Kabbale juive et d'une autre manière chez Hegel et Scheler et dans la « Prozess-Theologie » (A. N. Whitehead, C. Hartshorne, J. Cobb entre autres) ainsi que dans le contexte de la théologie après Auschwitz p. ex. chez Jonas, *Le concept de Dieu après Auschwitz* (cf. note 235).

342. K. Rahner, *Écrits théologiques.*

343. A. J. Heschel, *The Prophets*, New York, 1955 ; P. Kuhn, *Gottes Selbsterniedrigung in der Theologie der Rabbiner*, München, 1968 ; id. *Gottes Trauer und Klage in der rabbinischen Überlieferung*, Leiden, 1978.

les affects et souffrances de Jésus dans son humanité sont aussi les affects et souffrances de la personne divine. La souffrance de Jésus en tant qu'homme est aussi la souffrance de Dieu. En Jésus-Christ, Dieu est devenu Homme pour que – selon Matthias Joseph Scheeben – la miséricorde s'incarne véritablement dans une compassion concrète[344]. Dans l'humanité de Jésus, Dieu peut et veut donc souffrir avec nous et pour nous. Si Dieu n'avait pas souffert lui-même et n'était pas mort pour nous sur la croix, alors la mort de Jésus n'aurait été rien d'autre que la mort d'un homme ; et s'il n'avait été mis à mort qu'en tant qu'homme, comme beaucoup d'autres avant lui et beaucoup jusqu'à aujourd'hui, alors sa mort aurait certes été exemplaire, mais n'aurait pas été rédemptrice. C'est bien parce que Dieu lui-même a souffert et est mort – lui qui est immortel et maître de la vie et de la mort – qu'il a pu vaincre la mort par sa mort.

Cet enseignement de l'Écriture et de la tradition patristique ne contredit en rien l'enseignement traditionnel de la scolastique qui part de la métaphysique pour comprendre Dieu. Car, pour la Bible, la compassion de Dieu n'est pas l'expression de son imperfection, de sa faiblesse ou de son impuissance, mais bien au contraire l'expression de sa toute-puissance. Le fait qu'il ait, pour ainsi dire, consenti à l'incarnation et se soit abaissé jusqu'à prendre la condition d'esclave est le signe de l'amour souverain de Dieu. La souffrance ne l'a pas emporté sur lui, mais il s'est livré lui-même à la souffrance et à la mort, lui qui ne peut ni souffrir ni mourir. C'est justement parce qu'il était plus fort que la mort qu'il a pu être victorieux de la mort.

> « Par sa mort il a vaincu la mort et par sa résurrection il a renouvelé la vie[345]. »

Dans la mort de Jésus, Dieu n'a pas renoncé à sa toute-puissance, bien au contraire il a agi avec force et puissance. On peut dire avec Kierkegaard : Il faut de la toute-puissance, celle de l'amour, pour se laisser toucher par la souffrance sans lui être entièrement livré[346]. Un Dieu qui ne serait que miséricordieux, mais pas tout-puissant, ne serait plus Dieu ; un Dieu qui ne serait que tout-puissant, sans être miséricordieux, serait un despote méprisable. Dans ce sens une prière de la messe dit que la puissance de Dieu se montre surtout dans le fait qu'il « patiente et prend pitié[347] ».

Il ne s'agit donc pas de nier la toute-puissance de Dieu pour mieux affirmer sa miséricorde ni d'exposer Dieu, impuissant, à la souffrance. L'idée

---

344. M. J. Scheeben, *La dogmatique, t. 2* (1877) (cf. note 230).
345. Préface du temps pascal.
346. S. Kierkegaard, *Journaux et cahiers de notes*, Fayard, 2007 ; K. Barth, *Dogmatique* II/1.
347. Oraison du vingt-sixième dimanche du temps ordinaire.

de Dieu serait ainsi détruite car un Dieu impuissant ne serait plus vraiment Dieu. Dieu ne peut ni subir passivement la souffrance ni souffrir contre sa volonté et encore moins être dominé par la souffrance. Mais dans sa miséricorde Dieu se laisse toucher, car Il est souverainement libre. Sa miséricorde n'est pas conditionnée par la détresse ou la souffrance de l'homme ; c'est le choix de Dieu, libre et gratuit, de se laisser toucher et émouvoir. C'est la position actuelle des théologiens, qu'ils soient catholiques ou protestants, sur la possibilité que Dieu a de souffrir et de compatir avec nous[348].

Origène affirmait déjà que Dieu, dès le début de l'histoire du salut, a souffert par amour. Il l'exprime ainsi :

> « D'abord il a souffert, puis il est descendu et s'est manifesté. Quelle est donc cette passion qu'il a soufferte pour nous ? La passion de la charité[349]. »

Bernard de Clairvaux l'a formulé en une phrase concise : « Dieu ne peut pas souffrir, mais il peut compatir[350] ». Augustin a développé cette idée et en a fait ressortir le sens spirituel :

> « Or, si Notre Seigneur Jésus-Christ a voulu ressentir en lui ces mouvements de l'infirmité humaine, ainsi que cette chair de l'homme, et la mort de cette même chair, ce n'est point par nécessité, mais par un effet de sa compassion. C'est qu'il lui a plu de personnifier en lui tout son corps, ou cette Église dont il a daigné se faire le chef ; en sorte qu'il représente ses membres dans ses saints et dans ses fidèles. Et dès lors, s'il arrive à quelqu'un d'entre eux de passer par la douleur et par la tristesse, au milieu des épreuves humaines, qu'il ne se croie point déshérité de la grâce ; qu'il ne regarde point ces ressentiments comme des péchés, mais comme des marques de l'humaine infirmité, et qu'un membre s'instruise à l'exemple du chef, comme le chœur répond à la voix du premier chantre[351]. »

Benoît XVI a exprimé la même idée :

> « L'homme a pour Dieu une valeur si grande que Lui-même s'est fait homme pour pouvoir compatir avec l'homme de manière très réelle… De là, dans toute souffrance humaine est entré quelqu'un qui partage la souffrance et la patience ; de là se répand dans toute souffrance la *consolatio* ; la consolation de l'amour qui vient de Dieu et ainsi surgit l'étoile de l'espérance[352]. »

---

348. Pour ne nommer que quelques noms : H. U. von Balthasar, J. Ratzinger, H. Küng, J. Galot, H. Mühlen ; et du côté protestant ; J. Moltmann, E. Jüngel. Cf. W. Kasper, *Das Kreuz als Offenbarung der Liebe Gottes*, in : Cath (M) 61 (2007), p. 1-14.

349. Origène, *Homelia in Ezechielem* VI, 6.

350. B. de Clairvaux, *Sermones super Cant.* Cant. 26, 5.

351. Augustin, *Ennarrationes in Psalmos* 87, 3.

352. Benoît XVI, *Spes salvi*, 39.

Dans un premier temps, ces positions théologiques et spirituelles font la lumière sur la profondeur insondable de la miséricorde divine et nous introduisent dans le mystère de Dieu. Tant d'amour ne peut que susciter l'émerveillement et une profonde reconnaissance chez le croyant. Car Dieu a tout fait, tout supporté par amour pour nous, pour moi. Il a pris sur lui notre péché, mon péché. Mais peut-être pouvons-nous cependant, dans un deuxième temps, lui poser une dernière question : Pourquoi et dans quel but l'immense détresse et la souffrance de tant d'innocents dans le monde ?

7. Espoir de miséricorde face à la souffrance des innocents

Le message de la miséricorde infinie de Dieu se heurte sans cesse à la dure réalité du monde et à l'expérience souvent tragique de la souffrance des innocents[353]. On pense bien sûr aux atrocités causées par l'homme : guerres, violences, génocides, injustices criantes, hostilités, cruautés de toutes sortes et même tortures physiques et morales, mais à cela vient s'ajouter tout le cortège de calamités dont l'homme n'est pas responsable, comme par exemple les tremblements de terre, les tsunamis, la sécheresse et les inondations, les épidémies telles que la peste et le choléra, ou aujourd'hui le sida, les lourds handicaps, les maladies graves ou incurables, les troubles psychiatriques, le chagrin dû à la perte d'un conjoint ou d'un enfant, les accidents tragiques de toutes sortes. La liste ne cesse de s'allonger et la souffrance revêt toutes sortes de visages. Comment Dieu peut-il permettre toute cette souffrance ? Où était-Il et où est-Il quand tout cela arrive ? Comment toute cette souffrance est-elle compatible avec la miséricorde et la toute-puissance de Dieu ?

La souffrance soulevait déjà une question d'ordre théologique pour les civilisations de l'Antiquité, comme la Chine, l'Inde, l'Iran, la Babylonie, l'Égypte ou encore Israël. On posait cette alternative : soit Dieu est bon, mais Il n'est pas tout-puissant ; soit Il est tout-puissant, mais alors Il n'est pas bon,

353. Voir sur la question de la théodicée : T. Pröpper/M. Striet, art. Theodizee, in : LThK 9, 1396-1398 ; P. Gerlitz/M. Köhlmoos, art. Theodizee I-IV, in : TRE 33, 210-237. K. Rahner, *Warum lässt Gott uns leiden ?* in : *Schriften zur Theologie XIV*, Einsiedeln 1980, p. 450-466 ; P. Hünermann/A. T. Khoury, *Warum leiden ? Die Antwort der Weltreligionen*, Freiburg,.1987 ; T. Pröpper, *Erlösungsglaube und Freiheitsgeschichte. Eine Skizze zur Soteriologie,* München 1988 ; W. Oelmüller (Hg.), *Worüber man nicht schweigen kann. Neue Diskussionen zur Theodizee-Frage*, München, 1992 ; G. Greshake, *Preis der Liebe*, Freiburg – Basel – Wien 1992 ; W. Gross/K.-J. Kuschel, *Ich schaffe Finsternis und Unheil ! Ist Gott verantwortlich für das Übel*, Mainz 1992 ; J. B. Metz, *Landschaft aus Schreien. Zur Dramatik der Theodizeefrage*, Mainz, 1995 ; *Memoria passionis. Ein provozierendes Gedächtnis in pluraler Gesellschaft*, Freiburg 2009 ; H. Wagner, *Mit Gott streiten. Neue Zugänge zum Theodizee-Problem* (QD169), Freiburg, 1998 ; A. Kreiner, *Gott im Leid. Zur Stichhaltigkeit der Theodizee-Argumente*, Freiburg i. 2005 ; M. Striet, *Das Versprechen der Gnade.* Rechenschaft über die eschatologische Hoffnung, in : T. Pröpper, *Theologische Anthropologie*, Vol. 2, Freiburg, 2011, p. 1490-1520.

car Il pourrait empêcher le mal, mais Il ne le veut pas et donc Il est méchant et ressemble plutôt à un démon[354]. Ce raisonnement a été repris jusqu'à aujourd'hui. Après la shoah les anciennes questions ont ressurgi, menant à une théologie d'après Auschwitz et reposant la question de la théodicée[355].

Depuis l'Antiquité il y a toujours eu des essais pour justifier Dieu face à la souffrance et au mal dans le monde (théodicée). On a essayé de comprendre le mal comme quelque chose de nécessaire à l'harmonie du cosmos. Certains ont tenté de le définir comme une étape obligatoire pour arriver à un monde meilleur. Aucune de ces explications n'est satisfaisante. Car elles instrumentalisent la souffrance de l'homme au profit d'une harmonie plus grande et d'un but soi-disant plus élevé. Un tel raisonnement est cynique et cause un nouveau préjudice aux victimes.

L'œuvre de Gottfried Wilhelm Leibniz *Essais de Théodicée* (1710) est sans conteste la plus célèbre dans ce domaine. Selon Leibniz il existe un nombre infini de mondes possibles. Dieu en a créé un parmi d'autres, qui n'est pas le monde idéal et parfait par excellence, mais « le meilleur des mondes possibles ». Leibniz argumente ainsi : la sagesse infinie de Dieu lui a fait trouver le meilleur des mondes possibles, sa bonté infinie le lui a fait choisir et sa toute-puissance lui a permis de le créer. Par conséquent le monde que Dieu a créé est « le meilleur des mondes possibles » et toute forme de mal est finalement nécessaire et explicable.

Le désastre de Lisbonne en 1755 a mis fin à cet optimisme rationnel. Voltaire a répondu à l'essai de Leibniz par le conte philosophique satirique *Candide ou l'optimisme*. Un peu plus tard, Kant a écrit le traité *Sur l'échec de toute tentative philosophique en matière de théodicée* (1791). Selon Kant notre capacité à connaître est limitée ; il nous est fondamentalement impossible de faire des spéculations métaphysiques qui dépassent le domaine de l'expérience humaine[356].

L'écrit de Kant marque la fin de la discussion sur la théodicée. En fait tous les essais de théodicée ont échoué : soit à cause du manque de respect dû à Dieu et au mystère insondable de sa volonté, soit en raison d'un manque de respect envers le mystère de l'homme et de sa souffrance. Nous le voyons, il est impossible d'insérer la relation entre Dieu et le monde, entre liberté divine et humaine dans un système ordonné, qu'il soit sapientiel ou dialectique, en adoptant un point de vue supérieur. Dans ces essais nous nous mettons en

---

354. Cette argumentation fut rapportée par l'apologéticien Lactantius et attribuée à Epicure.

355. La théologie après Auschwitz se trouve de manière différente chez quelques théologiens juifs ainsi que chez des théologiens catholiques et protestants comme J. B. Metz, J. Moltmann, D. Sölle.

356. Kant, *Sur l'échec de toute tentative philosophique en matière de théodicée.*

effet au-dessus de Dieu et de son action et tentons de le juger de haut, pour ainsi dire, ce qui n'est qu'orgueil et arrogance. La critique de Kant est fiable ; tous ces essais doivent être considérés comme des échecs.

Kant a lui aussi reconnu que cela coûterait cher d'abandonner l'idée de Dieu à cause du mal dans le monde. Car si l'on veut maintenir la dignité de l'homme malgré l'expérience du mal, cela n'est possible que si l'on garde l'idée de Dieu comme postulat de la raison pratique. Il n'est possible d'espérer une réconciliation entre liberté humaine et destin qu'à la condition que Dieu existe, car lui seul peut englober les deux. L'idée de Dieu inclut l'espérance que la liberté humaine conduira à la réussite et au bonheur[357]. Abandonner cet espoir reviendrait à abandonner l'homme et finalement à se détourner de ceux qui souffrent en haussant les épaules. Jürgen Habermas a repris ce raisonnement et affirmé qu'il valait mieux laisser se rallumer la question de la théodicée[358] et reconnaître que, sans l'espérance de la résurrection, on se trouve face à un vide sensible[359]. Il reste « une conscience de ce qui manque[360] ».

L'espérance dont parle Kant est un postulat. La philosophie ne peut pas aller plus loin. Ce postulat, quant à lui, dépend d'un choix, d'une décision ; il s'agit de savoir si l'homme et la dignité de l'homme ont un sens absolu, si l'on doit garder une porte ouverte à la réconciliation face à l'injustice impardonnable et à la souffrance ou si l'on doit exclure toute possibilité de réconciliation et donc donner raison au doute quant au sens de l'existence. La question est donc : peut-on vivre avec cette dernière option et si oui, comment ? La question de la théodicée est devenue une question d'anthropodicée, c'est-à-dire de justification du sens de l'existence humaine.

Quelle réponse la Bible et la théologie apportent-elles à la question qui s'est révélée insoluble pour la théodicée ? La Bible ne connaît ni la théodicée ni l'anthropodicée moderne. Elle ne part pas d'un postulat, mais de l'expérience ancestrale d'Israël qui est aussi celle des premiers chrétiens, à savoir la fidélité de Dieu dans les situations difficiles, voire sans issue. La conviction fondamentale d'Israël – l'espérance en la résurrection des morts – fut à son apogée vers la fin de l'époque vétérotestamentaire lorsqu'Israël se trouvait dans une situation de persécution et de martyre (2 M 7). Pour les premiers chrétiens, cette espérance se trouva scellée par la résurrection de Jésus d'entre les morts. Elle se fonde sur la promesse de fidélité de Dieu, jusque dans la

---

357. Cf. ci-dessus ch. II, 1.
358. J. Habermas, *Glauben und Wissen.*
359. *Idem.*
360. M. Reder/J. Schmidt, *Ein Bewusstsein von dem, was fehlt*, Frankfurt, 2008, p. 26-36.

mort, situation humainement sans issue, et débouche sur la foi en une justice définitive et en la vie éternelle[361].

Ce message d'espérance de la Bible n'est pas une simple réponse qui ouvrirait toutes les portes. C'est très clair dans le livre de Job. Toutes les éditions remaniées au fil du temps montrent une lutte dramatique pour et contre Dieu[362]. Au début, Job se révolte et maudit le jour de sa naissance (Jb 3, 3) ; il a sa vie en dégoût (Jb 10, 1) et accuse Dieu d'être l'ennemi de l'homme (7, 20). Ses amis font tout pour justifier Dieu à l'aide de la sagesse traditionnelle ; dans la logique d'un contexte action-réaction, tel qu'ils s'évertuent à le décrire, le bonheur est une récompense pour le bien et le malheur une punition pour le mal. Mais cette théologie qui veut tout expliquer, tout comprendre et, finalement, élucider le mystère de Dieu est vouée à l'échec. À l'époque tardive d'Israël elle est en crise[363]. Et Dieu dans le livre de Job prononce un jugement écrasant : *« Vous n'avez pas bien parlé de moi. »* Finalement ce ne sont pas ceux qui voulaient tout expliquer et comprendre l'action de Dieu qui obtiennent justice, mais le pauvre Job (42, 7s).

Cependant, à la fin, la perspective s'inverse. Ce n'est plus l'homme qui se plaint et accuse Dieu ou tente de le justifier. C'est Dieu qui prend lui-même la parole et qui questionne l'homme (38-41). La sagesse de Dieu s'avère trop grande pour entrer dans un quelconque schéma humain. C'est pourquoi Job pose la main sur sa bouche et se tait (40, 4). Il reconnaît qu'on ne peut pas argumenter avec Dieu.

> *« Aussi as-tu raconté des œuvres grandioses que je ne comprends pas, des merveilles qui me dépassent et que j'ignore. Je ne te connaissais que par ouï-dire, mais maintenant mes yeux t'ont vu. Aussi je me rétracte et me repens sur la poussière et la cendre. »* (Jb 42, 3b-5)

Se justifier et ergoter avec Dieu n'est pas possible. En résumé nous pouvons dire que la théodicée n'a pas sa place dans la Bible.

Par contre, la Bible atteste qu'il n'est pas interdit de se plaindre devant Dieu ni même de se disputer avec Dieu en parlant de lui ou avec lui. Cela transparaît dans le livre de Job, mais sa plainte se transforme aussitôt en espérance :

> *« Je sais, moi, que mon Défenseur est vivant, que lui, le dernier, se lèvera sur la poussière. Après mon éveil, il me dressera près de lui et, de ma chair, je verrai Dieu. Celui que je verrai sera pour moi, celui que mes yeux regarderont ne sera pas un étranger. Et mes reins en moi se consument. »* (Jb 19, 25-27)

---

361. G. Greshake/J. Kremer, *Resurrectio mortuorum. Auferstehung der Toten in bibeltheologischer* Sicht, Darmstadt, 1986.

362. F. Stier, *Das Buch Ijob*, München, 1954.

363. Voir H. Gese, *Die Krisis der Weisheit bei Koheleth*, in : *Vom Sinai zum Zion*, München, 1974.

La Bible connaît de nombreuses plaintes[364]. Les psaumes de lamentation dans l'Ancien Testament (Ps 6 ; 13 ; 22 ; 31 ; 44 ; 57 entre autres) ont tous été prononcés dans une grande détresse, dans l'abandon de Dieu, et parlent d'un ébranlement existentiel. Mais ils ne se terminent jamais dans le désespoir, bien au contraire ils témoignent à la fin de la certitude que Dieu est proche de celui qui prie, justement au moment de la détresse. Chaque fois un renversement s'opère et conduit de la plainte à la louange. Les psaumes ne se finissent pas dans la lamentation, l'accusation ou le désespoir, mais deviennent des hymnes de louange et d'actions de grâces.

Jésus s'inscrit dans cette tradition vétérotestamentaire. À la croix, lui aussi a expérimenté la déréliction de Dieu et il a crié avec le psaume 22 :

« Mon Dieu, mon Dieu, pourquoi m'as-tu abandonné ? » (Mc 15, 34)

Ce cri est souvent interprété comme un cri de désespoir. Or, dans la tradition juive, citer le début d'un psaume signifiait prier tout le psaume. C'est pourquoi il est important de voir que le psaume 22, qui commence par une plainte émouvante, se termine sur une perspective de salut. Donc, dans son cri d'abandon, Jésus n'exprime pas le désespoir, mais la confiance et l'espérance, au cœur même de la suprême déréliction[365]. C'est l'interprétation que Luc a choisie lorsqu'il fait dire à Jésus un verset du psaume 36 :

« Père, entre tes mains je remets mon esprit. » (Lc 23, 46)

Les rencontres avec le Ressuscité ont convaincu les apôtres que Dieu avait effectivement et définitivement accompli ses promesses par la mort et la résurrection de Jésus. Pourtant il n'a pas été facile pour les disciples de chanter l'Alléluia de Pâques. Les récits du Nouveau Testament attestent que les disciples durent passer par les questionnements et les doutes avant d'arriver à cette certitude. Le passage des disciples d'Emmaüs (Lc 24, 13-35) retrace de manière impressionnante le chemin de foi que les premiers disciples ont eu à parcourir. Il relate la déception des disciples et leur incrédulité face au témoignage des femmes jusqu'à ce qu'ils reconnaissent Jésus à la fraction du pain et retournent à Jérusalem en toute hâte.

Le chemin d'Emmaüs est un exemple paradigmatique du cheminement de foi des chrétiens. Le chrétien est baptisé dans la mort du Christ et il vit en ce

---

364. B. Janowski, art. Klage II, in : *ThWNT 4*, p. 470-475.

365. Pour comprendre le cri de Jésus : H. Gese, Psalm 22 und das Neue Testament. Der älteste Bericht vom Tode Jesu und die Entstehung des Herrenmahls, in : *Vom Sinai zum Sion*, München, 1974, p. 180-201.

monde dans l'espérance de la résurrection future (Rm 6, 3-6). Nous sommes sauvés en espérance ; car voir l'accomplissement de ce qu'on espère, ce n'est plus espérer (Rm 8, 24). Souvent, c'est une espérance contre toute espérance (Rm 5, 18). Ainsi pour Paul l'affirmation de Rm 8, 35-39 que rien ne peut nous séparer de l'amour de Dieu se situe non au commencement, mais à la fin d'un long processus théologique, après avoir expérimenté les tribulations que le chrétien doit endurer à cause des puissances du mal dans le monde (Rm 7-8).

L'épître aux Hébreux reprend ce thème et nous dit que Jésus est devenu en tout semblable à nous, excepté le péché. Ainsi nous avons en lui un grand-prêtre compatissant qui peut partager notre faiblesse. Nous pouvons donc nous avancer avec pleine assurance vers son trône pour obtenir miséricorde et recevoir sa grâce (Rm 4, 16 ; cf. 2, 17 ; 5, 2). Les tribulations et les attaques font partie de notre vie chrétienne. Mais en toute situation, si tourmentée soit-elle, si insoluble soit-elle, nous pouvons être sûrs que Dieu est avec nous et *« fait tout concourir au bien de ceux qui l'aiment »* (Rm 8, 28 ; cf. He 12, 5-7, 10-11).

Cette certitude fonde une espérance qui ne se base pas sur ce monde ni sur cette vie, mais s'élève au-dessus de ce monde et dirige ses regards vers la résurrection des morts et la vie éternelle. Là seulement tous les torts seront réparés et chacun obtiendra justice. Là seulement toutes les larmes seront séchées et essuyées des visages.

> *« Il essuiera toute larme de leurs yeux : de mort, il n'y en aura plus ; de pleur, de cri et de peine, il n'y en aura plus, car l'ancien monde s'en est allé. Alors, Celui qui siège sur le trône déclara : Voici, je fais l'univers nouveau. »* (Ap 21, 4s)

Maintenant nous sommes encore en chemin ; nous ne vivons pas encore dans la vision béatifique. Notre situation est pour ainsi dire celle de la nuit de Pâques. Le cierge pascal, symbole de la lumière du Christ, est apporté à l'intérieur de l'église encore plongée dans les ténèbres, sa lumière brille et nous pouvons allumer notre bougie à sa lumière. Mais elle brille dans les ténèbres de l'église. C'est encore la vigile pascale. Le cri *Maranatha* (1 Co 16, 22)[366] de la liturgie de la Cène dans l'église primitive exprime les deux : le Seigneur est là et cependant nous prions pour sa venue en gloire[367].

Cette certitude inébranlable d'être un jour définitivement plongé et protégé en Dieu[368] donne au croyant une certaine sérénité. Il est prêt à tout quitter pour l'amour du Christ (Ph 3, 8) et à tout supporter (Ph 4, 11s ; cf. 2 Co 11, 23-33). Le croyant sait que la grâce du Christ lui suffit et qu'elle se

366. Cf. *Did* 10, 6.
367. Kuhn, art. Maranatha in : *Th WNT 4*, p. 470-475.
368. Benoît XVI, *Spes salvi*, 35.

manifeste dans la faiblesse (2 Co 12, 9). Pour définir cette attitude, les Pères grecs utilisaient les termes d'apathie et d'ataraxie (qui signifie calme, repos intérieur) – non au sens des Stoïciens – mais pour désigner une tension vers la vision béatifique et la venue en gloire du Seigneur.

Les maîtres de la mystique allemande (Eckhart, Jean Tauler, Henri Suso) ont beaucoup parlé de la quiétude, c'est-à-dire du détachement par rapport à toute possession, attitude qui rend libre et permet de s'en remettre totalement à Dieu[369]. Dans ses Exercices spirituels, Ignace de Loyola parle de la sainte indifférence qui est une disponibilité totale à la volonté de Dieu : elle ne nous fait pas plus désirer la santé que la maladie, la richesse que la pauvreté, l'honneur que le déshonneur, une longue vie qu'une vie brève : il s'agit en toutes choses de ne désirer et de ne choisir que ce qui conduit au but pour lequel nous sommes créés[370].

Thomas Pröpper a attiré l'attention sur une phrase de Charles Péguy sur laquelle il était tombé déjà lors des débats sur la théodicée et qui ne l'a plus quitté depuis :

> « Dieu a pris les devants… Dieu a commencé… Il a espéré en nous, sera-t-il dit que nous n'espérerons pas en lui[371] ? »

Le souvenir nourrit l'espérance qui attend l'accomplissement de la promesse donnée et qui se heurte à ce qu'elle ne comprend pas et ce qui s'oppose à elle. La christologie ne nous donne pas de théorie toute faite, mais elle nous ouvre une voie, un chemin. Parce que Dieu est fidèle, nous pouvons lui faire confiance, sûrs qu'il gardera son alliance jusqu'à la fin et que, dans son amour, il sauvera l'homme et le monde avec lui[372].

Cette attitude faite de certitude sereine et d'espérance n'a rien d'une théorie comme dans les différents essais de théodicée. C'est une affirmation de foi qu'on ne peut proclamer qu'à la manière des psaumes, c'est-à-dire en pleurant, en implorant la compassion de Dieu et en le louant pour son infinie miséricorde. C'est aussi ce que chante l'Église dans le *Kyrie eleison* de la messe et dans la grande hymne du *Te Deum* :

> « Aie pitié de nous, Seigneur, Aie pitié de nous. Que ta miséricorde soit sur nous, Seigneur, Car nous avons mis en Toi notre espérance. En Toi, Seigneur, j'ai mis mon espérance : Que je ne sois jamais confondu. »

---

369. U. Diese, art. Gelassenheit, in : *HWPh 3*, 219-224 ; R. Körner, art. Gelassenheit, in : *LThK 34*, p. 403s.

370. Ignace de Loyola, *Exercices*, principe et fondement.

371. C. Péguy, *Œuvres poétiques complètes*, La Pléiade, p. 603-604.

372. T. Pröpper, *Erlösungsglaube und Freiheitsgeschichte. Eine Skizze zur Soteriologie*, München, 1988, p. 179.

Il n'est possible de proclamer son espérance que dans une optique de foi ; cela restera certainement inaccessible à des non-croyants et sera peut-être difficile pour des croyants qui se trouvent dans des situations difficiles. Nous n'y parviendrons pas au début, mais seulement à la fin d'un long chemin de foi, au cours duquel nous aurons besoin du soutien, de l'accompagnement et de l'intercession d'autres chrétiens. À plus forte raison, ceux qui ne partagent pas notre foi, auront besoin dans des situations difficiles de notre compassion, de notre proximité et de notre aide. Il nous faut faire des œuvres de miséricorde. C'est la seule réponse convaincante que nous puissions donner. Un témoignage concret de miséricorde équivaut à avoir de l'espérance pour les autres. De cette manière un rayon de la miséricorde divine peut venir éclairer une situation obscure. Ainsi nous pouvons rendre crédible et convaincant le discours sur la miséricorde divine et en faire un message d'espérance.

Espérer la venue du salut promis n'est pas un rêve vain ni une simple manière de faire patienter. Elle donne déjà ici et maintenant lumière et force. Nous ne vivons pas en ce monde comme dans une salle d'attente jusqu'à ce que la porte de la vie éternelle veuille bien s'ouvrir. L'espérance est une force active qui pousse à l'action. L'expérience de la miséricorde divine nous encourage et nous incite à nous investir en ce monde pour devenir témoins de la miséricorde. Nous consacrerons les chapitres suivants à la miséricorde humaine, car elle est la forme concrète de la miséricorde divine en ce monde.

Chapitre VI

HEUREUX LES MISÉRICORDIEUX

Le message de la miséricorde divine n'a rien d'une théorie abstraite, éloigné de la réalité du monde ; il ne se réduit pas non plus à des manifestations de pitié purement sentimentales. Jésus nous enseigne à être miséricordieux comme Dieu est miséricordieux (Lc 6, 36). Dans le Sermon sur la montagne il déclare bienheureux les miséricordieux (Mt 5, 7). Dans l'épître aux Ephésiens nous lisons :

> *« Cherchez à imiter Dieu puisque vous êtes mes enfants bien-aimés. Vivez dans l'amour comme le Christ nous a aimés et s'est livré pour nous en offrant à Dieu le sacrifice qui pouvait lui plaire. »* (Ep 5, 1)

Ce thème de *l'imitatio dei* – imiter Dieu et ses œuvres en Jésus-Christ – est fondamental dans la Bible[373]. Ainsi le message de la miséricorde divine a des répercussions sur la vie de chaque chrétien, sur la pastorale de l'Église et sur la contribution que les chrétiens doivent apporter à la construction d'une société plus juste, plus humaine et plus miséricordieuse.

1. L'amour – le premier commandement

Dans l'Ancien Testament les termes « miséricordieux » et « miséricorde » sont rarement utilisés pour caractériser le comportement de l'homme ; par contre on y trouve la réalité qu'ils recouvrent. À la question : *« Qui séjournera sous ta tente ? Qui habitera ta sainte montagne ? »* le psaume 14(15) répond :

> *« Celui qui se conduit en parfait, qui agit avec justice et dit la vérité selon son cœur. Il met un frein à sa langue, ne fait pas de tort à son frère et n'outrage pas son prochain. »*

---

373. M. Buber, *Nachahmung Gottes*, in : WW II 1964, 1953-1965 ; U. Luz, *Das Evangelium nach Matthäus* (EKK I/1), Neukirchen 1985, p. 312.

De même il est dit dans le psaume 111 (112), 5 : *« L'homme de bien a pitié, il partage ; il mène ses affaires avec droiture. »*

Il a déjà été longuement question[374] de l'ordre social dans l'Ancien Testament, orienté vers la protection des faibles et des pauvres ; nous avons également étudié le message des prophètes, qui critiquent très clairement les injustices sociales. Le prophète Michée résume ce que Dieu attend de l'homme :

> *« Homme, on t'a fait connaître ce qui est bien, ce que le Seigneur réclame de toi : rien d'autre que de respecter le droit, aimer la fidélité et t'appliquer à marcher avec ton Dieu. »* (Mi 6, 8 ; cf. Tb 4, 7-11 ; Si 7, 10 ; 29).

C'est sur ce fondement que se basent les œuvres de charité qui, dans le judaïsme primitif, jouent un rôle important[375].

Jésus s'inscrit dans cette tradition vétérotestamentaire. En particulier l'énumération des œuvres de charité dans le long discours sur le jugement des nations correspond bien à cette tradition juive : donner à manger à ceux qui ont faim, à boire à ceux qui ont soif, recueillir les étrangers, vêtir ceux qui sont nus, visiter les malades et les prisonniers (Mt 25, 35-39. 42-44). Il est étonnant de voir que Jésus prend comme seul critère de jugement les œuvres envers le prochain, mais aucune œuvre de piété. Il reprend à son compte la parole du prophète Osée :

> *« C'est la miséricorde que je veux et non les sacrifices. »* (Mt 9, 13 ; 12, 7 ; cf. Os 6, 6 ; Si 35, 3)

C'est pourquoi il dit dans le Sermon sur la montagne :

> *« Donc, lorsque tu vas présenter ton offrande à l'autel, si, là, tu te souviens que ton frère a quelque chose contre toi, laisse là ton offrande, devant l'autel, va d'abord te réconcilier avec ton frère, et ensuite viens présenter ton offrande. »* (Mt 5, 23 ; cf. Mc 11, 25)

Combien de fois ne devrions-nous pas d'abord aller nous réconcilier avant de participer à l'Eucharistie ? Et combien de fois devrions-nous nous abstenir de communier si nous prenions vraiment cette parole de Jésus au sérieux ? On peut se poser la question.

Jésus a émaillé sa doctrine de paraboles qui ont impressionné son auditoire[376]. La parabole du Bon Samaritain est presque devenue proverbiale. À l'époque, les Samaritains n'étaient pas considérés comme des Juifs orthodoxes ; c'est pourquoi prendre l'exemple d'un Samaritain et, de plus, inviter à l'imiter était ni plus ni moins une provocation de la part de Jésus : *« Va, et*

---

374. Cf. ci-dessus ch. III.
375. Bill I, 203-205 ; IV, 559-610.
376. Cf. ci-dessus ch. IV.

toi aussi, fais de même. » (Lc 10, 25. 37) Dans la parabole du mauvais serviteur Jésus répète que nous devons être miséricordieux envers ceux qui ont une dette à notre égard, comme Dieu l'est avec nous (Mt 18, 23-35). Si Dieu nous fait miséricorde et nous pardonne, nous devons nous aussi nous pardonner et nous faire miséricorde. Car alors c'est la miséricorde de Dieu que nous manifestons à notre prochain ; à travers elle transparaît ainsi quelque chose des merveilles du Royaume de Dieu, elle en est comme l'annonce. Alors la miséricorde sera bien plus qu'une œuvre sociale ou une organisation caritative ou politico-sociale (elle ne les exclut pas non plus, bien évidemment).

La réponse de Jésus n'a donc rien de surprenant lorsqu'on lui demande quel est le plus grand commandement : dans l'esprit de l'Ancien Testament il cite l'amour de Dieu et du prochain (Mc 12, 29-31 ; Mt 22, 34-40 ; Lc 10, 25-28)[377]. Les deux commandements se trouvent dans l'Ancien Testament à deux endroits différents (Dt 6, 5 et Lv 10, 18), mais on avait tendance à les rapprocher[378]. Pour Jésus ils forment une unité indissociable. De plus il étend la notion de prochain à tous les hommes – au-delà de l'appartenance au peuple juif. Le plus important à retenir est que les deux commandements ne font plus qu'un : il n'y a pas d'amour de Dieu sans amour du prochain. C'est ensemble que les deux commandements sont le résumé et l'accomplissement de toute la loi. Ensemble ils sont la quintessence, la somme et la substance de la vie chrétienne.

Augustin a trouvé une belle formule pour exprimer l'unité de ces deux commandements :

> « Que personne ne dise : Je ne sais quoi aimer. Qu'il aime son frère et il aimera l'amour même… Qu'aime donc la charité, sinon ce que nous aimons par elle ? Or, ce quelque chose, à prendre le prochain pour point de départ, c'est notre frère… Car la charité fraternelle… non seulement est de Dieu, mais est Dieu même… D'où il faut conclure que ces deux préceptes sont inséparables[379]. »

Si l'on prend au sérieux cette unité, cela ne signifie pas pour autant que l'amour de Dieu doive se dissoudre dans l'amour du prochain, ce qui pourrait aboutir à un humanisme purement horizontal d'où l'amour de Dieu et la relation à Dieu seraient totalement absents. L'amour du prochain avec l'exigence de radicalité que Jésus demande est impossible sans la force qui vient

---

377. Pour approfondir voir : Gnilka, *Das Evangelium nach Markus* (EKK II/2), Neukirchen, 1979, p. 162-168 ; U. Luz, *Das Matthäusevangelium* (EKK I/3), Neukirchen, 1997, p. 269-285.

378. Sur l'interprétation juive voir Bill I, p. 900-908.

379. Augustin, *De Trinitate* VIII, 8.

de l'amour de Dieu[380].

Pour Paul aussi l'amour est l'accomplissement de la loi (Rm 13, 10 ; Ga 5, 14) et le lien de la perfection (Col 3, 14). Comme Jésus Paul reprend le message d'Osée et nous exhorte *« par la tendresse de Dieu, à lui offrir* [notre] *personne et* [notre] *vie en sacrifice saint, capable de plaire à Dieu »* (Rm 12, 1 ; cf. Ep 5, 1s). Le pardon et la miséricorde de Dieu, manifestés en Jésus-Christ, doivent nous servir de modèle :

> *« Soyez entre vous pleins de générosité et de tendresse. Pardonnez-vous les uns aux autres comme Dieu vous a pardonné dans le Christ. »* (Ep 4, 32 ; cf. Col 3, 12)

Il ne s'agit donc pas, nous le voyons bien, d'une attitude purement humaniste, mais d'une orientation explicitement christologique.

C'est l'hymne à la charité, dans la première épître aux Corinthiens (1 Co 13)[381], qui montre le plus clairement jusqu'où va mener cette vision christologique et quelles conséquences pratiques elle aura. Il nous faudra comprendre ce passage à partir de sa pointe finale qui critique directement tout enthousiasme excessif. Pour éviter tout débordement, Paul introduit un impératif : l'amour comme unique nécessaire (*unum necessarium*). Sans l'amour, tout le reste – prophéties, science des mystères, connaissance de Dieu, foi à transporter les montagnes, et même les grandes œuvres de charité – tout cela n'est rien, n'a aucune valeur et ne porte aucun fruit. On peut en dire autant de tout sermon, si bien construit soit-il, de tout enseignement théologique, si savant soit-il, et même de tout zèle apostolique pour la vraie foi, s'il est sûr de soi, hautain, arrogant et sans amour. Même le martyre en tant que tel ne compte pas ; les hérétiques, les communistes et bien d'autres ont aussi leurs martyrs. Seul l'amour est le signe distinctif du vrai chrétien[382]. *« Si je n'ai pas l'amour, je ne suis rien. »* (1 Co 13, 2s)

On ne peut cependant pas parler d'un Cantique des cantiques de l'amour. Car la voie de l'amour, telle que Paul la décrit, est tout, sauf sentimentale ; elle est très concrète et très réaliste. Elle nous a été montrée par Jésus-Christ. Le chemin que Jésus a emprunté pour descendre jusqu'à nous est le seul que nous puissions prendre pour monter jusqu'à lui[383]. À la fin tout passera, seul l'amour restera, il est plus grand que tout (1 Co 13, 13).

---

380. Cf. U. Luz, *Das Matthäusevangelium* (voir note 377), p. 275s. C'est à Karl Rahner que nous devons ces réflexions pertinentes sur l'unité de l'amour de Dieu et du prochain (même si elles sont quelque peu partiales) et sur son importance actuelle : K. Rahner, Über die Einheit von Nächsten- und Gottesliebe, in : *Schriften* vol. 6, Einsiedeln, 1965, p. 277-298 ; voir aussi du même auteur : Das « Gebot » der Liebe unter den anderen Geboten, in : *Schriften* vol. 5, Einsiedeln, 1962, p. 494-517.

381. Cf. W. Schrage, *Der erste Brief an die Korinther* (EKK VII/3), Zürich, 1999, p. 273-373.

382. Augustin, *In evangelium Ioannis* 76, 2.

383. Léon le Grand, *Tractatus* 74.

Si seul l'amour demeure, alors les œuvres de charité demeureront aussi ; c'est même la seule chose qui nous restera lors du jugement dernier et que nous pourrons présenter, pour ainsi dire. Elles font partie intégrante de la réalité et sont un élément essentiel de la transformation eschatologique de tout le monde créé. Dans la folie de l'amour, l'eschatologie commence déjà maintenant à poindre.

Jean poursuit et approfondit cette réflexion. Selon lui Dieu nous aime (Jn 14, 21) pour que nous puissions aimer à notre tour (Jn 13, 34). Partant de ce raisonnement purement théologique, Jean parle du nouveau commandement de l'amour comme du signe distinctif du chrétien.

> *« Je vous donne un commandement nouveau : c'est de vous aimer les uns les autres. Comme je vous ai aimés, aimez-vous les uns les autres. C'est à l'amour que vous aurez les uns pour les autres que l'on vous reconnaîtra pour mes disciples. »* (Jn 13, 34s)

Par là il affirme clairement que l'amour est la spécificité de la vie chrétienne. Sa mesure va au-delà de tout ce qui est humainement possible, car il se mesure à l'amour que Jésus lui-même nous a manifesté par l'offrande de sa vie.

> *« Mon commandement, le voici : Aimez-vous les uns les autres comme je vous ai aimés. Il n'y a pas de plus grand amour que de donner sa vie pour ses amis. »* (Jn 15, 12s)

La première épître de Jean reprend ces affirmations :

> *« Celui qui déclare être dans la lumière et a de la haine contre son frère est encore dans les ténèbres… Il marche dans les ténèbres sans savoir où il va, parce que les ténèbres l'ont rendu aveugle. »* (1 Jn 2, 9. 11)

> *« Si quelqu'un dit : "J'aime Dieu" alors qu'il a de la haine contre son frère, c'est un menteur. En effet, celui qui n'aime pas son frère, qu'il voit, est incapable d'aimer Dieu, qu'il ne voit pas. »* (1 Jn 4, 20-21 ; cf. 5, 3 ; 2 Jn 5s)

Tout dépend de l'affirmation centrale : « *Dieu est Amour* » (1 Jn 4, 8. 16).

Chez les Pères de l'Église on trouve de nombreux passages sur la prépondérance de l'amour du prochain et de la miséricorde. Nous ne citerons que deux pères grecs. Basile prit résolument le parti des journaliers sans revenu, des esclaves, des petits propriétaires terriens appauvris, des ouvriers et des marchands dans une période de récession économique qui plongea dans la misère une grande partie de la population. Lorsqu'une famine survint, il attaqua les spéculateurs sans scrupules et les incita au partage de leurs richesses[384]. Il parla à la conscience des riches et leur dit sans détours que

384. Basile, *Homélie* 6.

toutes leurs œuvres de piété ne servaient à rien sans œuvres de bienfaisance[385]. Chrysostome démasqua, comme Jésus le faisait, toute fausse dévotion. Selon lui la charité est la mère de tout bien et la caractéristique du chrétien[386]. Elle est supérieure à toutes les autres vertus et à toute forme d'ascèse et même au martyre[387]. Sans être vierge – dit-il – on peut voir Dieu, mais pas sans miséricorde[388]. C'est pourquoi Thomas appelle la miséricorde en référence aux œuvres extérieures la *summa religionis christianae*[389].

La béatitude des miséricordieux est une concrétion de la charité. Dietrich Bonhoeffer donne une interprétation intéressante de cette béatitude :

> « Ces hommes qui ne possèdent rien, qui sont étrangers, sans pouvoir, ces pécheurs, ces hommes qui suivent Jésus vivent maintenant avec lui aussi dans le *renoncement à leur propre dignité,* car ils sont miséricordieux. Ils n'ont pas assez de leur propre misère, de leur propre indigence, mais ils se rendent participants de la misère des autres, de leur petitesse, de leur culpabilité. Ils ont un amour irrésistible pour les petits, les malades, les misérables, les humiliés et ceux à qui on a fait violence, ceux qui souffrent de l'injustice et qu'on exclut, pour tous ceux qui se tourmentent et qui sont inquiets ; ils recherchent ceux qui sont tombés dans le péché et la culpabilité. Il n'est pas de misère qui soit trop profonde, de péché qui soit trop terrible, la miséricorde y accède. C'est son propre honneur que le miséricordieux offre à celui qui est tombé dans l'opprobre, et il se charge de son opprobre. Il se laisse trouver auprès des péagers et des pécheurs, et supporte de bon cœur la honte de leur compagnie. Le bien le plus précieux de l'être humain, son honneur et sa dignité propres, ils l'abandonnent pour être miséricordieux. Ils ne connaissent qu'une dignité et qu'un honneur : la miséricorde de leur Seigneur qui, seule, les fait vivre. Il n'a pas eu honte de ses disciples, il s'est fait le frère des hommes, il a porté leur opprobre jusqu'à la mort sur la croix. Voilà la miséricorde de Jésus, dont ceux qui lui sont attachés veulent uniquement vivre, la miséricorde du crucifié[390]. »

2. « Pardonnez-vous les uns aux autres » et le commandement de l'amour des ennemis

L'exigence de l'amour n'est pas seulement centrale dans le message de Jésus, elle est même radicale, d'une radicalité à couper le souffle. Dans les antithèses

385. Basile, *Homélie contre les riches*, 213.
386. Chrysostome, *Commentaire de Mathieu*, Homélie 18, n. 8.
387. Chrysostome, *Commentaire de Mathieu*, Homélie 77, n. 5s.
388. *Idem*, *Homélie* 47, n. 4.
389. Thomas d'Aquin, *S. Th.* II/II q. 30 a. 4 ad 2.
390. D. Bonhoeffer, *Vivre en disciple. Le prix de la grâce*, Labor et fides, 2009, p. 88-89.

du Sermon sur la montagne Jésus, en exhortant à une justice plus parfaite (Mt 5, 20), va non seulement au-delà de la tradition juive, mais aussi de tout ce qui est humainement possible. C'est flagrant dans l'exigence de renoncer à la violence : *« Je vous dis de ne pas riposter au méchant. »* Par là il annule la loi du talion *« œil pour œil, dent pour dent »* (Ex 21, 24) et la remplace par une nouvelle loi : *« Si quelqu'un te gifle sur la joue droite, tends-lui encore l'autre »* (Mt 5, 38-42 ; Lc 6, 29s). Cela dépasse les simples capacités humaines et demande une force d'âme particulière, à la fois sur un plan humain et chrétien, pour briser le cercle infernal du mal et l'escalade de la violence et pour apporter la paix.

Pour Jésus la pointe et le sommet de cette exigence de charité et de miséricorde est le commandement de l'amour des ennemis : *« Aimez vos ennemis et priez pour ceux qui vous persécutent. »* Jésus fonde cette exigence – qui, d'un point de vue humain, paraît extrême – sur l'attitude de Dieu envers les pécheurs – qui, elle aussi, va jusqu'à l'extrême. Et il ajoute :

> *« afin d'être vraiment les fils de votre Père qui est dans les cieux » ; « vous donc, soyez parfaits comme votre père céleste est parfait. »* (Mt 5, 43-48 ; cf. Lc 6, 27-29. 32-36)

Dans le *Notre Père* Jésus nous enseigne à prier Dieu de nous pardonner nos offenses comme nous pardonnons à ceux qui nous ont offensés (Mt 6, 12 ; Lc 11, 4). Il précise par ailleurs que nous ne devons pas seulement pardonner une fois, ni même sept fois, mais soixante-dix fois sept fois (Mt 18, 21s), c'est-à-dire toujours et sans aucune limite. Dans la parabole du mauvais serviteur Jésus a expliqué le bien-fondé de cette exigence (Mt 18, 23-35). Lui-même a pardonné en mourant sur la croix :

> *« Père, pardonne-leur, car ils ne savent pas ce qu'ils font »* (Lc 23, 34).

Le premier martyr, le diacre Étienne, a prononcé la même prière lors de sa lapidation (Ac 7, 60).

Dans l'Antiquité le pardon des péchés était considéré comme la vertu des rois et était synonyme de magnanimité, ce qui suppose une puissance souveraine. Dieu seul peut vraiment pardonner :

> *« Qui peut pardonner les péchés, sinon Dieu seul ? »* (Lc 2, 7)

On ne peut donc pardonner qu'avec la force que donne le salut de Dieu en Jésus-Christ (Rm 3, 25s). Le pardon n'est possible qu'à la lumière de cette certitude que Dieu nous a réconciliés avec lui alors que nous étions encore ses ennemis (Rm 5, 10). Nous devons suivre l'exemple de Dieu : Pardonne-nous nos offenses comme nous pardonnons aussi (Mc 6, 12 ; Lc 11, 4). Mais le pardon est une nécessité comme il est dit :

« Pardonnez-vous les uns aux autres comme Dieu vous a pardonné dans le Christ. » (Ep 4, 32)

« Agissez comme le Seigneur, il vous a pardonné, faites de même. » (Col 3, 13)

C'est clair : l'amour des ennemis est peut-être l'exigence de Jésus la plus difficile, humainement parlant, et pourtant il est l'un des commandements les plus importants du christianisme ; enraciné au cœur même du mystère chrétien, il représente à ce titre la spécificité du comportement chrétien[391]. Selon les Pères de l'Église ce commandement est même propre au christianisme et tout à fait nouveau par rapport à l'Ancien Testament et à la philosophie païenne[392]. La seconde lettre de Clément dit : Qui n'aime pas celui qui le hait, n'est pas chrétien[393]. Tertullien appelle l'amour des ennemis la « loi fondamentale[394] », pour Chrysostome il est le plus haut degré de la vertu[395].

Cependant les Pères de l'Église étaient bien conscients des difficultés dans la mise en œuvre concrète de ce commandement à cause de la complexité du monde et de ses structures de péché. Pour trouver une solution, ils élaborèrent une sorte de gradation dans l'éthique avec des échelons intermédiaires. Pour Ambroise, voilà la règle : rendre le mal pour le mal est la norme à laquelle chacun est tenu ; rendre le bien pour le mal est la perfection[396]. Selon Augustin la plus haute forme de l'aumône est de pardonner à ceux qui nous ont offensés. Il est suffisamment réaliste pour savoir que la majorité des gens sont incapables de pratiquer une telle vertu et que seuls les parfaits sont en mesure de le faire. Mais chaque croyant doit tendre vers ce but et le demander dans la prière. Il doit au moins pardonner à ceux qui lui demandent pardon. Sinon le Père du ciel ne lui pardonnera pas non plus (Mt 6, 15). Augustin parle d'un éclat de tonnerre ; celui qui ne se réveille pas, n'est pas simplement endormi, il est déjà mort[397]. Thomas d'Aquin a une position analogue et propose des étapes : il est indispensable de préparer son cœur pour le cas concret où il sera demandé d'aimer son ennemi ; par contre l'aimer sans nécessité concrète, pour l'amour de Dieu, n'est pas absolument nécessaire au salut, mais relève de la perfection de l'amour[398]. On peut voir un réalisme chrétien dans ces essais d'établir des gradations pour adoucir

---

391. U. Luz, *Das Matthäusevangelium* (voir note 377), p. 307s.
392. Athenagoras d'Athènes, *Supplique au sujet des chrétiens* ; Tertullien, *An Scapula 1* ; Origène, *Contre Celsus* 59-61.
393. *2 Clem.* 13s.
394. Tertullien, *De la patience* 6.
395. Chrysostome, *Commentaire de Mathieu*, Homélie 18, n. 3.
396. Ambroise, *Des devoirs* 48, nn. 233-239.
397. Augustin, *Traité de la foi, de l'espérance et de la charité*, ch. 73.
398. Thomas d'Aquin, *S. Th.* II/II q. 25 a. 8 ; cf. a. 9.

le commandement, pourtant il ne faudrait pas le prendre trop à la légère. Car, dans tous ces cas, l'amour des ennemis réellement vécu n'est plus au centre comme il l'était pour Jésus, mais devient une exception, voire un but à atteindre dans la pratique de la foi chrétienne[399]. La guerre pose un autre problème, beaucoup plus complexe. En effet, en cas de guerre, on ne peut limiter le commandement de l'amour des ennemis à la seule exigence de ne pas éprouver de haine envers eux – cela reviendrait à le réduire à une question de sentiments personnels. Jésus veut que nous agissions concrètement[400].

Le chrétien n'est pas le seul à avoir du mal à pratiquer l'amour des ennemis, des états et même l'Église se sont heurtés à cette même difficulté. En effet, comment la chrétienté s'est-elle conduite dans les persécutions contre les Juifs et les hérétiques, dans les croisades et les guerres de religion ? Comment l'Église a-t-elle traité ses ennemis dans les polémiques et controverses qui, bien souvent, étaient tout sauf objectives ou justes ? Les sermons sur la guerre font froid dans le dos. Ce ne sont donc pas seulement des chrétiens isolés, mais l'Église tout entière, qui n'a pas réussi à pratiquer le commandement de l'amour des ennemis. L'idéal et la réalité sont bien souvent fort éloignés.

La question ne se pose pas seulement en cas de guerre, mais aussi pour le voisin indésirable, le rival dans son milieu de travail, en économie ou en politique. Dans ces domaines on se trouve inévitablement confronté à des situations de concurrence où il s'agit d'éliminer un rival, qui n'est pas un adversaire personnel, mais politique ou économique, en l'écrasant et en le disqualifiant politiquement ou économiquement ; dans le monde actuel, on n'a pas d'autre choix. Dans ces situations, si l'on veut être honnête, on ne peut pas faire autrement que d'établir des distinctions telles que nous les avons trouvées chez Augustin et Thomas.

Mais on peut se demander si le commandement de l'amour des ennemis est vraiment réaliste. N'est-il pas utopique ? Ne dépasse-t-il pas les forces humaines ? Comment une mère peut-elle aimer le meurtrier de son enfant ? Peut-elle lui pardonner ? Où allons-nous si nous n'opposons aucune résistance à l'agresseur, si nous lui pardonnons au lieu d'exiger que justice soit faite ? Est-ce que de cette manière on ne va pas récompenser l'agresseur au lieu de le punir ? Heinrich Heine, Friedrich Nietzsche, Sigmund Freud et beaucoup d'autres ont posé toutes ces questions de manière critique et polémique ; pour Freud le commandement de l'amour des ennemis fait partie d'un « *Credo quia absurdum est*[401] ».

---

399. U. Luz, *Das Matthäusevangelium* (voir note 5), p. 314s.
400. Le même p. 315. Sur le problème de la guerre voir ci-dessous ch. VII.
401. U. Luz, *Das Matthäusevangelium* (voir note 377), p. 316.

Cependant on peut répondre à la question : « où allons-nous si nous renonçons à la violence et si nous pardonnons ? » par une contre-question : « où allons-nous s'il n'y a pas de pardon et si nous répondons au préjudice commis par un autre préjudice – œil pour œil, dent pour dent ? » Après les horreurs du XXe siècle le problème du pardon et de l'amour des ennemis est tristement d'actualité et a obligé bon nombre de personnes à modifier leurs positions. Il est apparu clairement que la miséricorde et le pardon, bien que dépassant les forces humaines, sont cependant ce qu'il y a de plus raisonnable.

Ce n'est qu'en acceptant de se tendre la main et de passer par-dessus les vieilles disputes, de se demander pardon et de pardonner, qu'il sera possible de gérer des conflits sanglants et traumatisants ; un processus de guérison des blessures pourra alors s'engager et la spirale de la violence – ce cercle vicieux de la vengeance par le sang – pourra être brisée. Il est difficile d'oublier purement et simplement les préjudices commis, il ne faut surtout pas essayer de les mettre sous le boisseau. Mais ceux qui les ont commis doivent les regarder en face et les reconnaître. Alors on peut arriver à se réconcilier avec un souvenir douloureux et ainsi enlever le dard qui envenime les relations et rend ennemis. Une fois réconcilié avec ces événements, on peut guérir des blessures du passé et poser un nouveau départ qui rendra possible un avenir commun[402].

Cela est valable non seulement dans les relations personnelles, mais aussi dans le domaine politique. Il suffit de penser à la réconciliation judéo-chrétienne, germano-israélienne, franco-allemande ou germano-polonaise après la seconde guerre mondiale. On peut penser également aux commissions-vérité en Afrique du Sud, en Irlande et ailleurs[403]. Enfin, regardons le changement opéré dans les relations œcuméniques et interreligieuses où, malgré toutes les différences objectives persistantes, de vieilles hostilités, partis pris et concurrences ont pu être vaincus en faveur d'une collaboration pour la paix dans le monde. L'amour des ennemis n'est pas un *Credo quia absurdum*, mais un *Credo quia rationabile est.*

3. Les œuvres de miséricorde corporelles et spirituelles

En accord avec la tradition juive, le Nouveau Testament connaît un

---

402. Voir le document de la commission théologique internationale : *Mémoire et repentance* (mars 2000).
403. Voir à ce sujet : P. M. Zulehner, *Gott ist größer als unser Herz*, Ostfildern, 2006, p. 146-152.

catalogue des vertus dans lequel le commandement de la miséricorde a été inséré et clairement explicité (1 P 3, 8 ; cf. Rm 12, 8. 15 ; 2 Co 7, 15 ; Ph 1, 8 ; 2, 1 ; Col 3, 12 ; He 13, 3). Il se trouve déjà dans le long discours de Jésus sur le jugement des nations (Mt 25). Ce texte a servi de base à la tradition chrétienne pour expliquer ce que signifie concrètement la miséricorde. Pour ce faire, elle a distingué sept œuvres de miséricorde corporelle et sept œuvres de miséricorde spirituelle qu'elle a expliquées en détail[404].

Voici quelles sont les œuvres de miséricorde corporelle : donner à manger à ceux qui ont faim, à boire à ceux qui ont soif, vêtir ceux qui sont nus, recueillir les étrangers, visiter les malades et les prisonniers, apporter le salut aux prisonniers, ensevelir les morts. Les œuvres spirituelles sont : instruire les ignorants, conseiller ceux qui doutent, consoler les affligés, reprendre les pécheurs, pardonner aux offenseurs, supporter avec patience, prier pour tous. Dans sa Règle, Benoît a rajouté un point à ces œuvres, « ces outils », comme il les appelait :

> « Ne jamais désespérer de la miséricorde de Dieu[405]. »

Il est intéressant de constater que les œuvres de miséricorde – surtout les spirituelles – ne sont pas les vertus opposées aux vices par lesquels on aurait transgressé les commandements explicites de Dieu. Nulle part il n'est question de pécheurs qui ont tué, volé, commis l'adultère, menti et trompé les autres – Jésus n'en parle pas non plus dans son discours. Ce qu'il condamne, ce n'est pas d'avoir transgressé un commandement, mais d'avoir omis de faire le bien. Là encore il s'agit d'accomplir une plus grande justice (Mt 5, 20). Bien sûr, on peut pécher en transgressant le commandement de Dieu, mais aussi par omission – ce qui malheureusement n'est pas suffisamment pris en compte.

La miséricorde dépasse donc la justice ; elle est attention à l'autre et sensibilité à la misère concrète que l'on rencontre. Elle surmonte l'égocentrisme qui rend insensible et aveugle aux besoins matériels et spirituels des autres. Enfin elle brise l'endurcissement du cœur face à l'appel de Dieu qui nous parvient à travers la rencontre avec la misère de l'autre[406].

La catégorisation des œuvres de miséricorde n'est ni naïve ni arbitraire. Elle correspond à quatre formes différentes de pauvreté : la plus facile à comprendre est la pauvreté matérielle : ne pas avoir de toit, n'avoir rien à manger, pas de quoi se vêtir pour se protéger des intempéries et du climat ;

---

404. Cf. *Le Catéchisme de l'Église catholique*, n° 2447.
405. Règle de saint Benoît IV, 74.
406. C. SCHÖNBORN, *Nous avons obtenu miséricorde*, Parole et Silence, 2009.

aujourd'hui on ajouterait le chômage à cette liste. Ensuite viennent les maladies graves et les handicaps pour lesquels il n'existe aucun traitement médical approprié.

La pauvreté culturelle n'est pas moins importante : la plus extrême est l'analphabétisme, mais il y a aussi le manque de formation – moins grave, mais tout aussi handicapant, puisqu'il signifie peu de perspectives d'avenir et l'exclusion de toute vie sociale et culturelle. La troisième forme de pauvreté est le manque de relations – la personne humaine est alors considérée comme être social. Les formes sont variées : solitude et isolement, perte d'un compagnon ou d'un conjoint, perte de membres de la famille ou d'amis, difficultés de communication, exclusion par choix ou par obligation, discrimination et marginalisation pouvant aller jusqu'à l'emprisonnement ou l'exil. Enfin il faut nommer la pauvreté psychique ou spirituelle qui constitue un problème important dans notre société occidentale : perte de points de repères, vide intérieur, désespérance, désespoir et perte du sens de la vie, errance, divagation morale et spirituelle pouvant aller jusqu'à un déséquilibre mental.

La multiplicité des situations de pauvreté exige une réponse multidimensionnelle. L'aide matérielle est bien sûr fondamentale. Car ce n'est que lorsque la vie matérielle et la survie sont assurées que l'on peut venir en aide aux autres pauvretés : culturelle, sociale et spirituelle ; cependant la miséricorde chrétienne ne doit pas se limiter aux besoins matériels. En effet, elle ne sera vraiment adaptée que si elle aide les pauvres à devenir autonomes au lieu de les maintenir dans une situation de dépendance. Cela n'est possible qu'en remédiant aux autres pauvretés. C'est pourquoi la charité chrétienne exige une prise en charge complète de la personne qui tienne compte de toutes les dimensions et ne se contente pas de l'aider à survivre, mais aussi à accomplir sa vie.

Jusqu'où la miséricorde doit-elle aller, que peut-elle réaliser concrètement, qu'est-ce que cela signifie pour un chrétien ? Sœur Faustine a répondu à ces questions dans une très belle prière datant de l'année 1937 :

> « Aide-moi, Seigneur, pour que mes yeux soient miséricordieux, pour que je ne soupçonne et ne juge jamais d'après les apparences extérieures, mais que je discerne la beauté dans l'âme de mon prochain et lui vienne en aide.
> Aide-moi, Seigneur, pour que mon oreille soit miséricordieuse, afin que je me penche sur les besoins de mon prochain et ne reste pas indifférente à ses douleurs ni à ses plaintes.
> Aide-moi, Seigneur, pour que ma langue soit miséricordieuse, afin que je ne dise jamais de mal de mon prochain, mais que j'aie pour chacun une parole de consolation et de pardon.
> Aide-moi, Seigneur, pour que mes mains soient miséricordieuses et remplies de bonnes actions, afin que je sache faire du bien à mon prochain et prendre sur moi les tâches les plus lourdes et les plus déplaisantes.

Aide-moi, Seigneur, pour que mes pieds soient miséricordieux, pour me hâter au secours de mon prochain, en dominant ma propre fatigue et ma lassitude. Mon véritable repos est dans le service rendu à mon prochain.
Aide-moi, Seigneur, pour que mon cœur soit miséricordieux, afin que je ressente moi-même les souffrances de mon prochain. Je ne refuserai mon cœur à personne. Je fréquenterai sincèrement même ceux qui, je le sais, vont abuser de ma bonté, et moi, je m'enfermerai dans le Cœur très miséricordieux de Jésus. Je tairai mes propres souffrances. Que Ta miséricorde repose en moi, ô mon Seigneur.
C'est Toi qui m'ordonnes de m'exercer aux trois degrés de la miséricorde ; le premier : l'acte miséricordieux – quel qu'il soit ; le second : la parole miséricordieuse – si je ne puis aider par l'action, j'aiderai par la parole ; le troisième – c'est la prière. Si je ne peux témoigner la miséricorde ni par l'action, ni par la parole, je le pourrai toujours par la prière. J'envoie ma prière même là où je ne puis aller physiquement.
O mon Jésus, transforme-moi en Toi, car Tu peux tout[407]. »

4. Pas de pseudo-miséricorde trop laxiste !

La miséricorde et la religion peuvent, elles aussi, être mal interprétées. Il est évident que le commandement de l'amour du prochain et surtout celui de l'amour des ennemis ne peuvent être pratiqués en dehors de la réalité du monde dans lequel nous vivons. Le risque alors est que la miséricorde devienne équivoque en raison de l'ambivalence de certaines situations et soit mal interprétée ou qu'on en abuse. Elle peut même être transformée en son contraire : on s'en sert alors pour « assouplir » la morale chrétienne.

Une forme de cette pseudo-miséricorde, qui fait beaucoup parler d'elle de nos jours, est la tendance à protéger l'agresseur plutôt que la victime. Une fausse amitié ou une solidarité mal comprise peut engendrer ce genre d'attitude ; ou encore la volonté de protéger une institution – que ce soit l'Église, l'état, un ordre religieux ou une association – de conséquences néfastes si l'on découvrait le préjudice et le traduisait devant la justice. Une telle position est contraire à l'esprit de l'Évangile qui a une option préférentielle pour les pauvres et les plus faibles. Il faut donc d'abord protéger les victimes avant de protéger les auteurs de ces actes.

Il existe d'autres fausses interprétations de la miséricorde, tout aussi importantes. Il faut nommer en premier lieu la tendance à un certain laxisme qui laisse tout faire. Cela commence dans les familles où les parents permettent tout à leurs enfants. Cette même attitude se retrouve quand, au lieu

407. Sœur FAUSTINE, *Petit Journal,* Ed. du dialogue, p. 96, n° 163.

d'appeler à la conversion, on ferme les yeux sur un comportement mauvais, voire peccamineux, sous prétexte de miséricorde.

Chez le prophète Ezéchiel se trouve une exhortation incisive. Il dit qu'il sera demandé des comptes au veilleur qui n'a pas sonné le cor quand le danger était imminent. Le texte poursuit :

> *« Si je dis au méchant : "Méchant, tu vas mourir", et que tu ne parles pas pour avertir le méchant d'abandonner sa conduite, lui, le méchant, mourra de sa faute, mais c'est à toi que je demanderai compte de son sang. Si au contraire tu as averti le méchant d'abandonner sa conduite pour se convertir et qu'il ne s'est pas converti, il mourra, lui, à cause de son péché, mais toi, tu auras sauvé ta vie. »* (Ez 33, 8-9)

Paul dit clairement que l'autre ne peut pas nous être indifférent, que l'amour et la miséricorde nous rendent responsables les uns des autres. Il n'hésite donc pas à exhorter sa communauté (Rm 12, 1) ; il s'appuie même pour cela sur la plus haute autorité (2 Co 5, 20). Il rappelle de manière plus générale que les chrétiens doivent prendre soin les uns des autres et qu'ils ont une responsabilité les uns envers les autres :

> *« Instruisez-vous et reprenez-vous les uns les autres »* (Col 3, 16).

Dans le Nouveau Testament il est donc question de correction fraternelle (1 Th 5, 11. 14 ; 2 Th 3, 15 ; 2 Tm 2, 25 ; Tt 1, 13 ; 2, 15). Si l'on exhorte, non en se croyant juste, mais en ayant conscience de son propre péché, alors il s'agit d'une œuvre de miséricorde[408]. Dans ce cas, la miséricorde peut être un remède nécessaire, quoiqu'amer[409]. Parfois elle doit faire mal comme le médecin lors d'une opération chirurgicale fait mal en incisant, non pour détruire, mais pour aider et soigner[410].

Un autre malentendu important se produit quand, au nom de la miséricorde, on croit pouvoir se placer au-dessus du commandement de Dieu et de la justice ; l'amour et la miséricorde ne sont plus là pour accomplir et dépasser la loi, mais au contraire pour la dévaloriser et l'abroger. Il est impossible de transgresser des lois élémentaires justes en raison d'une miséricorde purement sentimentale. On ne peut conseiller l'avortement ni même y contribuer, sous prétexte de miséricorde, quand la naissance d'un enfant handicapé paraît intolérable pour la mère ou pour l'enfant. On ne peut pas non plus, sous prétexte de compassion, pousser un malade incurable à un suicide assisté pour le délivrer de ses souffrances. Cette pseudo-miséricorde n'a rien

---

408. H. Schlier, *Vom Wesen der apostolischen Ermahnung*, *in* : *Die Zeit der Kirche*, Freiburg, 1958, p. 74-89.
409. Irénée, *Adversus haereses* III, 25, 7.
410. Ephrem le Syrien, *Contre les hérésies* 1.

à voir avec la miséricorde de Dieu, elle se met au-dessus du commandement de Dieu : *« Tu ne tueras pas »* (Ex 20, 13 ; Dt 5, 17).

Ne pas pécher par fausse miséricorde ne signifie pas pour autant traiter sans miséricorde les personnes qui, dans leur situation, ont des difficultés avec le commandement de Dieu ou même l'ont transgressé. En vertu d'une miséricorde bien comprise, il faudra leur expliquer le commandement divin, mais avec miséricorde. On les aidera en parole et en actes à le mettre en pratique dans une situation bien souvent complexe et difficile – c'est le travail des agents de pastorale de l'Église. Au cas où des personnes se seraient rendues coupables d'un péché qui pèse souvent toute une vie sur la conscience, alors un accompagnement spirituel s'impose, comme Jésus l'a fait avec les pécheurs. Il ne s'agit pas de les juger avec dureté, mais de les aider à ne pas refouler cette faute, à la reconnaître et à s'en remettre avec confiance à l'infinie miséricorde de Dieu qui est toujours prêt à pardonner.

Il en va de même pour le lien entre charité et vérité. Cette question est d'actualité quand il s'agit de dire la vérité sur sa situation à un grand malade ou à un mourant. Lui cacher la vérité sous prétexte de miséricorde ou lui donner de faux espoirs n'aide pas vraiment le malade, mais l'empêche plutôt à se placer en face de la réalité et à affronter la situation humainement et spirituellement. Dans de telles circonstances, il s'agira bien évidemment de dire la vérité avec délicatesse et dans l'amour (Ep 4, 15) de manière à aider le malade à l'accueillir et à la regarder en face. Cela exige beaucoup de sensibilité et de délicatesse autant sur le plan humain que spirituel.

5. Rencontrer Jésus dans les pauvres

Dans son long discours sur le jugement des nations Jésus exprime le sens profond de la pratique de la miséricorde :

> *« Ce que vous avez fait au plus petit d'entre les miens, c'est à moi que vous l'avez fait »* (Mt 25, 40 et 45).

Lui qui était riche s'est fait pauvre pour nous (2 Co 8, 9) et a pris la condition d'esclave (Ph 2, 7). Il ne s'est pas contenté d'être solidaire des pauvres, il s'est même identifié à eux. Nous pouvons donc le rencontrer dans les pauvres.

Augustin revenait toujours au fondement de la foi chrétienne qui est l'amour du prochain. Selon les approximations, il cite Mt 25 plus de 275 fois dans toute son œuvre[411]. Dans un de ses sermons il écrit (dans un latin très concis, très difficile à traduire si ce n'est en le paraphrasant) :

> « Tu as donné peu, reçois davantage ; tu m'as donné de la terre, voici le ciel ; tu m'as donné du temps, voici l'éternité ; tu m'as donné ce qui m'appartient, me voici moi-même. En effet ne m'as-tu rien donné que tu ne l'aies reçu de moi ? Je ne te rendrais pas ce que tu as donné, moi qui t'ai mis en mesure de donner ; moi qui t'ai donné le Christ à qui tu as donné et qui te dira : "Quand vous l'avez fait à l'un de mes petits, c'est à moi que vous l'avez fait ?" Ainsi Celui à qui tu donnes nourrit les autres et il a faim à cause de toi ; il donne et reste dans le besoin. Tu veux bien recevoir quand il donne, et ne pas donner quand il a besoin ! Le Christ est dans le besoin quand le pauvre y est ; il est prêt à donner l'éternelle vie à tous ses serviteurs, et maintenant il daigne recevoir dans la personne de chaque pauvre[412] ! »

Tous les grands saints, hérauts de la charité chrétienne, ont cette même vision des choses et l'ont vécu, que ce soit le diacre Laurent de la Résurrection, Martin de Tours, Nicolas de Myre, Élisabeth de Hongrie, Camille de Lellis, Vincent de Paul, Damien de Veuster. Mère Teresa de Calcutta a fait au début de son cheminement une expérience du Christ, que l'on pourrait qualifier de mystique, dans la rencontre d'un mourant[413]. Elle a exprimé dans une prière cette dimension christologique et même mystique de l'amour du prochain :

> « Mon doux Seigneur, que je te découvre aujourd'hui et tous les jours dans la personne de tes malades et qu'en les servant, je te serve aussi ;
> Que je te reconnaisse aussi quand tu te caches sous le déguisement de ceux qui sont facilement irritables, exigeants et déraisonnables, et que je dise : "Jésus plein de patience, comme il est doux de te servir."
> Seigneur, donne-moi cette vision de foi qui désire et mon travail ne sera jamais monotone. Je trouverai toujours du bonheur à supporter les humeurs et à accomplir les souhaits des pauvres souffrants.
> Malade bien-aimé, tu m'es plus cher encore parce que tu représentes le Christ. Quel privilège pour moi de pouvoir ainsi prendre soin de toi !
> Seigneur, rends-moi sensible à la dignité de ma haute vocation et à sa grande responsabilité. Ne permets pas que je m'en montre un jour indigne ; que je ne tombe pas dans la dureté de cœur, le manque de charité et l'impatience. O Dieu, puisque tu es Jésus en train de souffrir, daigne te montrer aussi pour moi un Jésus plein de patience, indulgent pour mes fautes : ne regarde que mes intentions qui sont de t'aimer et de te servir dans la personne de chacun de tes fils souffrants.
> O Seigneur, augmente ma foi, bénis mes efforts et mon travail, maintenant et

---

411. A. Fitzgerald, art. Mercy, works of mercy, in : *Augustine through the Ages. An Encyclopedia, Grand Rapids* (Mich.) – Cambridge (UK), 1999, p. 558.
412. Augustin, *Sermo* 38, 8.
413. Cf. la biographie de N. Chawla, *Mère Teresa*, Ed. l'Archipel, 2003.

toujours. Amen[414]. »

La parole de Jésus et tous les saints que nous avons nommés nous montrent quelle est finalement l'essence de la charité chrétienne et de la miséricorde. Il ne s'agit pas seulement d'une philanthropie générale – contre laquelle il n'y a rien à redire, si du moins elle ne s'épuise pas en vaines paroles, mais devient acte concret. Il ne s'agit pas seulement d'avoir pitié de ceux qui souffrent – ce qui est déjà beaucoup face à la dureté de cœur et à l'égoïsme ; il ne s'agit pas non plus d'avoir de belles idées pour changer le monde.

Sur ce point la Bible est très réaliste :

« Les pauvres, vous les aurez toujours avec vous » (Jn 12, 8).

Dans la miséricorde chrétienne il s'agit finalement de rencontrer Jésus lui-même dans ceux qui souffrent. La miséricorde n'est donc pas en premier lieu une question de morale, mais de foi : croire au Christ, être son disciple et le rencontrer. Comme la parabole du bon Samaritain le montre clairement, celui qui est au centre, c'est ce malheureux que je rencontre concrètement, dont je suis devenu le prochain et qui est dépendant de mon aide (Lc 10, 25-37). Dans ce pauvre, c'est Jésus-Christ lui-même qui vient à ma rencontre.

Il n'est pas question de nier le fait que l'amour du prochain a des conséquences sociales et politiques qui dépassent le domaine individuel – il en sera question en détail dans un autre chapitre[415]. Dans un engagement social et politique on ne peut être crédible que dans la mesure où on ne se contente pas de poser des exigences vis-à-vis des autres, des institutions de l'état ou de l'Église, mais où on vit concrètement et de manière exemplaire sa foi au Christ et sa vie chrétienne dans le domaine privé et dans son entourage. Un tel témoignage fera école et incitera d'autres à s'engager concrètement. Ainsi l'identification de Jésus-Christ dans les pauvres dépasse la rencontre personnelle, elle a de l'importance pour d'autres et pour l'Église.

6. La miséricorde, être disciple à la suite du Christ

La relation personnelle avec Jésus-Christ signifie partager sa vie, c'est-à-dire prendre part à sa vie, c'est-à-dire à sa pro-existence ; la miséricorde chrétienne est finalement une manière concrète de représenter le Christ sur terre. On le découvre en regardant les différents niveaux de signification de

414. Mère Teresa, *Il n'y a pas de plus grand amour*, Lattès, Paris, 1997.
415. Cf. ci-dessous ch. VII.

tout appel à suivre le Christ[416]. L'appel de Jésus à le suivre est plus qu'une simple invitation à marcher avec lui et à l'accompagner dans ses pérégrinations. Marcher à sa suite signifie vivre et partir en mission avec lui (Mc 3, 14), autrement dit avoir avec lui une communion de destin et de souffrance pouvant aller jusqu'à la croix.

> *« Si quelqu'un veut marcher derrière moi, qu'il renonce à lui-même, qu'il prenne sa croix et qu'il me suive »* (Mc 8, 34).

Comme Jésus, ses disciples doivent se faire les serviteurs de tous. Celui qui veut être le premier sera le serviteur, l'esclave de tous (Mc 10, 45 ; cf. Jn 13, 15). Mourir avec le Christ peut mener à la croix et à l'offrande totale de sa vie par amour pour lui (Mc 8, 34s).

Le soir avant sa Passion Jésus a donné à ses disciples un exemple concret. Il a pris la dernière place, celle de serviteur, en lavant les pieds de ses disciples, et les a invités à faire de même (Jn 13, 14s). Jésus a donné sa vie gratuitement pour eux, à leur tour ils doivent offrir leur vie pour les autres. Cela peut aller jusqu'au don total.

> *« Car il n'y a pas de plus grand amour que de donner sa vie pour ses amis. »* (Jn 15, 13 ; cf. Jn 12, 25s)

Le disciple, à la suite de Jésus, ne vit pas pour lui, mais pour les autres.

À la lumière de Pâques cette idée de participer à la mort rédemptrice et à la résurrection de Jésus-Christ prend une signification nouvelle, plus profonde, à travers le baptême (1 Co 12, 13 ; Ga 3, 28) et l'Eucharistie (1 Co 10, 16s).

Être dans le Christ signifie être avec et pour les autres dans le Corps du Christ.

> *« Si un membre souffre, tous les membres partagent sa souffrance ; si un membre est à l'honneur, tous partagent sa joie. »* (1 Co 12, 26)

Paul conseille :

> *« Portez les fardeaux les uns des autres, ainsi vous accomplirez la loi du Christ. »* (Ga 6, 2)

Il veut se faire l'esclave de tous pour en gagner quelques-uns :

> *« Je me suis fait tout à tous pour en sauver à tout prix quelques-uns »* (1 Co 9, 22).

---

416. K.-H. Schelkle, *Jüngerschaft und Apostelamt*, Freiburg, 1957 ; H. D. Betz, *Nachfolge und Nachahmung Jesu Christi im Neuen Testament*, Tübingen, 1967 ; M. Hengel, *Nachfolge und Charisma. Eine exegetisch-religionsgeschichtliche Studie zu Mt 8, 21s und Jesu Ruf in die Nachfolge*, Berlin 1968 ; D. Bonhoeffer, *Vivre en disciple* (voir note 390).

Il se laisse moudre et est moulu et il le vit comme un sacrifice pour fortifier la foi de sa communauté (Ph 2, 17 ; cf. 2 Co 12, 15). Le ministère apostolique et pastoral signifie au sens littéral du terme « être moulu » et donc dans toutes ces tribulations, on peut rendre Jésus présent pour les autres dans sa mort et sa résurrection. L'apostolat ne se vit pas seulement en paroles, il concerne toute la vie. Et donc l'idée de « substitution » est devenue un concept clé de la vie chrétienne[417].

Cette notion de « substitution » a pris au cours de l'histoire des formes variées[418]. Tout d'abord dans le martyre où le sang versé est devenu semence de chrétiens[419], ensuite dans la vie érémitique et monastique, puis dans la mission, comme les moines irlandais itinérants pour l'amour du Christ (*peregrinatio propter Christum*), enfin dans une vie humble et pauvre à la suite de Jésus comme François d'Assise.

Depuis Bernard de Clairvaux s'est développée une mystique de la croix : on voulait revivre et ressentir de l'intérieur l'amour de Dieu manifesté dans la Passion de Jésus, par une participation à ses souffrances. On représente souvent Bernard de Clairvaux avec Jésus qui, du haut de la croix, se penche vers lui pour l'enlacer de ses bras. Il a exprimé cet événement en une phrase :

> « Car, lorsque nous voyons Dieu à découvert, nous sommes transformés, comme dit l'Apôtre, en une même image avec lui... Nous sommes transformés en lui, lorsque nous lui devenons conformes[420]. »

Cette spiritualité se trouve également dans la mystique d'un Maître Eckhart, Jean Tauler et Henri Suso et dans *L'Imitatio Christi* de Thomas von Kempen ainsi que dans les Exercices spirituels d'Ignace de Loyola dans lesquels l'intériorisation et la contemplation de la vie et de la Passion de Jésus ont posé les bases pour l'unité de la vie active et contemplative.

Cette mystique de la croix se retrouve également dans l'art. Tandis que les représentations byzantines et romanes montraient un Christ *pantocrator*, victorieux, l'art gothique le représente comme l'homme des douleurs. Pensons tout spécialement aux croix de peste de la fin du Moyen-Âge dans lesquelles, des siècles durant, les hommes dans la détresse se sont reconnus et qui les ont aidés à se relever. Cette spiritualité s'est traduite dans les méditations du chemin de croix et est passée dans la dévotion populaire. La

---

417. K.-H. MENKE, *Stellvertretung : Schlüsselbegriff christlichen Lebens und theologische Grundkategorie*, Freiburg-Einsiedeln, 1997.
418. U. LUZ/K.S. FRANK/J.K. RICHES/H.-J. KLIMKEIT, *Nachfolge Jesu*, in : *TRE 23*, p. 678-713.
419. TERTULLIEN, *Apologeticum* 50, 14.
420. BERNARD DE CLAIRVAUX, *Commentaire du Cantique des cantiques* 62, 5.

contemplation de la Passion et de la mort de Jésus permettait aux croyants de ressentir les sentiments du Christ et de s'identifier aux différentes stations du chemin de croix. Dans ma paroisse d'origine, Wangen im Allgäu, il existe une dévotion au Divin Prisonnier. Elle remonte à d'anciennes formes de piété datant du Moyen-Âge et fut encouragée au XVIIIe siècle par les visions de la bienheureuse Crescentia Höss de Kaufbeuren, canonisée en 2001. Qui ne pourrait s'identifier à Lui d'une manière ou d'une autre ? Il existe actuellement de multiples formes d'emprisonnement : prisonniers de guerre, détenus dans les camps de travail et camps de concentration, prisonniers politiques, handicapés cloués sur leur lit ou leur fauteuil roulant, personnes prisonnières de leur propre péché, parce que le lien à l'argent ou à d'autres formes de dépendance les a mises dans une situation de précarité ou conduites dans une impasse.

S'identifier à Jésus dans sa Passion et sa mort pouvait conduire à des déviations. Dans la *Devotio moderna* et le piétisme d'abord, puis au Siècle des Lumières, on dissocia la christologie – en tant qu'imitation de Jésus-Christ – du fondement objectif, ecclésial et sacramentel, pour la réduire à une « jésuologie » – imitation personnelle, subjective de Jésus. Jésus devint le modèle à imiter ; mais ce qui, à l'origine, se basait sur une affirmation – le salut nous est accordé par l'intermédiaire des sacrements – devenait un impératif : le disciple doit mener une vie exemplaire pour suivre Jésus[421]. Un autre danger de cette *Imitatio* était de la réduire à un salut individuel. Elle risquait d'oublier le caractère inclusif de l'identification au Christ : s'identifier au Christ signifie en effet que nous devenons des membres actifs de l'Église, Corps du Christ ; cela dépasse la relation personnelle affective avec Jésus et doit pousser à devenir disciple pour les autres.

Paul se déclarait prêt à prendre sur lui la malédiction et la condamnation qui pesaient sur ses frères juifs (Rm 9, 2). Cette affirmation a longtemps influencé la tradition mystique. Nous savons que de nombreux saints ont supporté le désert et la nuit obscure de la foi et ont vécu la déréliction de Jésus sur la croix à la place de ceux qui sont enfermés dans la nuit de l'absence de Dieu et de l'incroyance. Cette idée se trouve spécialement dans la mystique du Carmel de Jean de la Croix[422].

Thérèse de Lisieux a repris cette idée de la mystique carmélitaine et nous l'a transmise. Elle veut s'offrir en victime à l'amour miséricordieux et être

---

421. K.-H. Menke, *Jesus ist Gott der Sohn*, Regensburg, 2008, p. 291-299.

422. Sur le thème de la kénose et de la nuit dans la mystique, voir P. Rheinbay, Voller Pracht wird die Nacht, weil dein Glanz sie angelacht, in : G. Augustin/K. Krämer, *Gott denken und bezeugen* (FS Walter Kasper), Freiburg, 2008, p. 284-386.

amour dans le cœur de l'Église, Corps du Christ : c'est là sa vocation et sa place. Elle a dit que, du haut du ciel, elle jetterait les pétales de rose de l'amour sur l'Église souffrante pour éteindre ses flammes et sur l'Église combattante pour lui obtenir la victoire[423]. Dès lors elle prie pour ses frères incroyants. Ainsi elle était prête à traverser la nuit obscure et à prendre sur elle toutes les angoisses de ceux qui vivent aujourd'hui dans l'absence de Dieu. Elle prie pour que ses frères incroyants reçoivent la lumière de la foi[424]. Elle qui désirait si ardemment partir en mission voulait aider les missionnaires par la prière et les sacrifices[425]. Pour elle le zèle d'une carmélite doit englober le monde entier[426].

C'est dans cette tradition que s'inscrit aussi Édith Stein, sœur Thérèse Bénédicte de la Croix. Dans la persécution nazie elle est partie à Auschwitz où elle allait mourir dans une chambre à gaz pour son peuple, le peuple juif auquel elle continuait d'appartenir[427]. C'est dans le même esprit que Maximilien Kolbe a offert sa vie pour un autre détenu, un père de famille. Mère Teresa elle aussi a vécu une nuit mystique jusqu'à sa mort après les expériences lumineuses du début. Elle disait cette phrase bien connue :

> « Si un jour, je deviens une sainte, je serai sûrement celle des "ténèbres", je serai continuellement absente du paradis pour éclairer la lampe de ceux qui sont dans l'obscurité sur la Terre[428]. »

On peut penser aussi à des écrivains comme Léon Bloy, Charles Péguy ou d'autres qui font éclater le cadre trop étriqué et trop individuel de la conception de « substitution » et ont remis en valeur sa dimension ecclésiale et universelle. Ils l'ont replacée au centre de la vie chrétienne et lui ont redonné le sens de « vivre pour les autres ». Dietrich Bonhoeffer en a exprimé le sens profond. Pour lui ce dont souffre le monde, c'est de l'absence de Dieu. Il en parle ainsi :

> « Il faut porter la souffrance pour qu'elle passe. Ou bien c'est le monde qui doit la porter, et c'est sa perte, ou bien c'est elle qui retombe sur le Christ, et la voici vaincue par lui. C'est ainsi que le Christ souffre à la place du monde. Seule sa souffrance est une souffrance rédemptrice. Mais la communauté sait aussi

---

423. Thérèse de Lisieux, *Manuscrits autobiographiques. Œuvres complètes*, Ed. du Cerf, p. 228.
424. Thérèse de Lisieux, *Manuscrits autobiographiques. Œuvres complètes*, Ed. du Cerf, p. 242.
425. Thérèse de Lisieux, *Manuscrits autobiographiques. Œuvres complètes*, Ed. du Cerf, p. 248. 277.
426. Thérèse de Lisieux, *Manuscrits autobiographiques. Œuvres complètes*, Ed. du Cerf p. 280.
427. R. Leuven, *Heil im Unheil. Das Leben Edith Steins : Briefe und Vollendung* (Edith Steins Werke 10), Druten – Freiburg i. Br. 1983, p. 166 : „Komm, wir gehen für unser Volk" ; cf.: A. Ziegenaus, Benedicta a Cruce – Jüdin und Christin, in : L. Elders, *Edith Stein. Leben, Philosophie*, Vollendung, Würzburg, 1991, p. 129-143, surtout p. 137s.
428. Mère Teresa, *Viens, sois ma lumière*, Lethielleux, 2008.

maintenant que la souffrance du monde est à la recherche de quelqu'un qui la porte. De sorte que, dans l'obéissance au Christ, la souffrance retombe sur la communauté, et elle la porte en étant elle-même portée par le Christ. La communauté de Jésus-Christ se tient devant Dieu à la place du monde dans la mesure où elle le suit sous la croix[429]. »

Cette spiritualité, qui consiste à intercéder pour d'autres et à s'offrir à leur place, pourrait, dans la situation actuelle de diaspora au milieu d'un monde sécularisé, rompre le fonctionnement interne de beaucoup de paroisses et donner une orientation et une impulsion spirituelle pour le présent et pour l'avenir. L'amour du prochain vécu de manière radicale ouvre à la dimension ecclésiale ; c'est le sujet que nous allons traiter maintenant.

429. D. Bonhoeffer, *Vivre en disciple* (voir note 390), p. 72.

Chapitre VII

L'ÉGLISE À L'AUNE DE LA MISÉRICORDE

1. L'Église, sacrement de l'amour et de la miséricorde

Tout chrétien est tenu de pratiquer le commandement de l'amour, mais aussi l'Église dans son ensemble. Pour l'un comme pour l'autre il se fonde sur la nature même de l'Église, Corps du Christ. C'est pourquoi l'Église n'est pas un organisme de bienfaisance ; en tant que Corps du Christ – du Christ total, Tête et membres – elle est le sacrement de la Présence efficiente du Christ, demeurant au milieu du monde. Ainsi donc, elle peut rencontrer le Christ à la fois dans ses propres membres et dans les hommes qui sont dans le besoin. Son rôle est de rendre présent l'évangile de la miséricorde – qui est Jésus-Christ lui-même – par la parole, les sacrements et par toute son histoire ainsi que par la vie de chaque chrétien. Mais elle est elle-même objet de la miséricorde divine. En tant que Corps du Christ elle est sauvée par Jésus-Christ ; cependant elle est composée de pécheurs et a donc sans cesse besoin d'être purifiée, pour pouvoir se présenter devant Dieu sainte et irréprochable (cf. Ep 5, 23. 26s). Par conséquent elle doit toujours rester critique vis-à-vis d'elle-même et se demander si elle est effectivement en accord avec ce qu'elle est et doit être. Inversement nous n'avons pas à regarder les défauts et les fautes de l'Église avec suffisance, mais avec miséricorde, comme Jésus l'a fait. Il faut être clair à ce sujet : une Église sans charité et sans miséricorde ne serait plus l'Église de Jésus-Christ.

Ces affirmations fondamentales sur la nature et la mission de l'Église, sur sa sainteté et son besoin constant de renouvellement ne peuvent être développées ici, ni traitées dans le détail. Cela relève d'un enseignement sur l'Église que, dans ce contexte, nous devons supposer connu[430].

---

430. Cf. W. Kasper, *L'Église catholique : son être, sa réalisation, sa mission*, Ed. du Cerf, 2014.

Le lien étroit entre la charité (*caritas*) ou la miséricorde et l'Église, plus exactement entre la charité-miséricorde et l'unité de l'Église est clairement exprimé dans un texte de saint Augustin où il fait référence à l'hymne à la charité de 1 Co 13 : *« Si je n'ai pas la charité, je ne suis rien »*. Il comprend l'amour non seulement de manière individuelle comme œuvre de chrétiens isolés, mais de manière ecclésiale comme le lien qui fait l'unité de l'Église. Il en résulte que les œuvres de charité, telles que l'aumône, la virginité et même le martyre ne sont rien en dehors de cette communion d'amour dans l'Église ; en effet, sans elle le lien de l'unité est rompu et les bonnes œuvres sont comme des sarments coupés de la vigne[431]. Dans sa lutte contre les Donatistes schismatiques Augustin affirme donc : Sans l'amour et en dehors de la communion de l'Église tout le reste n'est rien[432]. Ces affirmations ont cela de fondamentalement juste : l'amour-miséricorde n'est pas une entreprise privée de chrétiens isolés ; dans l'Église, il n'est pas non plus une œuvre sociale comme il en existe beaucoup de nos jours ; il a une dimension spécifiquement ecclésiale et fait partie intégrante de l'Église, de sa foi et de l'unité vécue en elle.

Il est évident que ces affirmations d'Augustin qui proviennent de la controverse avec les Donatistes schismatiques n'entrent pas facilement aujourd'hui dans une perspective œcuménique. Il faut les comprendre en lien avec d'autres passages écrits dans le même contexte. Augustin y affirme que beaucoup n'appartiennent à l'Église qu'en apparence, mais, en fait, de cœur ils sont à l'extérieur ; alors qu'inversement beaucoup qui ne font pas partie de l'Église sont de cœur à l'intérieur[433]. L'appartenance extérieure ne suffit donc pas, il faut appartenir de cœur à l'Église, c'est-à-dire vivre de l'Esprit Saint, l'Esprit d'amour ; nous trouvons souvent un tel amour en dehors de l'Église chez des hommes qui n'appartiennent pas à l'Église visible.

Le Concile Vatican II a repris cette idée et a reconnu que l'Église catholique possède la plénitude des moyens de salut, mais que l'Esprit Saint agit au-delà de ses frontières visibles par toutes sortes de charismes[434]. Il existe donc des œuvres de charité et de miséricorde en dehors de l'Église visible ; de ce point de vue nous pouvons en quelque sorte prendre exemple sur ces chrétiens non catholiques et même parfois sur des non-chrétiens et apprendre d'eux. Inversement ceux qui sont à l'intérieur et appartiennent à l'Église visible doivent tout faire pour vivre l'amour ecclésial et le manifester en actes par des œuvres de miséricorde concrètes et spirituelles.

---

431. Augustin, *In evangelium Ioannis* 13, 15-17 ; cf. 6, 23.
432. Augustin, *De baptismo* I, 8, 10 entre autres.
433. Id. VI, 28, 39. Cf. LG 14, note 26.
434. LG 15 ; UR 3.

Ainsi le message de la miséricorde a des répercussions – bien au-delà de la vie de chaque chrétien – sur l'enseignement, la vie et la mission de l'Église[435]. Le plus terrible reproche qui puisse l'atteindre et qui, de fait, l'atteint souvent, est de lui dire qu'elle ne fait pas elle-même ce qu'elle prêche aux autres, qu'elle est trop rigide et manque de miséricorde – c'est ainsi que beaucoup de gens la perçoivent. C'est pour cette raison que le pape Jean XXIII a déclaré lors de l'inauguration du Concile Vatican II que désormais l'Église devait avant tout utiliser les armes de la miséricorde[436]. Le pape Jean-Paul II a repris cette affirmation dans son Encyclique *Dives in misericordia* et consacré tout un chapitre au thème de la miséricorde divine dans la mission de l'Église. Il a souligné que le rôle de l'Église était de rendre témoignage à la miséricorde de Dieu[437].

Cela peut se faire de trois manières différentes : l'Église doit annoncer la miséricorde divine, elle doit la prodiguer concrètement dans le sacrement de la réconciliation et enfin elle doit la faire apparaître et la manifester concrètement par toute sa vie et même à travers le droit canon.

2. Annonce de la miséricorde divine

Le premier devoir de l'Église est d'annoncer le message de la miséricorde. Actuellement, où tant de gens vivent comme si Dieu n'existait pas, l'Église doit absolument éviter de se laisser reléguer sur des voies de garage, loin du théâtre des événements du monde. Il lui faut pénétrer au cœur du message évangélique et replacer au centre l'annonce de la miséricorde divine. Il ne s'agit donc pas d'annoncer un Dieu fade, flou et vague, Dieu d'une religion universelle ou encore un Dieu purement abstrait, ni de parler d'un « bon Dieu » inoffensif et banal, et encore moins de faire peur aux gens en leur présentant un Dieu juge et vengeur. Avec les psaumes l'Église se doit de chanter la miséricorde de Dieu qui ne tarit jamais et annoncer un Dieu, *« Père de tendresse d'où vient tout réconfort »* (2 Co 1, 3), *« riche en miséricorde »* (Ep 2, 4). Il lui revient de raconter l'histoire concrète du salut qui nous montre combien Dieu a pitié des hommes, comme en témoignent l'Ancienne et la Nouvelle Alliance, elle devrait la présenter comme Jésus le fait dans ses paraboles et témoigner d'un Dieu qui a manifesté une fois pour toutes sa miséricorde dans la mort et la résurrection de Jésus.

---

435. K. Bopp, *Barmherzigkeit im pastoralen Handeln der Kirche. Eine symbolisch-kritische Handlungstheorie zur Neuorientierung kirchlicher Praxis*, München, 1998 ; P. M. Zulehner, *Gott ist größer als unser Herz, Eine Pastoral des Erbarmens, unter Mitarbeit von J. Brandner*, Ostfildern, 2006.

436. HerKorr 17 (1962/63) 87.

437. Jean-Paul II, *Dives in misericordia* (1980) 7.

Dans sa prédication, l'Église doit montrer que les miséricordes de Dieu s'adressent aussi à nous et que l'histoire du salut s'accomplit pour nous, auditeurs d'aujourd'hui (cf. Lc 4, 21). En effet, elle devient en quelque sorte actuelle et rejoint donc l'histoire de notre vie. L'épître aux Hébreux nous en donne un exemple. Elle a été écrite dans une situation où la ferveur des débuts avait diminué et où menaçait le danger d'apostasie. Dans cette situation, très semblable à la nôtre, le mot « aujourd'hui » revient sans cesse :

« Aujourd'hui si vous entendez ma voix, n'endurcissez pas votre cœur » (He 3, 7 ; cf. 15).

« Encouragez-vous les uns les autres, jour après jour, tant que dure l'aujourd'hui de ce psaume » (He 3, 13).

Car Dieu dans sa miséricorde fixe un autre « *aujourd'hui* » (He 4, 7).

Cette actualisation du message de Dieu et de sa miséricorde s'insère bien dans le contexte de la nouvelle évangélisation[438]. Il n'est pas question de s'assimiler, ni de céder trop facilement au goût du jour. La nouvelle évangélisation ne peut pas annoncer un autre évangile, mais seulement actualiser le seul et unique Évangile qui existe en l'adaptant à de nouvelles situations. En tant que prédicateurs nous n'atteindrons le cœur des auditeurs que si nous parlons concrètement de Dieu et rejoignons les hommes dans leurs détresses et leurs souffrances, en les aidant à découvrir le Dieu de miséricorde dans l'histoire de leur propre vie. Cela n'avance à rien de critiquer le monde moderne et les hommes d'aujourd'hui (nous en faisons partie nous aussi) ; il nous faut plutôt nous tourner avec miséricorde vers la situation présente et nous dire qu'au-delà du brouillard et des ténèbres, qui couvrent bien souvent notre monde, brille le visage miséricordieux d'un Père qui est lent à la colère et plein d'amour, qui connaît et aime chacun en particulier et qui sait ce dont nous avons besoin (Mt 6, 8. 32).

La nouvelle évangélisation peut dire à ceux qui se sont éloignés de Dieu et ont déserté l'Église que Dieu est proche d'eux, alors même qu'ils s'en croient loin, qu'Il est bon et miséricordieux comme le Père dans la parabole du fils

---

438. En fait, la chose n'est pas nouvelle. Il y a toujours eu dans l'histoire de l'Église des prédicateurs et des mouvements de réveil qui ont appelé à la repentance, à la conversion et au renouvellement. Après le Concile de Trente les missions locales, dans les paroisses et les secteurs, se sont révélées un instrument très précieux. Plus récemment on peut penser à la Mission de France et à la Mission de Paris. Après le Concile l'écrit apostolique de Paul VI *Evangelii nuntiandi* (1975) et l'Encyclique de Jean-Paul II *Redemptoris missio* (1990) (N° 32-38) ont pris une place de premier plan. Benoît XVI a fondé un Conseil pontifical pour la nouvelle évangélisation par le Motu proprio *Ubicumque et semper* (2010) et convoqué en octobre 2012 un synode des évêques pour la nouvelle évangélisation. Voir à ce sujet W. Kasper, Neue Evangelisierung als theologische, pastorale und geistliche Herausforderung, in : *Das Evangelium Jesu Christi* (WKGS 4), Freiburg, 2009, p. 284-291.

prodigue (cf. Lc 15, 20-24). Comme le bon Samaritain Il les relève au bord du chemin, se penche vers eux et bande leurs plaies (Lc 10, 30-35) ; comme le bon berger Il va à leur recherche quand ils se sont perdus et empêtrés dans des buissons, les met sur ses épaules – sur nos épaules – et les ramène tout joyeux à la communauté des chrétiens. Nous pouvons assurer à ceux qui sont loin – en réalité bien souvent ils sont plus proches qu'ils ne pensent – qu'au ciel il y a plus de joie pour un seul pécheur qui se convertit que pour quatre-vingt-dix justes qui n'ont pas besoin de conversion (cf. Lc 15, 3-7).

Quand l'Église témoigne ainsi de la miséricorde de Dieu, elle annonce non seulement la vérité la plus profonde sur Dieu, mais aussi la vérité la plus profonde sur nous, les hommes. Car la vérité la plus profonde sur Dieu est que Dieu est Amour, un amour qui se donne et est toujours prêt à pardonner (1 Jn 3, 8. 16). La vérité la plus profonde sur l'homme est que Dieu, dans son amour, nous a merveilleusement créés, qu'Il ne nous a pas abandonnés lorsque nous nous sommes éloignés de lui et que, plus merveilleusement encore, Il a rétabli notre dignité dans sa miséricorde[439]. Il est descendu jusqu'à nous, au plus profond de notre abaissement, pour nous élever jusqu'à lui et nous attirer à son cœur. C'est là que nous pouvons définitivement trouver le repos et la paix. Augustin commence ses Confessions après une vie tourmentée en disant :

> « Vous l'excitez à se complaire dans vos louanges ; car vous nous avez faits pour vous, et notre cœur est sans repos jusqu'à ce qu'il repose en vous[440]. »

Nous ne pouvons annoncer ce message d'un Dieu de miséricorde de manière convaincante que si notre langage est empreint de miséricorde. Nous aurons à nous expliquer avec les ennemis de l'Évangile – qui ne sont pas moins nombreux que par le passé – fermement, mais sans polémiquer et sans rendre le mal pour le mal. Rendre à ses ennemis la monnaie de leur pièce ne se justifie pas dans une vision d'Église à la lumière du Sermon sur la montagne. Même dans les controverses avec nos adversaires, ce n'est pas la polémique qui doit déterminer notre manière de parler, mais le désir de dire et de faire la vérité dans l'amour (Ep 4, 15).

Nous devons mener le combat pour la vérité avec courage, mais sans aversion ni haine, dit Chrysostome[441]. C'est pourquoi l'Église ne doit pas prendre ses auditeurs de haut ni les admonester ; voir le monde moderne uniquement sous un jour négatif et ne considérer que son côté décadent est

---

439. Prière du jour de la troisième messe de Noël.
440. Augustin, *Confessions* I, 1.
441. Jean Chrysostome, *Commentaire de l'épître aux Romains*, 2.

injuste et est ressenti comme tel. Elle doit savoir évaluer à leur juste valeur les requêtes légitimes des hommes et les progrès en humanité qui existent dans la modernité, mais aussi s'occuper avec miséricorde des problèmes et des blessures des personnes.

Pratiquer une miséricorde sans vérité manquerait d'honnêteté ; cela n'apporterait qu'une bien piètre consolation et ne serait finalement qu'un vain bavardage. Mais inversement dire la vérité sans miséricorde serait froid, rebutant et blessant. Pour annoncer la vérité on ne peut pas adopter la devise : « Marche ou crève ». Il ne s'agit pas d'asséner la vérité comme on passerait un savon à quelqu'un, mais plutôt de l'aider à enfiler un manteau qui le réchauffe pour qu'il soit à l'abri des intempéries.

À cet égard un ton et un style nouveaux étaient donc nécessaires. Certes la polémique se trouve déjà dans le Nouveau Testament[442], ainsi que chez les Pères de l'Église, mais la théologie dans ses controverses n'a pas toujours fait preuve de fair play et d'objectivité et n'était pas toujours disposée à écouter et à comprendre. C'est pourquoi le Concile Vatican II a opté pour une autre manière de faire, le dialogue. Cela n'a rien à voir avec une relativisation de la vérité, il ne s'agit pas non plus de voiler les conflits existants. Un dialogue qui ne chercherait pas la vérité ne mériterait pas ce nom. Par contre un dialogue bien compris suppose un cœur attentif et une écoute mutuelle ; il faut être prêt à témoigner de la vérité pour parvenir, dans la mesure du possible, à un accord commun dans la vérité ; et là où ce n'est pas possible, il faut avoir l'honnêteté de dire : « Nous sommes d'accord que nous ne sommes pas d'accord[443]. » Il s'agit de dire la vérité dans l'amour ; alors seulement elle pourra apparaître attirante et convaincante ; alors seulement elle pourra être comprise et accueillie pour ce qu'elle est, c'est-à-dire une vérité qui sauve.

3. La confession – sacrement de la miséricorde

Le message de la miséricorde est central dans l'Évangile. Or Jésus-Christ étant le Verbe fait chair (Jn 1, 14), la parole de l'Église revêt elle aussi une forme concrète dans les sacrements[444]. Tous sont des sacrements de la miséricorde divine. Le sacrement d'initiation, le baptême, introduit le baptisé dans la communion de l'Église en tant que communauté de vie et d'amour.

---

442. C'est le cas dans les querelles avec les Pharisiens ; dans sa deuxième épître Pierre parle de l'attitude à avoir avec ses ennemis (2 P 2).

443. Cf. W. Kasper, *L'Église catholique.*

444. W. Kasper, *L'Église catholique.*

Puisqu'il accorde le pardon des péchés (cf. Ap 2, 38 ; 1 Co 6, 11 ; Ep 1, 7, Col 1, 14), il est un sacrement de la miséricorde de Dieu. Il en va de même pour l'onction des malades (Jc 5, 15). À chaque Eucharistie la puissance de la miséricorde divine – venant du sang du Seigneur, versé sur la croix (Mt 26, 23) – est agissante et pardonne les péchés. Ainsi la participation à l'Eucharistie nous obtient le pardon des fautes quotidiennes. Elle est, selon le mot bien connu d'Augustin, le sacrement de l'unité et de l'amour[445], qui nous unit très profondément à Jésus-Christ et les uns aux autres et par lequel nous sommes envoyés dans le monde au service de l'amour et de la miséricorde[446].

Très tôt l'Église s'est trouvée confrontée au fait que des chrétiens, devenus par le baptême une créature nouvelle (cf. 2 Co 5, 17 ; Ga 6, 15), retombaient dans les vices de leur vie passée. Il y eut dans l'église primitive une controverse difficile à ce sujet pour savoir si une deuxième pénitence était possible après la chute. La parole de Jésus selon laquelle tout pouvoir est donné à l'Église de lier et de délier (Mt 16, 19 ; 18, 18) a joué un rôle décisif ; dans son évangile, Jean l'interprète en effet comme étant le pouvoir de pardonner les péchés ou de les maintenir (Jn 20, 22s). Il est la grâce pascale que le Seigneur ressuscité a accordée à ses apôtres. C'est sur cette base que l'église primitive a développé une nouvelle possibilité de faire pénitence en instituant le sacrement de réconciliation. Elle le comprenait comme une deuxième planche de salut après le naufrage du péché[447] et comme un deuxième baptême, pénible plongée non dans l'eau cette fois, mais dans les larmes[448]. Ainsi le sacrement de pénitence est par excellence le sacrement de la miséricorde divine par lequel Dieu nous pardonne sans cesse et nous donne la chance d'un nouveau commencement[449].

Ce sacrement a connu au cours des siècles bien des modifications que nous ne pouvons pas décrire en détail[450]. La confession, telle qu'elle s'est constituée au cours de cette évolution, fut fortement recommandée par de grands saints comme Catherine de Sienne, Alphonse de Liguori, le Curé d'Ars, sr Faustine et bien d'autres. L'Église, à travers ses enseignants et ses pasteurs, la conseille vivement[451]. Il est impossible que la pratique de ce

---

445. Augustin, *In evangelium Ioannis* 26, 6, 13 ; Thomas d'Aquin, *S. th.* III, q. 73 a, 6 ; cf. SC 47 ; LG 3 ; 7 ; 11 ; 26.

446. W. Kasper, *Die Liturgie der Kirche* (WKGS 10), Freiburg, 2010, p. 70-74.

447. H. Rahner, Der Schiffbruch und die Planke des Heils, in : *Symbole der Kirche. Die Ekklesiologie der Väter*, Salzburg 1964, p. 432-472.

448. Grégoire de Nazianze, *Oratio* 39, 17 ; cf. DH 1672.

449. Cf. Die Beiträge zur Buße in : Kasper, *Die Liturgie der Kirche* (voir note 446), p. 337-422.

450. Voir à ce sujet les recherches de B. Poschmann, K. Rahner, H. Vorgründer entre autres.

451. Concile de Trente ; DH 1680 ; 1707 ; contre le Synode de Pistoia : DH 1639 ; Jean-Paul II, *Reconcilatio et paenitentia* (1984).

sacrement, recommandée si souvent et pendant si longtemps par l'Église, ait des conséquences néfastes, bien au contraire il ne peut qu'être d'une grande utilité pour avancer dans la vie spirituelle.

Karl Rahner qui a étudié de près l'histoire et la théologie du sacrement de pénitence a écrit un essai impressionnant sur la pratique de ce sacrement et sur le sens de la confession fréquente[452]. Il ne faut pas la comprendre seulement et d'abord à partir de la conduite des âmes et de la direction de conscience qui, par ailleurs, sont aussi à conseiller, mais peuvent se pratiquer en dehors de la confession. Pour faire face aux défis de la vie quotidienne, il existe bien sûr d'autres lieux où puiser la force nécessaire, dans l'Eucharistie par exemple. Mais le sacrement de pénitence a une place particulière, essentielle, dans la vie de l'Église. Car même les péchés véniels sont autant de taches et de rides qui affectent la fiancée du Christ, amoindrissent son rayonnement et pèsent sur la vie de l'Église dans son ensemble. Dans cette mesure chaque confession est aussi une sollicitude, un acte concret de charité envers le Corps visible du Christ qui est l'Église.

De nos jours on est obligé de reconnaître que ce sacrement traverse une grave crise. Dans la plupart des paroisses il n'est plus pratiqué et beaucoup de chrétiens, même ceux qui participent régulièrement à l'Eucharistie, n'ont plus recours à la pratique sacramentelle de la confession. Cela fait partie des blessures profondes de l'Église d'aujourd'hui et doit être pour nous l'occasion d'examiner sérieusement notre conscience, que ce soit à un niveau personnel ou pastoral. Il sera essentiel pour l'avenir de l'Église de trouver une nouvelle manière de fonctionner pour parvenir à un renouveau de ce sacrement.

Les raisons de la crise actuelle sont multiples. Pour beaucoup le sacrement de pénitence n'est plus vécu comme un don, lié à l'événement pascal, ni comme une libération ; au contraire, il est perçu comme une obligation et un moyen de contrôle, un essai de manipuler les consciences et d'infantiliser les gens. Les plus anciens ont pu faire des expériences traumatisantes, liées à la pratique de ce sacrement. Pourtant aujourd'hui la plupart ont seulement entendu parler de ce genre d'expériences négatives. Tandis que l'ancienne génération était sur la réserve, parce qu'elle avait fait de mauvaises expériences, aujourd'hui beaucoup de chrétiens plus jeunes le sont parce qu'ils n'en ont plus du tout l'expérience. À cela s'ajoute chez beaucoup de nos contemporains l'illusion quasi pathologique de ne pas avoir de péchés[453]. C'est toujours la faute des autres ou du « système ». On assiste à un incroyable

---

452. K. Rahner, *Écrits théologiques*, t. 3, DDB 1959-1970.

453. J. B. Metz dans la conclusion du Synode commun des évêques d'Allemagne, Freiburg, 1976, 93-95.

processus de déculpabilisation, qui remet finalement en question la responsabilité personnelle et donc aussi la dignité de la personne humaine. Petit à petit la page semble se tourner dans le sens d'une amélioration. C'est surtout dans les lieux de pèlerinage et dans les centres spirituels ainsi qu'aux Journées Mondiales de la Jeunesse que le sacrement de réconciliation est à nouveau pratiqué et expérimenté par beaucoup comme un don de la grâce.

Le sacrement de pénitence est vraiment un refuge pour les pécheurs que nous sommes tous. Là, les poids que nous traînons, nous sont retirés. Nulle part ailleurs nous ne rencontrons la miséricorde de Dieu de manière aussi directe et aussi concrète que, lorsqu'au nom de Jésus, il nous est dit : « Tes péchés sont pardonnés ». Bien sûr, il n'est facile pour personne de reconnaître avec humilité ses péchés qui, bien souvent, sont toujours les mêmes ; mais celui qui le fait, au moment où il entend prononcer la phrase *absolvo te*, qui lui est concrètement et personnellement adressée – non de manière générale et anonyme – expérimente alors la libération, la paix intérieure et la joie que lui procure ce sacrement. Quand Jésus parle de la joie qu'il y a au ciel pour la conversion d'un pécheur (Lc 15, 7. 10), celui qui reçoit ce sacrement a la grâce de connaître cette joie qui n'est pas seulement au ciel, mais trouve un écho dans son propre cœur. Il s'agit donc de redécouvrir ce sacrement. Tout spécialement les prêtres. Car la mission de pardonner les péchés a été confiée aux apôtres par le Seigneur ressuscité. C'est donc pour chaque prêtre un devoir et une œuvre de miséricorde d'être prêt à dispenser ce sacrement.

Certes il y a plusieurs manières de faire pénitence : la prière, les œuvres de miséricorde, la correction fraternelle, le renoncement volontaire, le jeûne. Chaque eucharistie commence par une demande de pardon et une prière d'absolution. Toutes ces formes ont leur valeur et leur importance ; elles doivent préparer le sacrement, l'accompagner et le continuer ; même si elles voulaient le remplacer, elles ne le pourraient pas. L'entretien spirituel et la consultation psychologique ont leur valeur ; mais eux non plus ne peuvent remplacer le sacrement de réconciliation. Conseillers ou psychologues peuvent nous aider à mieux nous comprendre ainsi que la situation souvent compliquée dans laquelle nous nous trouvons, à remettre de l'ordre dans notre vie, à nous accepter, nous et les autres ; ils peuvent nous donner de bons conseils ; en tant que directeurs spirituels nous pouvons avoir recours à leur compétence et à leur expérience humaine. Mais aucun psychologue ni aucun conseiller ne peut dire : « Tes péchés sont pardonnés » et « Va en paix ».

Aujourd'hui comme hier ce sacrement correspond à un besoin profond, c'est pourquoi il est toujours d'actualité. Il constitue une œuvre de miséricorde pour l'individu comme pour la communauté ecclésiale. Il pourrait aider à dépasser les agressivités et les partis à l'intérieur de l'Église, donner une nouvelle chance à l'humilité chrétienne, fonder nos relations fraternelles davantage sur la miséricorde et devenir ainsi une Église plus miséricordieuse.

4. Pratique ecclésiale et civilisation de l'amour

Il est évident que parler de miséricorde ne suffit pas : il faut agir selon la vérité (Jn 3, 21). D'autant plus qu'aujourd'hui l'Église est davantage jugée sur ses actes que sur ses paroles. Le message de l'Église doit donc avoir des répercussions sur la pratique concrète d'une civilisation de l'amour dans toute la vie de l'Église[454].

Dans l'empire grec et romain il existait déjà des organismes de bienfaisance et de philanthropie qui n'étaient pas destinés aux pauvres, mais aux citoyens (répartition des vivres, sécurité sociale). Dès le début la vie ecclésiale s'en démarqua par une intense pratique de la charité. Elle se rattachait à la pratique juive, tout en suivant son propre chemin, basé sur le message de l'évangile. Ce qui l'a caractérisée dès le commencement était le fait qu'elle ne restait pas l'apanage de la piété individuelle, mais était pratiquée par toute une paroisse sous une forme institutionnalisée.

Dès le début les réunions des chrétiens pour le repas du Seigneur étaient précédées par des agapes (repas de fête destiné à entretenir l'amour dans la communauté). Dans les Actes des Apôtres il est rapporté que dans la première communauté à Jérusalem le service des tables prenait déjà une ampleur telle que les apôtres ne pouvaient plus l'assumer, si bien que pour ce service sept disciples, plus tard appelés diacres, furent institués (Ac 6, 1-4). Mais en raison de dysfonctionnements persistants Paul insista pour qu'il y ait une nette séparation entre le repas du Seigneur et les agapes ; il voulait qu'on les dissocie, mais il était hors de question de remettre en cause leur complémentarité (1 Co 11, 17-34)[455]. Dès le commencement le soutien mutuel dépassait largement le cadre de chaque paroisse. L'apôtre Paul organisait régulièrement dans ses communautés des collectes pour les pauvres à Jérusalem (Ga 2, 10 ; Rm 15, 26 ; 2 Co 8, 9). La règle de base était :

« Portez les fardeaux les uns des autres : ainsi vous accomplirez la loi du Christ » (Ga 6, 2).

---

454. Il n'est évidemment pas possible, et ce n'est pas notre intention, de retracer en détail toute l'histoire de l'aide sociale de l'Église. Voir à ce sujet : W. Schwer, art. Armenpflege B. Christlich, in : RAC 1, 693-698; F. Hauck, art.πτωχός in : ThWNT 1, 887 s. ; W.-D. Hauschild, art. Armenfürsorge II., in : TRE 4, 14-23 ; T. Becker, art. Armenhilfe III, in : LThK 1, 999 ; A. v. Harnack, *Die Mission und Ausbreitung des Christentums in den ersten Jahrhunderten*, Wiesbaden, 1924, p. 170-220.

455. Cf. W. Schrage, *Der erste Brief an die Korinther*, Einsiedeln, 1999.

Ainsi les premiers chrétiens ne portaient pas seulement le nom de frères, ils agissaient vraiment en frères[456].

Les témoignages de l'Église primitive sont nombreux et bouleversants. Ils parlent des aumônes qui étaient données à la fin de l'Eucharistie dominicale[457]. Elles servaient à soutenir les veuves et les orphelins, les malades, les faibles, les pauvres et ceux qui ne pouvaient pas travailler, à dédommager ceux qui faisaient un service dans la paroisse, à s'occuper des prisonniers, des esclaves, de ceux qui peinaient dans les mines, à accueillir les frères de passage et à aider les paroisses pauvres et en danger. Tertullien rapporte combien ce souci des chrétiens pour les nécessiteux étonnait leur entourage païen qui disait : « Voyez comme ils s'aiment[458] ! » Un beau témoignage de la vie des premiers chrétiens se trouve dans la lettre anonyme, datant du IIe ou IIIe siècle et adressée à Diognète. Elle décrit la vie des chrétiens qui mènent une vie tout à fait normale extérieurement, nullement à part des autres, et qui, cependant, se comportent tout à fait différemment.

> « Ils aiment tous les hommes et tous les hommes les persécutent… Pauvres, ils font des riches. Manquant de tout, ils surabondent[459]. »

C'était l'évêque qui était responsable de ce service et qui, pour cela, employait des diacres. À partir du IVe siècle apparurent des hospices et des auberges pour les pèlerins, autrement dit des asiles de pauvres, qui servirent de modèles aux hôpitaux du Moyen-Âge pour le soin des pauvres et des malades. Plus tard sont nés de nombreux ordres soignants qui se sont engagés bénévolement au service des enfants, des pauvres, des personnes âgées, des malades et des handicapés, et ceci jusqu'à aujourd'hui. De cette manière le christianisme a exercé – et exerce encore de nos jours, peut-être sous une forme plus sécularisée – une influence sur la culture européenne et la civilisation de l'humanité. Sans cette impulsion chrétienne on ne peut comprendre ni l'histoire socio-culturelle de l'Europe ni celle de l'humanité.

Aujourd'hui, en raison des mutations et des fluctuations de la société, de nouvelles questions se posent et de nouveaux défis sociaux apparaissent – que nous aborderons en détail un peu plus loin[460]. Dans ce contexte nous voudrions simplement attirer l'attention sur un problème précis, à savoir le

---

456. Voir à ce sujet la publication de J. Ratzinger, *Die christliche Brüderlichkeit* (1958) ; W. Kasper, Christliche Brüderlichkeit in : C. Schaller : *Kirche – Sakrament – Gemeinschaft. Zur Ekklesiologie bei J. Ratzinger* (Ratzinger-Studien 4) Regensburg, 2011.

457. Justin le Martyr, I, *Apol.* 67 ; Tertullien, *Apol.* 39.

458. *Idem.*

459. Lettre à Diognète, 5.

460. Cf. ci-dessous ch. VIII.

danger en Occident de l'embourgeoisement de l'Église dans un monde nanti. Dans de nombreuses paroisses s'est constitué tout un milieu ayant adopté un style de vie plus ou moins bourgeois et tous ceux qui n'entrent pas dans ce cadre, ceux qui ont perdu pied, ont du mal à y trouver une place. Ce genre de situation est difficilement compatible avec l'attitude de Jésus. Car ce qui suscitait le plus de scandale durant la vie publique de Jésus, c'est l'attention qu'il accordait aux pécheurs. *« Comment peut-il manger avec les publicains et les pécheurs ? »* : c'était la question pleine de reproche qu'on lui adressait. Et Jésus de répondre :

> *« Ce ne sont pas les gens bien portants qui ont besoin du médecin, mais les malades. Je suis venu appeler non pas les justes, mais les pécheurs. »* (Mc 2, 16s)

De fait Jésus trouvait souvent plus de foi chez les publicains et les prostituées que chez les gens bien établis de l'époque. Ce qui lui faisait dire que les publicains et les prostituées précéderaient dans le Royaume de Dieu ceux qui se prennent pour des justes (Mt 21, 31s). À ceux qui ont surpris une femme en flagrant délit d'adultère et qui l'accusent, il répond simplement :

> *« Que celui qui est sans péché lui jette la première pierre. »*

Mais voyant que personne ne l'avait condamnée, il dit à la femme :

> *« Moi non plus, je ne te condamne pas. Va et désormais ne pèche plus. »* (Jn 8, 7. 11)

La critique la plus grave qui puisse atteindre l'Église, nous l'avons dit, est le reproche que souvent, apparemment, peu d'actes suivent ses paroles, qu'elle parle de la miséricorde de Dieu alors que beaucoup la perçoivent comme rigoriste, dure et sans miséricorde. De telles accusations s'élèvent par exemple lorsqu'il est question des divorcés-remariés ou de ceux qui ont quitté l'Église – bien souvent parce qu'ils ne voulaient ou ne pouvaient pas payer l'impôt dû à l'Église[461] – ou encore de personnes qui, dans leur vie, ont connu des ruptures ou des échecs : on veut en effet savoir comment l'Église réagit et se situe face à ces situations et face aux personnes que l'on critique et même rejette parce qu'elles ont un style de vie qui ne correspond pas à la morale de l'Église ou qui d'une certaine manière ne rentre pas dans les normes de l'Église.

Si l'Église veut non seulement annoncer, mais aussi vivre le message de Jésus – la miséricorde du Père et sa sollicitude à l'égard des marginaux – alors elle ne doit pas éviter ceux que, aujourd'hui comme hier, on ne compte pas

461. NdT : tout chrétien en Allemagne paie un impôt cultuel qui s'élève de 8 à 10 % (selon les Länder – États fédéraux) de son impôt sur le revenu.

parmi ceux qui fréquentent les églises. Sans dénoncer de manière générale les riches et les gens de la bonne société, elle doit avoir un cœur pour les petits, les pauvres, les malades, les handicapés, les sans-abri, les immigrés, pour les marginaux et ceux sur qui on jette le discrédit, mais aussi pour les dépendants de l'alcool et de la drogue, les malades du sida, les délinquants et les prostituées, elles qui souvent sont plongées dans une détresse telle qu'elles ne voient plus d'autre solution que de vendre leur propre corps, ce qui leur vaut la plupart du temps de terribles humiliations. Il est évident que l'Église ne peut pas justifier le péché, mais elle doit se tourner vers les pécheurs avec miséricorde. À la suite du Christ elle ne doit jamais être perçue comme étant surtout l'Église des riches, des puissants et des gens de bonne réputation. Pour elle, la règle est l'option pour les pauvres, non exclusive certes, mais préférentielle au sens le plus large du terme.

De ce point de vue l'hagiographie nous apprend beaucoup. Le publicain Lévi est devenu l'évangéliste Matthieu, Saul est devenu Paul ; et beaucoup, comme Charles de Foucauld, après avoir mené une existence dépravée, sont devenus des saints ; si l'on considère la vie d'Augustin avant sa conversion, il n'aurait aucune chance aujourd'hui d'être nommé évêque, ni même acolyte. Ces exemples montrent bien que Dieu peut faire feu de tout bois.

Heureusement il existe dans l'Église des espaces et des lieux de miséricorde et on ne peut que témoigner de l'estime, de la considération et de la reconnaissance à ceux qui exercent un ministère de compassion. Nous ne parlons pas ici seulement des soins donnés dans nos hôpitaux, maisons de retraite et centres pour handicapés, SDF et personnes dépendantes ; au-delà de cette aide matérielle indispensable, il est nécessaire qu'une véritable civilisation de l'amour imprègne tous ces établissements et institutions. Ils doivent être autant que possible équipés des appareils médicaux les plus modernes – sans pour autant s'enfermer dans un système de plus en plus orienté vers la technologie, l'économie et la bureaucratie où il n'y a plus guère de place ni de temps pour l'attention, l'écoute et la consolation. Pour cela on a besoin d'infirmiers, d'infirmières et d'aide-soignant(e)s – quel que soit leur état de vie – qui soient des frères et des sœurs remplis de miséricorde. À cet égard les foyers pour handicapés de l'Arche de Jean Vanier sont un bon exemple d'une civilisation de l'amour et peuvent nous servir de modèle.

Lorsque, en tant qu'évêque, je visitais les prisonniers à Noël ou m'occupais de la pastorale des sans-abri, je rencontrais des gens que généralement notre société bourgeoise évite et chaque fois c'était la même expérience : ces gens se mettaient à revivre dès qu'ils se sentaient reconnus dans leur dignité humaine, accueillis et pris en charge par des organismes chrétiens ou humanitaires ; ils faisaient alors pour quelques heures l'expérience d'un peu de chaleur humaine et se sentaient en sécurité. Pour eux aussi un rayon de lumière, une lueur d'espérance, brillait dans un monde habituellement terne et sombre.

Une civilisation de l'amour ne peut se contenter d'une aide matérielle ; il est nécessaire d'instaurer des relations empreintes de charité. Paul déplore déjà la formation de partis dans la communauté (1 Co 1, 10-17) ; il critique sévèrement les chrétiens qui se mordent et se dévorent les uns les autres au lieu de se laisser guider par l'Esprit de Dieu (Ga 5, 15). Les Pères de l'Église ne cessent de dénoncer le manque d'amour entre chrétiens. Un des premiers témoignages post-bibliques nous est donné dans la première Épître de Clément où il doit intervenir dans la communauté de Corinthe pour calmer les conflits. Grégoire de Nazianze se plaint amèrement des manques d'amour et des disputes dans l'Église, spécialement dans le clergé, ce qu'il exprime en termes draconiens. « La honte s'est répandue sur les chefs » « Nous tombons les uns sur les autres et nous dévorons mutuellement[462]. » Nous retrouvons des phrases semblables chez Jean Chrysostome. Pour lui le manque d'amour entre chrétiens est tout simplement honteux[463]. Pour le lecteur d'aujourd'hui ces textes des Pères de l'Église peuvent être consolants, même si c'est une maigre consolation : ce que nous vivons aujourd'hui dans l'Église, souvent de manière douloureuse, est loin d'être nouveau ; apparemment ce n'était pas mieux dans le passé.

Cette civilisation de l'amour entre chrétiens doit avant tout se concrétiser pendant l'Eucharistie où nous célébrons et rendons présent l'amour de Dieu. L'Épître de Jacques nous donne une leçon claire :

> *« Imaginons que, dans votre assemblée, arrivent en même temps un homme au vêtement rutilant, portant une bague en or, et un pauvre au vêtement sale. Vous tournez vos regards vers celui qui porte le vêtement rutilant et vous lui dites : "Assieds-toi ici, en bonne place" ; et vous dites au pauvre : "Toi, reste là debout", ou bien : "Assieds-toi au bas de mon marchepied". Cela, n'est-ce pas faire des différences entre vous, et juger selon de faux critères ? Écoutez donc, mes frères bien-aimés ! Dieu, lui, n'a-t-il pas choisi ceux qui sont pauvres aux yeux du monde pour en faire des riches dans la foi, et des héritiers du Royaume promis par lui à ceux qui l'auront aimé ? Mais vous, vous avez privé le pauvre de sa dignité. Or n'est-ce pas les riches qui vous oppriment, et vous traînent devant les tribunaux ? »* (Jc 2, 2-6)

Par deux fois Jacques insiste sur le fait que, dans le Christ, il n'y a pas de considération de personne et que donc il ne doit pas y en avoir chez les chrétiens (Jc 2, 1. 9).

---

462. Grégoire de Nazianze, *Deuxième discours* 78-81.
463. Jean Chrysostome, *Commentaire de l'épître aux Romains* 9 ; homélie n° 7.

Jean Chrysostome est lui aussi très clair à ce sujet. Cela vaut la peine de citer les paroles mêmes de ce grand évêque et Père de l'Église et d'en donner un large extrait :

« Quelle excuse nous restera-t-il… si en mangeant l'Agneau nous devenons des loups, et si en nous nourrissant de la chair de cette brebis sacrée, nous ne laissons pas d'être aussi furieux et aussi avides que les lions ? Ce mystère exige de ceux qui s'en approchent qu'ils soient entièrement purs, je ne dis pas des grands excès et des plus grandes injustices, mais des moindres inimitiés. Car ce mystère est un mystère de paix. Ce mystère sacré ne peut souffrir que nous ayons encore de l'attachement pour les richesses… C'est pourquoi évitons ce crime, et ne nous imaginons pas que lorsque nous avons dépouillé les veuves et les orphelins par nos rapines et nos violences, ce soit assez pour être sauvés de donner à cet autel un calice d'or enrichi de pierreries… L'Église n'est point un magasin d'orfèvrerie, mais une sainte assemblée d'anges… La table sur laquelle Jésus-Christ fit la Cène avec ses disciples n'était pas d'argent, et le calice dans lequel il leur donna son sang divin n'était pas d'or. Cependant tout y était précieux et digne d'un profond respect, parce que tout y était plein du Saint-Esprit. Voulez-vous donc honorer le corps de Jésus-Christ ? Ne le méprisez pas, lorsqu'il est nu et pendant qu'en cette Église vous le couvrez d'étoffes de soie, ne lui laissez pas souffrir ailleurs le froid et la nudité. Car Celui qui a dit "*Ceci est mon corps*" et qui a produit cet effet par la vertu de sa parole, a dit aussi : "Vous m'avez vu souffrir la faim, et vous ne m'avez pas donné à manger. Car quand vous l'avez refusé à quelqu'un de ces petits, c'est à moi-même que vous l'avez refusé." (Mt. XXV.) Le corps de Jésus-Christ qui est sur l'autel, n'a pas besoin d'habits précieux qui le couvrent, mais d'âmes pures qui le reçoivent, au lieu que cet autre corps de Jésus-Christ formé des pauvres qui sont ses membres, a besoin de notre assistance et de tous nos soins… Dieu, comme je vous l'ai déjà dit, ne cherche point des vases d'argent, mais des âmes d'or[464]. »

Ce qui vaut pour la liturgie vaut également pour la vie de l'Église dans son ensemble, et tout spécialement pour le style de vie de ses représentants. L'Église annonce Jésus-Christ qui, par amour pour nous, s'est dépouillé de sa gloire divine et s'est abaissé, est devenu pauvre et a pris la condition d'esclave (Ph 2, 6-8 ; 2 Co 8, 9). C'est pourquoi elle ne peut témoigner de Jésus de manière crédible si elle donne une impression de richesse et de puissance – y compris le clergé[465]. Le Concile Vatican II a rédigé dans la constitution ecclésiale Lumen Gentium un passage important, malheureusement peu cité, sur l'idéal d'une Église pauvre[466]. Alors que l'on fait souvent référence au texte qui se trouve dans le même chapitre, traitant des structures institutionnelles

464. Jean Chrysostome, *Commentaire de l'évangile de Matthieu* 50, homélie 3.

465. NdT : en Allemagne, il n'y a pas de séparation entre l'Église et l'État et les prêtres reçoivent un salaire comme des fonctionnaires.

466. LG 8 ; 3.

de l'Église, curieusement ce passage ne retient pas l'attention. Pour suivre Jésus, une Église pour les pauvres doit s'efforcer d'adopter un mode de vie pauvre, simple et sans prétention. L'époque féodale est terminée, y compris pour l'Église. C'est pourquoi le Concile a choisi de renoncer radicalement aux privilèges du monde[467]. Deux semaines avant la fin du Concile quarante évêques du monde entier ont conclu le « pacte des catacombes » dans lequel ils renonçaient aux privilèges et à tout ce qui donne l'apparence de la richesse et ils se sont engagés au service d'une Église pauvre auprès des pauvres.

Le pape Benoît XVI a rappelé ces déclarations dans un discours très remarqué, en même temps que très controversé, lors de sa visite pastorale en Allemagne le 25 septembre 2011 à Fribourg-en-Brisgau. Il a parlé d'une désécularisation de l'Église. Bien sûr il n'entendait pas par là un retrait du monde. Il rappelait plutôt avec l'évangéliste Jean que l'Église n'est pas du monde, même si elle est dans le monde pour exercer sa mission, et qu'elle ne doit pas s'orienter selon les critères du monde (Jn 17, 11. 14). Naturellement, aucun homme sensé ne niera que l'Église a besoin des moyens du monde et de structures institutionnelles pour mener à bien sa mission. Mais les moyens doivent rester des moyens et ne pas devenir un but en soi – sans que l'on s'en aperçoive. C'est pourquoi les points de vue des institutions et de la bureaucratie ne devront pas prévaloir dans les prises de décisions, car ils risquent d'étouffer la vie spirituelle au lieu de la servir. La séparation d'avec le pouvoir et les richesses de ce monde pourrait apporter à l'Église une nouvelle liberté pour sa mission propre.

La sécularisation qui s'est produite au début du XIXe siècle fut tout d'abord ressentie comme une spoliation et une injustice – ce qu'elle était d'ailleurs ; mais elle s'est révélée comme le point de départ d'un renouveau spirituel. Même si l'on ne peut pas comparer la situation de l'époque avec celle d'aujourd'hui, il y a quand même, tout du moins en Allemagne, un danger analogue à cause d'une prédominance des institutions et de la bureaucratie dans l'Église : c'est, de fait, une sécularisation qui empêche de distinguer l'Église d'organismes du monde et l'oblige à adopter des comportements qui portent ombrage à son apport spirituel. Renoncer à des structures étrangères à l'Église pour plus de simplicité et de pauvreté peut donner à l'Église davantage de crédibilité aujourd'hui et être pour elle un chemin pour l'avenir.

Si nous ne prenons pas délibérément ce chemin, il se pourrait que bientôt nous y soyons contraints de l'extérieur. Car si l'Église ne représente plus la majorité de la société et donc en un sens n'est plus l'église du peuple – c'est le

467. GS 76.

cas déjà aujourd'hui et ce le sera encore plus dans l'avenir – alors les choses ne peuvent se maintenir dans la durée comme ce fut le cas en d'autres temps et dans d'autres circonstances. Dire adieu à la forme sociale actuelle de l'Église peut donc représenter un nouveau commencement[468].

5. Miséricorde dans le droit canon ?

Le concept de miséricorde peut être mal compris et mal utilisé aussi bien dans le domaine privé que dans les institutions de l'Église. C'est ce qui se produit lorsqu'on la confond avec une fausse indulgence ou avec le laxisme. Et en voilà le résultat : la corruption du meilleur est le pire *(corruptio optimi pessima).* On court le risque de brader la grâce de Dieu, « méritée » et « achetée » sur la croix au prix du sang du Christ. Dietrich Bonhoeffer l'a exprimé sans ambages :

> « La grâce à bon marché, c'est la justification du péché et non du pécheur. » « La grâce à bon marché, c'est la prédication du pardon sans repentance, c'est le baptême sans discipline ecclésiastique, c'est la Cène sans confession des péchés, c'est l'absolution sans confession personnelle[469]. »

La baisse considérable de la morale est une des faiblesses de l'Église actuelle, conséquence d'une mauvaise compréhension de la miséricorde dans le Nouveau Testament et de la dimension pastorale de l'Église. Abolir une pratique légaliste trop rigide sans élaborer parallèlement une nouvelle morale basée sur l'Évangile a amené un vide, porte ouverte à des scandales qui ont conduit à une grave crise de l'Église. Ce n'est que récemment, en lien avec les terribles cas d'abus sexuels, que l'on semble prendre conscience de la nécessité de la morale.

Pour mieux comprendre le message de la miséricorde, il convient de se poser deux questions : Quel sens donner à la morale ? Pour quelle pratique ? Car la chute de la morale ne peut se référer ni à Jésus ni à l'Évangile. Le mot principal pour désigner l'Église dans le Nouveau Testament *ekklesia* (*ἐκκλησία*) comportait dès le début une connotation juridique ; il n'est attesté nulle part que la justice ne serait apparue que plus tard dans l'Église et qu'il n'y aurait eu à l'origine que des relations d'amour[470]. Selon l'évangile de Matthieu Jésus a donné à Pierre les clefs du Royaume et aux apôtres le pouvoir de lier et de

468. Kasper, *L'Église catholique*, p. 459-465.
469. D. Bonhoeffer, *Vivre en disciple*, p. 24.
470. Kasper, *L'Église catholique*, p. 142-145 ; Bonhoeffer, *Vivre en disciple.*

délier, c'est-à-dire le pouvoir d'exclure de la communauté et de réintégrer ; et Matthieu avait déjà établi une règle claire pour exercer ce pouvoir (Mt 16, 19 ; 18, 18)[471].

Dans les débuts de l'Église on pratiquait l'exclusion de la communauté (Ac 5, 1-11 ; cf. 19, 19). Le Nouveau Testament énumère à plusieurs endroits une liste de péchés qui excluent du Royaume de Dieu et qui ne peuvent avoir place dans l'Église. Paul cite entre autres la débauche, la rapacité, la cupidité, l'idolâtrie (1 Co 6, 9)[472]. C'est pourquoi il n'hésite pas à exclure de la communauté un homme coupable d'inceste (1 Co 5, 4s). À d'autres endroits il exhorte à se séparer et à s'éloigner de ceux qui font le mal : *« Évitez-les ! »* (Rm 16, 17). *« Ne les fréquentez pas ! »* (1 Co 5, 11)[473]. C'est pourquoi Paul le dit une fois pour toutes à son disciple Timothée et à l'Église :

> *« Proclame la Parole, insiste à temps et à contretemps, réfute, menace, exhorte, avec une patience inlassable et le souci d'instruire. »* (2 Tm 4, 2)

Notamment pour ce qui est de la participation à l'Eucharistie il est nécessaire d'exercer un discernement (1 Co 11, 26-34). L'Eucharistie est le bien suprême de l'Église qu'on n'a pas le droit de brader en la proposant indistinctement à tous ceux qui estiment y avoir droit. Paul a à cet endroit un jugement très sévère :

> *« Celui qui mange et boit indignement se rend coupable au corps et au sang du Seigneur, il mange et boit sa propre condamnation. »* (1 Co 11, 27-29)

Si on lit ces versets dans leur contexte, il est évident que l'appartenance à l'Église catholique n'est pas le seul critère de discernement pour accéder à l'Eucharistie, même si ce critère est important selon la tradition. Mais les catholiques aussi doivent sérieusement s'examiner et vérifier que leur vie est en accord avec ce qui est célébré lors d'une Eucharistie, à savoir la mort et la résurrection du Christ. Ce n'est pas pour rien si, dans l'Église ancienne, le repentant était exclu de l'Eucharistie durant tout son temps de pénitence. Dans ces cas où l'exclusion et le discernement sont nécessaires, il y va ni plus ni moins de la sainteté de l'Église[474].

Étant donné que la morale se base sur l'évangile, il faut donc la vivre dans le sens et l'esprit de l'évangile. Paul explique clairement que la punition de l'exclusion doit être comprise comme une mesure préventive qui doit aider le pécheur à réfléchir et à se convertir. Quand il dit vouloir livrer le pécheur

---

471. Cf. E. Ernst, art. Binden und Lösen, in : *LThK 2*, 463s.
472. Cf. Ga 5, 19-21 ; Ep 5, 5 ; Col 3, 5 ; 1 Th 4, 4-8 ; Ap 21, 8 ; 22, 15.
473. Cf. 2 Th 3, 6. 14 ; 1 Tm 6, 4 ; 2 Tm 3, 5.
474. Cf. Kasper, *L'Église catholique*, p. 238-254.

au pouvoir du démon, c'est *« pour que son esprit soit sauvé au jour du Seigneur »* (1 Co 5, 5). Si le pécheur se repent et revient, la communauté doit faire preuve de douceur (2 Co 2, 5-11). La punition est donc le derniers recours *(ultima ratio),* c'est pourquoi elle doit être limitée dans le temps. Elle représente le dernier moyen – le plus draconien – de la miséricorde. On peut dire que la pénitence a un rôle éducatif et une fonction de remède. En fin de compte elle a une fonction en vue de l'eschatologie ; elle anticipe le jugement eschatologique et préserve de la peine éternelle grâce à la peine temporelle. Ainsi comprise, elle n'est pas un acte de dureté, mais de miséricorde.

Une telle compréhension de la discipline de l'Église comme remède, amer certes, mais indispensable, n'est ni légaliste ni laxiste. Elle correspond à une tradition qui a vu en Jésus-Christ – en raison de ses guérisons miraculeuses – un médecin *(medicus)* et un sauveur *(soter, salvator)* ; l'Église vénère de saints médecins (Luc, Côme et Damien) et le directeur spirituel, plus particulièrement le confesseur, loin d'être considéré comme un juge est surtout vu comme le médecin des âmes[475].

Cette compréhension du droit canon et de la morale comme remède nous conduit à la question fondamentale de son interprétation, c'est-à-dire à l'herméneutique du droit canonique[476]. C'est un vaste domaine que nous ne pouvons évidemment pas explorer à fond dans le cadre de notre étude, mais que nous examinerons sous l'angle de la relation entre droit canon et miséricorde.

Dans la controverse avec les Pharisiens Jésus nous a donné lui-même une clé de réflexion pour utiliser le droit canon selon l'Évangile. S'opposant à une interprétation du commandement du sabbat qui ne serait plus en accord avec son sens originel, il donne cet argument :

> *« Le sabbat est fait pour l'homme et non l'homme pour le sabbat. »* (Mc 2, 27)

> *« Malheureux êtes-vous, scribes et pharisiens hypocrites, parce que vous payez la dîme sur la menthe, le fenouil et le cumin, mais vous avez négligé ce qui est le plus important dans la Loi :*

---

475. R. Herzog, art. Arzt, in : *RAC 1*, p. 723s ; V. Eid, art. Arzt III, in : *LThK 1*, p. 1049s.

476. H. G. Gadamer, *Vérité et méthode. Les grandes lignes d'une herméneutique philosophique*, Paris, Le Seuil 2006 : il a bien travaillé le lien entre l'herméneutique juridique et les fondements de l'herméneutique et établi un parallèle avec l'herméneutique théologique. Ses développements sont particulièrement importants parce qu'ils se réfèrent à Aristote et à Thomas d'Aquin. Sur un plan théologique : H. Müller, Barmherzigkeit in der Rechtsordnung der Kirche ?, in : *AKathKR* 159 (1990), p. 353-367;T. Schüller, *Die Barmherzigkeit als Prinzip der Rechtsapplikation in der Kirche im Dienst der salus animarum. Ein kanonistischer Beitrag zu Methodenproblemen der Kirchenrechtstheorie*, Würzburg, 1993 ; W. Kasper, Gerechtigkeit und Barmherzigkeit. Überlegung zu einer Applikationstheorie kirchenrechtlicher Normen, in : *Theologie und Kirche*, Mainz, 1999, p. 183-191 ; Kasper, Canon Law and Ecumenism, in : *The Jurist* 69 (2009), p. 171-189.

la justice, la miséricorde et la fidélité. Voilà ce qu'il fallait pratiquer sans négliger le reste. » (Mt 23, 23)

« Ne pensez pas que je sois venu abolir la Loi ou les Prophètes : je ne suis pas venu abolir, mais accomplir. » (Mt 5, 17)

Mais il exhorte à interpréter la Torah selon une hiérarchie des vérités, c'est-à-dire à la lumière du message central de la justice et de la miséricorde.

La tradition orthodoxe a développé en ce sens le principe de l'*oikonomia.* Il s'agit de dire la vérité de manière claire et explicite sans rien retrancher ni ajouter et de l'interpréter avec soin – avec acribie (*ἀκρίβεια*). Mais il s'agit aussi de l'adapter à chaque cas particulier en fonction de cette économie (*οἰκονομία*), c'est-à-dire selon sa propre modalité et le plan de salut dans son ensemble[477]. La tradition catholique ne connaît pas l'*oikonomia*, mais elle connaît un principe analogue : l'épikie*. Aristote avait déjà conscience que des lois générales ne peuvent rendre compte de manière adéquate de tous les cas particuliers, souvent très complexes. L'épikie doit donc combler ces lacunes ; sans devenir injuste ni abolir la règle, elle doit savoir l'utiliser de manière intelligente dans un cas particulier, en tant que justice plus haute[478]. Thomas d'Aquin a repris et approfondi cette conception dans l'esprit de la miséricorde biblique. Il sait que Dieu accueille chaque homme dans sa situation particulière, si bien qu'il n'est jamais un cas parmi d'autres. C'est pourquoi les lois humaines ne sont valables que dans la plupart des cas *(ut in pluribus),* mais en raison de leur caractère général elles ne recouvrent jamais toutes les situations particulières. L'épikie ne se place pas au-dessus de la justice, elle la dépasse plutôt[479].

La miséricorde n'abolit pas la justice, mais elle l'accomplit ; elle « est en quelque sorte une plénitude de justice[480]. » Thomas d'Aquin va jusqu'à dire : la justice sans la miséricorde n'est que cruauté, la miséricorde sans la justice est mère de la débauche ; c'est pourquoi les deux doivent aller de pair[481]. Pour la miséricorde ce n'est pas une juste répartition des biens matériels qui importe le plus ; elle veut aller à la rencontre de l'autre dans sa dignité et

---

* NdT : Mot d'origine grecque qui fait référence à la vertu de justice et qui renvoie à l'idée d'être juste au-delà de la loi dans certaines situations particulières de vie qui n'ont pas été prévues par la lettre de la loi.

477. Cf. Y. Congar, Kat'oikonomian, in : *Diversités et communion*, Paris, 1982, p. 80-102.

478. *Éthique à Nicomaque*, Paris Vrin 1990, V, 14 ; b-1138a. cf. G. Virt, *Epikie – verantwortlicher Umgang mit Normen. Eine historisch-systematische Untersuchung*, Mainz, 1983.

479. Cf. Thomas d'Aquin, *S. th.* II/II S. q. 120 a. 2.

480. Thomas d'Aquin, *S. th.* I. q. 21. a. 3 ad 2.

481. Thomas d'Aquin, *Super Ev. Matthaei* cap. 5 Ic. 2.

son unicité ; elle s'occupe des personnes, non des choses. Elle cherche « à rencontrer l'autre dans la valeur que l'homme représente lui-même dans sa dignité propre ». Selon une formule du pape Jean-Paul II elle est capable « de rendre l'homme à lui-même ». Elle est en quelque sorte « l'incarnation la plus parfaite de la justice[482] ».

Sur le plan juridique, l'épikie correspond à l'équité canonique *(aequitas canonica)*. D'après la définition classique elle est là pour adoucir par la miséricorde la dureté de la justice des lois[483]. Selon la théorie canonique traditionnelle la justice et la miséricorde déterminent ensemble l'usage pratique concret du droit canon pour trouver des solutions qui soient justes et équitables. Ce n'est pas un hasard si le Code de Droit Canonique se termine sur la constatation que le salut des âmes est la loi suprême[484].

Dans une allocution à la Rote romaine le 21 janvier 2012 le pape Benoît XVI a fait des déclarations importantes et fondamentales sur l'herméneutique juridique et s'est exprimé de manière critique au sujet de l'herméneutique de la miséricorde, de l'équité et de l'*oikonomia* et plus généralement d'une interprétation du droit, qui se veut pastorale[485]. Contre toute apparence ces explications ne sont nullement en opposition avec la position défendue ici. Car le pape critique des positions qui remplacent le droit objectif par des considérations humaines qui déterminent ce qui est juste dans un cas particulier. Pour lui une herméneutique comprise de cette manière est vidée de son sens et exposée au risque de l'arbitraire parce qu'alors ce ne serait plus le droit objectif, mais la situation particulière qui deviendrait la norme ; donc le risque serait grand qu'on ouvre la porte à un arbitraire purement subjectif qui donnerait une interprétation opposée au droit objectif et à sa lettre.

On ne peut qu'adhérer à la critique d'une herméneutique de la miséricorde, comprise de cette manière. Il faut absolument éviter une interprétation subjective ou arbitraire qui s'opposerait au sens de la loi objective et refuser une justice qui serait liée à une situation particulière. Bien au contraire il s'agit d'utiliser à bon escient le sens objectif du droit dans une situation concrète difficile pour que, dans cette situation donnée, on soit juste et équitable. Il n'est donc pas question de réinterpréter de manière arbitraire, mais plutôt de valoriser le sens objectif du droit en l'appliquant au cas et à la situation. C'est un problème de raison pratique et non de raison théorique, ou plus

482. Jean-Paul II, *Dives in misericordia.*
483. Cf. Kasper, *Gerechtigkeit und Barmherzigkeit* (voir note 476), p. 27-31.
484. CIC c. 1752.
485. La legge canonica si interpreta nelle Chiesa, in : Osservatore Romano 152 (2012) n. 18, 8.

exactement un cas où il revient à la faculté de jugement d'adapter les principes généraux à des situations concrètes[486]. C'est en effet à elle de trouver la juste application pratique d'une loi donnée pour une situation concrète. Selon Aristote il ne s'agit pas d'une déduction purement logique ni d'une subsumption* purement positiviste, contrairement à l'intellectualisme socratique et platonicien ; bien au contraire, dans l'application concrète l'exigence objective du droit est vraiment valorisée[487].

Savoir appliquer des principes généraux dans des situations concrètes relève, selon la conception de Thomas d'Aquin, de la vertu d'intelligence. Celle-ci ne doit pas être confondue avec l'arbitraire, la ruse, la fourberie ou la malice, mais comprise comme le « juste critère des comportements » (*recta ratio agibilium*)[488]. Ce qui lui importe, c'est l'application de la norme objective, en conformité avec la réalité et la situation, ce qui suppose une bonne faculté de jugement et de l'expérience humaine. Le juge ne doit pas seulement connaître le droit, mais aussi avoir de l'expérience dans les choses humaines[489]. Ce n'est pas par hasard que sa discipline ne s'appelle pas la « juris-science », mais la jurisprudence.

Théologiquement il s'agit d'agir en vérité dans l'amour (Ep 4, 15), donc de faire ce qui est juste, guidé par l'amour. Ainsi, le juge ecclésial doit non seulement faire preuve d'une capacité de jugement, mais aussi être juste et miséricordieux comme Jésus. Évidemment il ne devra pas détourner le sens objectif de la loi sous prétexte d'une bonté mal comprise, mais il l'appliquera comme il est juste et bon dans chaque situation ; il se laissera toucher – dans le sens de la charité chrétienne – par la situation de l'autre et essaiera de le rejoindre et de le comprendre dans cette situation[490]. Il pourra alors porter un jugement équitable, qui ne soit pas tranchant comme une guillotine, mais qui laisse une porte d'entrée à la miséricorde, c'est-à-dire qui permette à l'autre – s'il est de bonne volonté – de prendre un nouveau départ. Il doit suivre l'exemple du juste juge qui est Jésus-Christ[491]. Sa mesure doit être celle de l'amour et de la bonté (*ἐπιεικεία*) de Jésus-Christ (2 Co 10, 1).

---

* NdT : Raisonnement intellectuel caractérisé par le fait qu'on intègre une idée sous une autre plus générale.

486. Voir à ce sujet Gadamer, *Vérité et méthode.*
487. *Idem.*
488. Thomas d'Aquin, *S. th.* II/II, q. 47. Voir aussi J. Pieper, *Traktat über die Klugheit*, München, 1973.
489. Thomas d'Aquin, *S. th.* II/II, q. 47 a 2 ad 1.
490. Cf. Gadamer, *Vérité et méthode.*
491. Cf. H. Mussinghoff, Nobile est munus ius dicere iustitiam adhibens aequitate coniunctam, in : H. J. F. Reinhardt (Hg.), *Theologia est ius canonicum* (H. Heinemann), Essen, 1995, p. 21-37.

Quand le pape Benoît exige à juste titre que l'interprétation du droit canon se fasse dans l'Église, il veut dire par là qu'elle doit se faire dans l'esprit du Christ et avec charité, dans l'esprit d'une justice qui n'est pas dévalorisée, mais trouve son accomplissement dans une miséricorde bien comprise et peut ainsi rayonner sur la société.

Chapitre VIII

POUR UNE CIVILISATION DE L'AMOUR

1. Grandeur et limites de l'État social moderne

Jésus a envoyé dans le monde ses disciples, puis l'Église. C'est pourquoi celle-ci ne peut se contenter d'annoncer le message de la miséricorde à l'intérieur de ses frontières ; en d'autres termes, elle ne peut rester confinée dans la sacristie. Elle doit être levain, sel et lumière du monde (cf. Mt 5, 13s ; 13, 33) et s'engager pour la vie du monde. Mais elle n'a pas de compétence spécifique pour les questions techniques en matière de politique économico-sociale. Car ces questions possèdent une légitime autonomie, basée sur des réalités concrètes ; dans ce domaine ce sont les laïcs qui sont compétents et non les théologiens[492].

Il serait entièrement faux de penser qu'il n'y a que des questions techniques en économie et en politique ; il s'agit aussi de gérer des personnes ; il y va de l'organisation de la vie humaine, de la culture, de la vie sociale et, dans de nombreux cas, de la survie de l'humanité. Le pain est nécessaire pour vivre, mais l'homme ne vit pas seulement de pain. Il a besoin d'attention humaine et d'un minimum d'amour de la part des autres. L'actuelle prédominance de l'économie dans le social signifie de ce fait une amputation et une réduction de l'homme. Quand c'est le cas, une société entière perd son âme et devient un système vide de sens.

En fin de compte, la crise financière et économique actuelle est une crise anthropologique et spirituelle. On se préoccupe beaucoup du prix et de la valeur des choses et, ce faisant, on oublie de chercher ce qui est important

492. Cf. LG 36s ; GS 36 ; 42 ; 56 ; 76 ; AA 7.

pour l'homme et pour la société. Pour ne pas laisser cette question tomber dans l'oubli, l'Église se doit d'intervenir et de participer au dialogue sur les problèmes fondamentaux d'éthique économico-sociale, non dans son intérêt propre, mais dans celui des hommes afin que la société reste vraiment humaine[493].

La question fondamentale pour un bon ordre social est celle de la justice. Selon la définition classique de Cicéron elle consiste dans le fait de donner à chacun son dû (*suum cuique*)[494]. Augustin avait déjà mis en évidence l'importance fondamentale de la justice pour l'État :

> « En effet, que sont les empires sans la justice, sinon de grandes réunions de brigands ? Aussi bien, une réunion de brigands est-elle autre chose qu'un petit empire, puisqu'elle forme une espèce de société gouvernée par un chef, liée par un contrat, et où le partage du butin se fait suivant certaines règles convenues[495] ? »

Alors que, dans le principe, tous s'accordent à reconnaître l'importance de la justice pour établir un véritable ordre social, par contre beaucoup émettent des réserves pour ce qui est de l'amour et de la miséricorde. Tout en reconnaissant que la charité est une vertu chrétienne fondamentale, certains objectent cependant qu'elle n'a pas sa place dans un programme de société. On prétexte qu'elle ne s'engage pas assez pour la justice et ne sert qu'à boucher les trous du filet social par des aumônes, sans rendre le système plus juste ; en apportant une aide ponctuelle de manière spontanée, elle masque les injustices du système social au lieu de le transformer en profondeur[496]. Mère Teresa de Calcutta, elle-même, avec son engagement exemplaire au service des plus pauvres parmi les pauvres ne fut pas épargnée par cette critique.

Partant d'un autre point de vue Adam Smith, ancêtre du libéralisme économique, est parvenu à la même critique. Pour résoudre les problèmes sociaux de son temps, il ne voulait se baser ni sur la bienveillance ni sur l'amour du prochain, mais sur l'intérêt personnel et même l'appât du gain qui existe chez tout homme. Il ne partait donc pas de l'altruisme, mais de l'égoïsme, confiant que « la main invisible » du marché apporterait une harmonie sociale[497]. C'était – comme la misère sociale du capitalisme primitif l'a montré – une hypothèse assez naïve.

Karl Marx a déversé tout son sarcasme sur cette harmonie préétablie. En réalité, le capitalisme primitif du XIXe siècle, loin d'apporter un ordre social, a fait advenir une incroyable misère chez les ouvriers de l'industrie. Tandis

493. Cf. Compendium de la doctrine sociale de l'Église du Conseil pontifical « Justice et paix », 2006.
494. Cicero, *De Legibus* 1, 6, 19 ; cf. Thomas d'Aquin *S. th.* II/II, q. 58 a. 1.
495. Augustin, *De civitate Dei* IV, 4.
496. Cf. à ce sujet G. Wingren, art. Barmherzigkeit IV, in : *TRE 5*, 233-238.
497. Marx, *Le capital.*

que les hypothèses optimistes d'Adam Smith s'appuyaient sur une vision de l'homme purement individualiste, voire égoïste, Marx et le marxisme partaient d'une représentation de l'homme collectiviste, tout aussi unilatérale et partielle, qui méconnaissait la dignité inaliénable de chaque personne humaine et, dans la pratique, la foulait aux pieds sans aucune pitié. La compassion et la miséricorde étaient mises aux oubliettes.

Le libéralisme – tout comme le marxisme – part d'une vision partielle et fausse de l'homme. En développant l'idée d'un état social, on en vint au XIXe siècle avec l'appauvrissement de masse, provoqué par l'évolution industrielle, à une sorte de contre-évolution. Contrairement à l'Église qui, dès les premiers siècles, a porté assistance aux pauvres, le but de l'état social moderne consistait non pas à aider les pauvres ou à soulager la misère des individus, mais à éradiquer la pauvreté collective, comprise comme dysfonctionnement social[498]. On s'accordait à penser que le devoir d'assurer le droit et la justice à chacun et de construire un ordre juste pour l'ensemble de la société ne pouvait se faire sur la base de l'individu ; cela nécessitait la structure politique de l'état. C'est l'idée fondamentale de l'économie de marché : l'état pose un cadre à l'intérieur duquel une économie de libre-échange est possible[499]. Ce cadre doit donner à tout homme la possibilité d'organiser sa vie dignement et de manière autonome ainsi que de participer à l'évolution de la société ; il doit en outre amortir les risques de la vie (âge, maladie, chômage, accident) : il constitue en quelque sorte à une solidarité institutionnalisée.

Cette idée d'économie de marché a fait ses preuves. Dans le principe elle satisfait à des règles qui ordonnent la vie sociale – règles qui se trouvent déjà dans la Bible, à savoir la dignité de chaque individu, le devoir de travailler et de participer à l'organisation du monde, le droit de propriété, mais aussi le devoir social qui en découle[500]. Cette idée est donc un progrès en humanité que, même d'une perspective chrétienne, il est bon de préserver et d'adapter en fonction des mutations de la société.

Il est cependant évident qu'entre-temps l'idée moderne d'un état social, pour différentes raisons, a atteint ses limites et doit donc continuer à se développer[501]. Pour financer le système de l'état providence on ne pourra

---

498. F. X. Kaufmann, *Herausforderungen des Sozialstaates*, Frankfurt a. M. 1997 ; du même auteur : *Varianten des Wohlfahrtsstaates. Der deutsche Sozialstaat im internationalem Vergleich*, Frankfurt, 2003 ; id. *Sozialpolitik und Sozialstaat. Soziologische Analysen*, Wiesbaden, 2005.

499. Théoriciens pertinents : W. Eucken, W. Röpke, A. Rüstow, A. Müller-Armack, L. Erhard ; cf. A. Anzenbacher, art. Soziale Marktwirtschaft, in : *LThK* 9, 759-762.

500. Cf. ci-dessus ch. III, 6.

501. J. Habermas, Die Krise des Wohlfahrtsstaates und die Erschöpfung utopischer Energien, in : *Zeitdiagnosen*, Frankfurt a. M. 2003, p. 27-29 ; même auteur : *Glauben und Wissen*, in : idem, p. 249-252. W. Ockenfels, *Was kommt nach dem Kapitalismus ?* Augsburg, 2011.

certainement plus tabler sur l'augmentation régulière des taux de croissance économiques – comme c'était le cas jusqu'à présent ; en raison des mutations démographiques et de l'augmentation de la longévité de la vie, le rapport entre la population active et la partie de la population à prendre en charge s'est considérablement modifié. L'évolution de la technologie qui permet bien souvent de remplacer le travail manuel par des machines et par l'électronique peut faire perdre des emplois et provoquer du chômage qui, particulièrement chez les jeunes et les chômeurs de longue durée, ne représente pas seulement un problème matériel, mais atteint l'estime de soi de la personne et peut avoir l'effet d'une bombe pour la société.

Le vrai problème provient des processus actuels de mondialisation dans l'économie et la finance. Ils ont pour conséquence que les économies nationales sont de moins en moins autonomes et tombent dans une dépendance mondiale. Les temps d'un état providence bien douillet sont révolus du fait de la mondialisation économique[502]. Comme il y a peu de systèmes de contrôle au niveau mondial et que, de plus, ils ont peu de poids, le centre de gravité se déplace en faveur du libre jeu effréné des marchés et surtout du capital, où les œuvres et les valeurs humaines ne comptent guère et où dominent les données purement économiques ainsi que le gain et la rentabilité. Le destin individuel de nombreuses personnes et même de peuples entiers peut alors être mis en jeu. La grande majorité des hommes est exposée, plus ou moins impuissante, à ces ébranlements et aux risques existentiels qui en découlent.

À cela s'ajoute l'écart grandissant entre les pays riches au Nord et les pays pauvres au Sud, entre les zones où règne la prospérité (y compris dans le Sud) et où quelques-uns vivent dans l'abondance, et les zones où règne la misère et où des hommes, avant tout des enfants, meurent de faim. Cette injuste répartition des biens dans le monde aboutit à une poussée d'émigration massive qui exige trop du système économique et social des pays développés et peut les mettre en danger. Tous les essais pour remédier à l'injustice de cette situation et parvenir à un système économique mondial relativement équilibré n'ont guère progressé jusqu'à ce jour. Ce dont nous aurions besoin est d'une économie de marché mondiale, ce qui supposerait un gouvernement mondial (*global governance*)[503] qui, dans le meilleur des cas et de manière réaliste, pourrait prendre la forme de conventions intergouvernementales – malheureusement ce but est déjà bien difficile à atteindre.

---

502. Marx, *Le capital.*

503. Cette exigence, très controversée et peu réaliste, fut retirée par le Conseil pontifical « Justice et Paix » dans un écrit : *Pour une réforme du système financier et monétaire international* dans la perspective d'une autorité publique à compétence universelle (24 octobre 2011).

D'autre part les habitudes et les exigences de consommation – et donc les exigences posées au système social – ont augmenté de telle manière dans les dernières décennies qu'elles ne peuvent plus être couvertes dans la plupart des cas par la vitalité de l'économie et les recettes fiscales. Nous avons perdu la mesure, vécu au-dessus de nos moyens et mis en danger l'équilibre de notre propre système social. Les états ont été obligés de contracter des dettes, ce qui a mené à un surendettement et à l'actuelle crise financière. Ainsi il existe une nouvelle pauvreté non seulement des particuliers, mais aussi des états et des municipalités qui ne sont plus en mesure de se financer ni de verser les prestations sociales. La crise de surendettement peut mettre en danger le système économico-social dans son ensemble. Les prestations sociales de l'état ont dû être diminuées dans de nombreux cas ; la récession et la reconstruction de l'état social engendrent de nouveaux problèmes sociaux. En outre l'endettement entraîne des frais supplémentaires – le remboursement des intérêts – que la génération actuelle ne peut ou ne veut pas payer et que nous faisons peser sur les générations à venir. Là se pose la question de la justice intergénérationnelle.

Tout cela a évidemment suscité bien des craintes et des angoisses chez bon nombre de citoyens. Ils voient que l'idée d'état social doit être révisée en raison de la mondialisation et des tendances néo-capitalistes qui se font jour – système grâce auquel des individus s'enrichissent sur le dos des autres, dans une course éhontée à l'argent. Dans cette situation la doctrine sociale de l'Église, elle aussi, doit être revue. Plusieurs questions se posent : Que peuvent faire des chrétiens dans cette situation pour établir une société sociale où la charité ait une place ? Comment la doctrine sociale de l'Église peut-elle et doit-elle évoluer et se développer ? Est-ce que dans cette situation la charité chrétienne a encore une chance de retrouver quelque importance dans la société au-delà de la justice qui en reste le fondement ?

2. Développement de la doctrine sociale de l'Église

L'Église catholique a développé sa doctrine sociale en raison des problèmes sociaux, provoqués par la révolution industrielle du XIXe siècle, et des injustices criantes. Pour ce faire, elle pouvait s'appuyer sur la doctrine juridique, telle que Thomas d'Aquin, essentiellement, la développa dans le sillage d'Aristote. À la suite de quelques précurseurs et pionniers comme l'évêque de Mayence, Wilhelm Emmanuel von Ketteler, les papes ont pris la tête de ce mouvement social de l'Église catholique à partir de l'Encyclique du pape

Léon XIII *Rerum novarum*. Ils ont dénoncé l'injustice sociale et encouragé le développement de l'état social moderne[504].

Le point de départ et le fondement de la doctrine sociale de l'Église sont la vision chrétienne de l'homme, c'est-à-dire la dignité absolue de toute personne humaine ; l'homme la reçoit non de la société, mais du Créateur, c'est pourquoi elle est inviolable et inaliénable. Donnée à tous, elle scelle la solidarité entre tous les hommes. De la dignité de tout être humain dépend le droit à mener une vie honorable et autonome, en solidarité avec tous les autres hommes. Ainsi on peut dire que la liberté de chaque individu et la liberté commune de tous constituent le principe de base de la doctrine sociale de l'Église. La ressource la plus importante n'est pas de posséder une terre ou un capital, mais c'est l'homme avec son intelligence, son inventivité et sa créativité.

C'est en partant de ces principes : liberté, intégration sociale et responsabilité de la personne humaine, que l'Église a promu le développement de l'état social. Ainsi elle se démarquait à la fois du capitalisme libéral et du communisme socialisant, plus exactement du socialisme idéologique. Selon la doctrine de l'Église chacun est d'abord responsable de lui-même ; mais encore faut-il que chacun ait réellement la possibilité d'assumer cette responsabilité.

Avec ces principes, l'Église ne peut ni ne veut établir un programme social concret ou une sorte de politique chrétienne à partir, par exemple, de l'évangile du Sermon sur la montagne. Le Concile Vatican II a condamné ce genre d'intégralisme, qui ressemble à un totalitarisme chrétien[505], ainsi que l'idée d'un état catholique, et a toujours défendu la légitime autonomie de la politique comme de tous les autres domaines de la culture[506]. La doctrine sociale de l'Église n'est pas un système abstrait, déductif, donnant des solutions toutes faites. Elle essaie plutôt de réfléchir sur les situations sociales à la lumière des fondements anthropologiques chrétiens. De cette manière elle tente, sur la base de sa compréhension de l'homme, de donner des réponses face aux défis de la situation actuelle, engendrée par l'industrialisation.

Comme, en économie, c'est finalement la personne humaine qui est en jeu, la légitime autonomie de la politique et de l'économie ne signifie pas qu'on puisse adopter une attitude neutre en matière d'éthique. L'état ne doit pas décider uniquement en fonction de critères de pouvoir, de succès ou d'utilité économique ; il doit tenir compte de la dignité de la personne et des

504. Cf. Textes de la doctrine sociale de l'Église avec une introduction de O. v. Nell-Breuning et J. Schäsching, Kevelaer 1989, voir K. Hilpert, art. Sozialenzykliken, in : *LThK* 9, 763-769.

505. O. v. Nell-Breuning, art. Integralismus, in : *LThK* 5, 717s.

506. GS 36 (voir note 492).

droits fondamentaux de l'homme et respecter le droit et la justice ; il doit veiller au bien commun et à la paix à l'intérieur comme à l'extérieur et établir un règlement adéquat, qui soit juste et rende possible la libre concurrence, condition indispensable pour garantir la liberté et le bien commun[507].

De nos jours, la justice intergénérationnelle joue un rôle de plus en plus important. Il ne faut pas que la génération actuelle accable les générations futures par des dépenses publiques qu'elles ne sont pas prêtes ou pas en mesure de rembourser. En outre nous devons avoir le souci de préserver la création par une gestion responsable de la nature et de ses ressources, afin de transmettre aux générations à venir un environnement naturel vivable pour l'homme. Cette juste attitude face à l'environnement trouve ses racines dans le respect de la création qui se fonde sur la foi chrétienne ; ces biens ont été confiés à l'homme – à tous les hommes – pour qu'il les utilise et en prenne soin.

En prenant comme point de départ la dignité de toute personne humaine ainsi que son intégration sociale, la doctrine sociale de l'Église depuis Léon XIII a avec raison mis en évidence le droit à la justice selon deux principes qui se complètent, la subsidiarité et la solidarité.

La subsidiarité prend la dignité et la responsabilité personnelle au sérieux. L'aide sociale doit donc contribuer à l'autonomie de la personne. Elle ne doit pas la déresponsabiliser ni la démotiver, mais au contraire lui donner une chance. C'est pourquoi l'idéal n'est pas d'établir un système social bureaucratique qui réglerait tout. Le principe de subsidiarité stipule que la plus petite entité, d'abord la famille, et ensuite les entités visibles, comme les communes ou des groupements librement constitués, doivent pouvoir faire tout ce qui est de leur ressort. Les entités plus grandes, comme l'état, ne doivent intervenir que dans un deuxième temps et n'avoir qu'un rôle de soutien et de contrôle quand la plus petite entité n'arrive pas à s'en sortir ou est dépassée. Le rôle de l'état ne devrait pas être de prendre tout en main et de tout centraliser, mais plutôt de soutenir et d'encourager les initiatives des particuliers et des municipalités – sans les freiner par la bureaucratie – de manière à ce qu'ils soient en mesure d'exercer leurs responsabilités.

La solidarité affirme que l'homme est un être social. Mais elle concerne tout d'abord les relations interpersonnelles ; elle commence dans l'entourage le plus proche, la famille, le voisinage, le cercle d'amis et de connaissances. Ce principe de proximité sociale est synonyme de chaleur humaine dans les relations. Mais la solidarité doit aussi imprégner toute la vie commune et

507. GS 73s.

s'exprimer dans un ordre social juste et des institutions qui veillent à ce que chacun ait sa part du bien-être acquis ensemble.

Malheureusement, ces deux principes dans la vie locale sont vidés de leur sens et remplacés par un système bureaucratique centralisé qui rend dépendant au lieu d'aider à l'autonomie et n'est donc pas au service de la liberté, car il ne promeut pas les entités sociales en place. Dans une situation où les systèmes sociaux se heurtent à la limite de leurs capacités, il serait bon de revenir aux fondements de la doctrine sociale de l'Église. Et l'idée chrétienne de charité pourrait prendre de l'importance non comme alternative à l'idée d'état social, mais en œuvrant à l'intérieur de celui-ci et en le complétant.

En fait, les papes dans leurs encycliques sociales n'en sont pas restés à une exigence de justice, qui est certes toujours d'actualité. Ils n'ont cessé de le répéter : il faut avoir un regard d'amour et de miséricorde, car l'amour est un stimulant indispensable tout d'abord pour reconnaître à temps les nouvelles détresses sociales et les nouveaux défis à relever et ensuite pour s'attaquer énergiquement aux racines de la détresse, une fois reconnue, et pour la surmonter[508]. Le pape Jean-Paul II est allé plus loin et s'est investi de toutes ses forces pour les droits de l'homme et la justice :

> « L'expérience du passé et de notre temps démontre que la justice ne suffit pas à elle seule, et même qu'elle peut conduire à sa propre négation et à sa propre ruine, si on ne permet pas *à cette force plus profonde qu'est l'amour* de façonner la vie humaine dans ses diverses dimensions. L'expérience de l'histoire a conduit à formuler l'axiome : *summum ius, summa iniuria*, le summum du droit, summum de l'injustice[509]. »

Il a repris l'idée de Paul VI d'une « civilisation de l'amour » que Benoît XVI s'est lui aussi appropriée[510].

Le pape Benoît XVI a franchi une étape décisive dès sa première encyclique *Deus caritas est* (2005), dont la signification profonde n'a pas encore été mise en valeur. Il prend systématiquement l'amour comme point de départ de sa doctrine sociale et non la justice[511]. Dans sa troisième encyclique *Caritas in veritate* (2009), consacrée explicitement à la doctrine sociale, il a qualifié l'amour de « voie maîtresse » et de « principe » de la doctrine sociale de l'Église[512]. Pour lui, il est déterminant non seulement dans les simples

---

508. Léon XIII, *Rerum novarum* (1891), 45 ; Pie XI, *Quadragesimo anno* (1931), 88 ; 137.
509. Jean-Paul II, *Dives in misericordia* (1980), 12.
510. Paul VI, *Homélie de clôture de l'Année Sainte 1975*.
511. Benoît XVI, *Deus caritas est* (2005), Deuxième partie.
512. Benoît XVI, *Caritas in veritate* (2009), 2 ; 6.

relations amicales ou familiales, mais aussi dans les relations à plus grande échelle, c'est-à-dire dans les rapports sociaux, économiques et politiques. Ainsi Benoît XVI a introduit une idée importante qui fait avancer la discussion sur la doctrine sociale de l'Église.

Bien évidemment, il ne faut pas comprendre l'amour uniquement sur un plan affectif ou sentimental. L'amour est inscrit au plus profond de l'être humain et de la vie donnée par Dieu ; il a donc une dimension ontologique. Car, selon la foi chrétienne, la vie n'est pas le produit du pur hasard, mais un cadeau, un don. Nous sommes créés par amour et pour l'amour. La vie relevant d'un don gratuit, nous vivons de l'amour que d'autres nous ont donné librement et que nous n'avons pas mérité. Nous ne parlons pas seulement d'actes de charité héroïques, mais aussi de toutes les petites marques d'attention, comme par exemple donner de son temps ou se montrer compréhensif.

Tout en étant le principe de la doctrine sociale, l'amour ne remplace pas pour autant la justice ; au contraire, la justice est le minimum de l'amour, l'amour étant le débordement. L'amour n'est pas en reste derrière la justice, bien au contraire il précède la justice due aux autres. Par conséquent il n'est nullement un supplément ou une annexe de la justice. Car l'autre en tant que personne humaine n'est pas seulement tributaire des biens de ce monde, il est aussi dépendant de l'amour qu'on lui donne. C'est pourquoi l'amour gratuit, qui va au-delà de ce qu'exige la justice, est la forme de justice la plus adaptée à la personne de l'autre. Benoît XVI parle dans ce contexte de « logique du don[513] ».

De cette manière, le pape reprend la critique post-moderne de la pure justice distributive et se base dans ce domaine sur les positions de Paul Ricœur et de Jean-Luc Marion[514]. Cela prouve que l'encyclique *Caritas in veritate,* qui développe la doctrine sociale de l'Église, se situe tout à fait sur le même plan que la réflexion actuelle. La question qu'elle nous renvoie est concrètement : Où ces réflexions nous mènent-elles ? C'est à cette question qu'il nous faut maintenant nous consacrer.

3. La dimension politique de l'amour et de la miséricorde

Cela dépasserait largement mes compétences si je voulais essayer de déduire de ce qui vient d'être dit des conséquences concrètes pour le domaine

513. Benoît XVI, id. 34 ; 37.
514. Cf. ci-dessus, ch. II, 1.

très complexe de la vie économico-sociale. Je me bornerai à donner quelques indications.

Si l'on prend l'amour comme principe de la doctrine sociale, il en résulte tout d'abord des normes négatives qui excluent certains comportements parce qu'ils sont en contradiction avec l'amour et par conséquent sont interdits dans tous les cas. Porter atteinte à la vie humaine fait partie en tout premier lieu de ces interdits.

Cela vaut pour le meurtre et le génocide comme pour l'atteinte à la vie intra-utérine et l'aide au suicide (appelé aussi « suicide assisté »). C'est tout aussi valable pour la privation de la liberté et l'esclavage, la mutilation, la torture, la spoliation, l'injustice grave et l'oppression, le viol et les abus sexuels, la xénophobie et toute forme de discrimination, la tromperie, la calomnie, la propagande et la publicité mensongères – tout ce qui porte gravement préjudice au corps, à la vie ou à l'honneur d'autrui et tout ce qui permet d'abuser consciemment les autres. Tout comme le trafic de drogue, le commerce des armes est une triste réalité, tout à fait scandaleuse : on peut gagner d'énormes sommes d'argent pour des marchandises qui ne servent à rien d'autre qu'à tuer des hommes et à détruire le patrimoine culturel.

La guerre aussi pose un problème difficile à résoudre. Chaque guerre s'accompagne de morts, de destructions et de souffrances, y compris pour ceux qui ne prennent pas part aux hostilités. La guerre en tant que telle ne peut être la volonté de Dieu ; car elle est en contradiction avec une attitude d'amour. Par conséquent la question de savoir si – et alors comment – des chrétiens peuvent prendre une part active à des actes de guerre est une question sérieuse[515]. Dans l'église primitive les chrétiens refusaient de faire le service militaire ; jusqu'à aujourd'hui certaines églises libres le font – appelées les « églises de la paix » (par exemple les Frères tchèques, les Quakers ou les Mennonites). En même temps – aussi paradoxal que cela puisse paraître – défendre ses propres droits fondamentaux ou ceux des innocents, particulièrement des femmes et des enfants, peut en cas d'agression et d'oppression – lorsque tous les autres recours sont épuisés et que le principe de proportionnalité est respecté – être un acte de charité et même, dans certains cas, un devoir de charité.

La doctrine de la guerre juste (ou plutôt : justifiée), théorisée par Augustin et développée par Thomas d'Aquin, représente un compromis éthique. Dans un monde souvent cruel où ne règne pas la paix, il peut devenir nécessaire pour l'amour de la paix d'assigner des limites au mal et de le contenir. Dans

515. Cf. GS 77-84 ; Compendium de la doctrine sociale de l'Église par le Conseil pontifical « Justice et paix » (2006), n° 500s.

ce sens, une guerre qui aurait pour but de défendre la paix peut se justifier comme ultime recours *(ultima ratio)* si, après avoir épuisé tous les autres moyens pour éviter la guerre, elle défend des droits humains fondamentaux, si elle limite la violence aux moyens adaptés à ce but, c'est-à-dire en renonçant à la cruauté et aux actes de vengeance, si enfin, par un acte de guerre limité, une amélioration de la situation peut être obtenue sans risque que les choses empirent, c'est-à-dire si une perspective de paix est en vue. Dans le sens de la *ultima ratio* et dans le respect de la proportionnalité, cette clause vaut aussi pour des interventions humanitaires avec des moyens militaires.

Le développement des armes modernes, particulièrement de l'arme atomique avec sa prodigieuse force de destruction, a engendré une nouvelle situation. La question est de savoir si, avec ces armes, les conditions d'une guerre juste peuvent encore être requises. Sans entrer ici dans des questions particulières, complexes et difficiles, il faut pourtant dire qu'une guerre totale amenant la destruction de villes entières ou d'immenses territoires avec leurs habitants, doit absolument être condamnée et proscrite[516].

Puisque le but n'est pas de faire la guerre – pas même la guerre dite juste – mais de rechercher la paix, on préfère parler aujourd'hui de paix juste plutôt que de guerre juste. Mais la paix ne peut se bâtir ni avec des baïonnettes ni avec des chars. Elle est l'œuvre de la justice (*opus iustitiae pax*, cf. Jr 32, 17). C'est dans ce sens que l'on cherche aujourd'hui à développer une éthique non de la guerre, mais de la paix, dont le but est de rendre les guerres impossibles non seulement dans un cas particulier, mais aussi de manière structurelle. Depuis Benoît XV les papes se sont engagés pour une politique de la paix[517]. Le Concile Vatican II a repris cette idée :

> « Il est donc clair que nous devons tendre à préparer de toutes nos forces ce moment où, de l'assentiment général des nations, toute guerre pourra être absolument interdite[518]. »

Cela suppose de mettre en place une politique de paix préventive en diminuant les injustices, en aidant les pays en voie de développement (Paul VI : Développement comme nouveau nom de la paix) et en s'investissant pour faire accepter et protéger les droits fondamentaux de l'homme, les droits et la protection des minorités ; il s'agit aussi de chercher une juridiction pour protéger les intérêts légitimes, de favoriser le dialogue interreligieux

516. GS 80.

517. Benoît XV, *Pacem, Dei munus pulcherrimum* (1920) ; Pie XII, *Ad Petri Cathedram* (1959) ; Jean XXIII, *Pacem in terris* (1963) ; Paul VI, *Populorum progressio* (1967) ; Jean-Paul II, messages pour la journée de la paix dans la monde.

518. GS 82.

et interculturel et de trouver des sanctions pour de potentiels agresseurs. Une condition préalable est d'établir une autorité supranationale, que seule l'ONU représente actuellement.

Ce sont des pas importants qui vont dans le sens du commandement de Jésus. L'amour et la miséricorde peuvent s'avérer inventifs dans ces processus pour trouver un ordre juste, accepté de tous les participants, si possible sans violence. Ce rôle ne revient pas seulement à la politique. Des personnalités chrétiennes, des groupes et des mouvements chrétiens (pax Christi, l'action de réconciliation pour la paix, les mouvements « De l'épée à la charrue », Terre des hommes, la Communauté Sant'Egidio, pour ne citer que quelques noms) peuvent et doivent par le dialogue et le travail de réconciliation ainsi que par l'aide aux pays en voie de développement, contribuer efficacement à la paix dans le monde, même sans mandat politique, et faire leurs preuves comme artisans de paix (Mt 5, 9).

4. Amour et miséricorde, sources d'inspiration et de motivation

D'un point de vue négatif, l'amour proscrit résolument des actes et des comportements répréhensibles ; mais inversement, l'amour ne peut imposer aucune norme concrète ou, comme on dit, aucune norme technique de réglementation pour la vie économique et politique. Mais il apparaît déjà clairement que l'amour peut être une sorte de régulateur, une source d'inspiration et de motivation, permettant de trouver des solutions et de les mettre en pratique. Le Concile Vatican II parle de « lumière et de force[519]. » On pourrait même dire : l'amour permet d'y voir clair, il ouvre les yeux, il est le moteur d'une pratique et d'une civilisation de la miséricorde comme de la justice. Il est la force de traction de la justice[520]. Dans ce sens il peut apporter une contribution importante dans la situation de crise où nous nous trouvons pour renouveler l'état social moderne dans des conditions qui ont changé.

Commençons par examiner un premier aspect de la question. Même si le « réseau social » peut rejoindre la plus grande détresse, il y a toujours des hommes qui passent à travers les mailles du filet. Seuls les « cas officiellement recensés » sont pris en charge par l'aide sociale de l'état et des municipalités. De plus, la détresse change constamment de visage. C'est pourquoi tout

519. GS 42f.
520. Marx, *Le Capital.*

système social, aussi perfectionné soit-il, aura obligatoirement des « trous ». Celui qui voudrait donner une solution bureaucratique à toute situation de détresse, devra bâtir un système lourd et pesant qui, à la fin, parce qu'il ne peut prendre en compte toutes les situations, sera débordé par l'excès de sa propre réglementation. Il étouffera la vie sous la masse de ses règlements et livrera la personne en détresse à une bureaucratie anonyme pour laquelle elle ne sera plus qu'un cas et un numéro. Un tel système peut, jusqu'à un certain point, être adapté à une situation, mais pas à une personne.

Le pape Benoît XVI écrit dans son encyclique *Deus caritas est* :

> « L'amour – *caritas* – sera toujours nécessaire, même dans la société la plus juste. Il n'y a aucun ordre juste de l'État qui puisse rendre superflu le service de l'amour. Celui qui veut s'affranchir de l'amour se prépare à s'affranchir de l'homme en tant qu'homme. Il y aura toujours de la souffrance, qui réclame consolation et aide. Il y aura toujours de la solitude. De même, il y aura toujours des situations de nécessité matérielle, pour lesquelles une aide est indispensable, dans le sens d'un amour concret pour le prochain. L'État qui veut pourvoir à tout, qui absorbe tout en lui, devient en définitive une instance bureaucratique qui ne peut assurer l'essentiel dont l'homme souffrant – tout homme – a besoin : le dévouement personnel plein d'amour. Nous n'avons pas besoin d'un État qui régente et domine tout, mais au contraire d'un État qui reconnaisse généreusement et qui soutienne, dans la ligne du principe de subsidiarité, les initiatives qui naissent des différentes forces sociales et qui associent spontanéité et proximité avec les hommes ayant besoin d'aide. L'Église est une de ces forces vives : en elle vit la dynamique de l'amour suscité par l'Esprit du Christ. Cet amour n'offre pas uniquement aux hommes une aide matérielle, mais également réconfort et soin de l'âme, aide souvent plus nécessaire que le soutien matériel. L'affirmation selon laquelle les structures justes rendraient superflues les œuvres de charité cache en réalité une conception matérialiste de l'homme : le préjugé selon lequel l'homme vivrait *« seulement de pain »* (Mt 4,4 ; cf. Dt 8, 3) est une conviction qui humilie l'homme et qui méconnaît précisément ce qui est le plus spécifiquement humain[521]. »

Il nous faut maintenant aborder un deuxième point. Le monde est toujours en devenir ; de nouvelles situations de détresse, de pauvreté et de crise ne cessent de faire leur apparition. Sans amour, on n'a même pas conscience de ces nouvelles détresses. Il faut des hommes qui, tout d'abord, perçoivent la détresse, qui surgit souvent à l'improviste, et se laissent saisir par elle, des hommes qui ont du cœur et feront tout ce qui est en leur pouvoir pour remédier concrètement à la situation. Sans amour, la motivation fondamentale pour développer la législation sociale se perd. C'est pourquoi notre société ne peut rien faire sans amour dans un système social qui, pourtant

521. Benoît XVI, *Deus caritas est*, 28b.

dans l'ensemble, fonctionne bien. Jürgen Habermas l'a bien souligné : face aux énormes problèmes auxquels nous sommes confrontés de nos jours, sans fondement spirituel, il manque la motivation intérieure pour s'engager en faveur d'un monde plus juste[522]. On peut donc considérer la charité comme une source d'innovation et de motivation pour la justice sociale.

Un exemple concret nous est donné avec la question du droit d'asile et de l'immigration. Dans les deux cas, nous avons des « signes des temps ». Accorder l'asile politique à des hommes qui sont persécutés est un droit de l'homme. C'est ce que dit l'évangile :

> *« J'étais étranger et sans toit et vous m'avez accueilli » ou « vous ne m'avez pas accueilli »* (cf. Mt 25, 35-43).

Face à ces paroles sans équivoque il faut honnêtement se demander si la politique d'asile pratiquée par de nombreux états qui se considèrent comme des états de droit n'est pas problématique, voire scandaleuse. La question est encore plus complexe avec l'immigration. Une immigration illimitée est évidemment impossible ; elle paralyserait tout dans notre société qui ne pourrait plus alors être un lieu de refuge. Dans ce cas la politique doit avoir un rôle de régulation. La question est de savoir comment elle le fait. L'accueil des étrangers correspond à la vertu d'hospitalité (Mt 25, 38. 41), tenue en haute estime dans l'Ancien comme dans le Nouveau Testament ainsi que dans toute la tradition de l'Église et on doit qualifier de scandaleuse la manière dont nous, en Europe, nous traitons des hommes qui, poussés par la pauvreté et la faim ou par la persécution et la discrimination, arrivent chez nous. De même la migration au niveau mondial pose de nouvelles questions et de nouveaux défis à la doctrine sociale de l'Église.

En troisième lieu il faut mentionner les formes de détresse et de pauvreté qui ne sont pas quantifiables et ne peuvent s'exprimer par les chiffres du revenu par habitant indispensable pour vivre. Il existe une pauvreté et une détresse d'ordre psychique, une pauvreté de relations – solitude et isolement – une pauvreté culturelle comme l'impossibilité de se former et de participer à la vie culturelle et sociale, et enfin une pauvreté spirituelle qui s'exprime par le vide intérieur, la perte du sens de la vie et de points de repères pouvant aller jusqu'au déséquilibre mental[523]. Ce sont des situations de détresse plus largement répandues dans les sociétés développées et riches.

---

522. J. Habermas, *Die Krise des Wohlfahrtsstaates und die Erschöpfung utopischer Energien* (voir note 501) ; id. *Glauben und Wissen* (voir note 501) ; Ockenfels, *Was kommt nach dem Kapitalismus ?* (voir note 501).

523. P. M. Zulehner, *Gott ist größer als unser Herz (1 Jn 3, 20). Eine Pastoral des Erbarmens*, Ostfildern, 2006, p. 74.

Le meilleur système social ne peut pas faire grand-chose dans ce domaine. Dans la plupart de ces situations, seules l'attention et la relation personnelle peuvent apporter un peu d'aide. Il est impossible de vivre sans amitié, sans communauté, sans solidarité et même sans charité – toutes choses nécessaires pour qu'une société soit vraiment humaine.

Un quatrième aspect est que l'état providence court le danger d'utiliser aussi la charité à des fins lucratives. L'aide sociale est commercialisée et devient même un marché relativement intéressant. C'est ce qui se passe actuellement quand on organise de plus en plus le système hospitalier selon des critères purement économiques ; il devient alors lui aussi une grande entreprise orientée vers le profit. Il en va de même dans l'assistance aux personnes âgées. Limiter les soins à faire la toilette et à donner à manger à des personnes âgées ne répond pas à leurs besoins humains. Un état social basé sur l'économie et le commerce ne peut qu'engendrer le manque d'empathie et le durcissement des relations sociales : il n'y a plus alors de place pour les larmes versées en cachette dans la solitude, ni pour les questions personnelles profondes. Il procure certes quelques avantages, mais ne peut pas donner ce dont les hommes ont le plus besoin, à savoir des personnes qui écoutent, ressentent avec eux et montrent de la compassion. Sans une telle empathie et sympathie au sens étymologique du mot – c'est-à-dire souffrir et se réjouir avec – le monde se refroidit et la vie peut devenir insupportable. On n'organise pas l'attention et la charité, l'état ne peut les réglementer, on ne peut pas non plus en faire une idéologie universelle. C'est quelque chose de personnel ; on ne peut que l'encourager et l'inspirer.

Enfin, l'amour et la miséricorde ont leur place tout d'abord dans les relations humaines de proximité. C'est en effet la condition fondamentale de la vie en société dans une nation et entre les nations. Après les horreurs de la deuxième guerre mondiale, il ne s'agissait pas seulement de réparer des dégâts matériels, plus profondément les Allemands avaient à se réconcilier avec les Français, les Polonais et surtout avec les Juifs. Cette réconciliation supposait une transformation de la pensée et même une démarche de conversion et de pardon. Le pape Jean-Paul II disait :

> « Un monde d'où on éliminerait le pardon serait seulement un monde de justice froide et irrespectueuse, au nom de laquelle chacun revendiquerait ses propres droits vis-à-vis de l'autre ; ainsi, les égoïsmes de toute espèce qui sommeillent dans l'homme pourraient transformer la vie et la société humaine en un système d'oppression des plus faibles par les plus forts, ou encore en arène d'une lutte permanente des uns contre les autres[524]. »

---

524. Jean-Paul II, *Dives in misericordia* (1980), 14.

C'est pourquoi il s'agit, comme le pape Paul VI le disait et comme Jean-Paul II et Benoît l'ont répété, de construire une « civilisation de l'amour » au-delà d'une civilisation de la justice[525]. Qui pourra contribuer à humaniser la société et les affaires sociales, sinon l'Église et les groupements d'Église ? Ils peuvent contribuer à redonner vie et rendre son âme à notre état social.

5. Importance des œuvres de miséricorde pour la société

Pour illustrer notre propos, nous allons revenir sur les œuvres de miséricorde[526]. Elles peuvent aussi être source d'inspiration et de motivation pour les domaines politique et social. Il suffit de faire le rapprochement entre les œuvres de miséricorde d'une part et les devoirs et défis sociaux importants de notre société d'autre part pour reconnaître ce que le message de l'Église sur la miséricorde peut apporter dans la situation actuelle. Aujourd'hui ce message est loin d'être superflu[527].

Pour les œuvres de miséricorde corporelles, il suffit de penser à la pauvreté dans ses quatre dimensions déjà évoquées ci-dessus, qu'elle soit individuelle ou structurelle : c'est un fait que chaque jour des milliers d'hommes, surtout des enfants, meurent de sous-alimentation et de malnutrition et que des millions d'hommes souffrent du manque d'eau potable. Que l'on pense aussi à la migration comme signe des temps et donc comme défi à relever et au devoir d'accueillir les étrangers qui chez eux se retrouvent en difficulté et demandent l'asile ; que l'on pense dans ce contexte à la nécessité de s'opposer à la peur grandissante et à la xénophobie. Il y a aussi le problème des sans-abri et des enfants de la rue dans les grandes villes du monde. On peut facilement mettre en relation l'exigence de visiter les malades avec la nécessité de réformer le système hospitalier actuel, orienté à outrance vers l'économie et l'anonymat ; l'exigence de visiter les prisonniers peut être mise en lien avec le devoir de rendre le régime pénitentiel plus humain.

Les œuvres de miséricorde spirituelles sont tout aussi utiles de nos jours. L'exigence d'enseigner les autres est actuelle en raison du manque de culture et de formation qui empêche l'ascension sociale. L'invitation à consoler conduit à l'exigence d'accompagner les mourants et leur famille ; conseiller ceux qui doutent relève de tous les ministères d'accompagnement et de conseil ; ils sont d'autant plus actuels qu'il n'y a plus de repères communs universels et

525. Cf. note 510.
526. Voir ch. VI, 3.
527. Voir à ce sujet : Zulehner, *Gott ist größer als unser Herz*, p. 70-152.

que beaucoup d'hommes sont dépassés par la complexité de la vie moderne. Reprendre les pécheurs est une invitation – entre autres – à faire prendre conscience des structures de péché de notre société et à dénoncer l'injustice ; le devoir de supporter les autres est proche de la notion de tolérance, indispensable dans notre société pluraliste. Enfin l'exhortation au pardon rappelle l'importance en politique d'œuvrer pour la paix et la réconciliation.

Pour pouvoir accomplir ce ministère dans la société, l'Église a besoin de moyens humains, mais elle n'a pas besoin de disposer d'un énorme dispositif bureaucratique ni d'être forte et puissante. Elle n'est pas dépendante des privilèges du monde et devrait même y renoncer volontairement[528]. Elle vit et exerce ses activités dans le monde, mais elle n'est pas du monde (Jn 17, 11. 14), et donc ne doit pas agir à la manière ni selon les critères du monde. La vie de Don Bosco nous enseigne à ce sujet : en effet, il a commencé la plupart de ses œuvres avec peu ou pas de moyens et finalement la confiance en la Providence ne l'a jamais déçu. Plus que toute autre institution, l'Église peut et doit avoir recours au bénévolat, surtout s'il est très motivé. Comme Église pauvre pour les pauvres elle peut, à une époque spirituellement pauvre, acquérir une autorité morale et par sa force de conviction avoir un rayonnement missionnaire[529]. Le Royaume de Dieu se présente sous la forme d'un minuscule grain de moutarde qui devient un grand arbre ; il est comme un peu de levain qui soulève toute la pâte (cf. Mt 13, 31-33). L'Église, petite minorité créatrice, peut donc justement avoir une grande influence morale, intellectuelle et spirituelle[530].

6. La miséricorde et la question de l'existence de Dieu

Les problèmes concrets sont importants et même vitaux pour beaucoup. Pourtant la théologie ne peut pas se perdre dans la complexité de ces questions concrètes. Elle doit être et rester de la théologie, c'est-à-dire un discours sur Dieu ; par contre, son rôle est de montrer comment, dans les problèmes concrets auxquels nous sommes confrontés aujourd'hui, se posent les questions fondamentales et en fin de compte la question de Dieu. On peut l'exprimer autrement : c'est Dieu dans sa justice et sa miséricorde qui nous poursuit sans relâche à travers ces questions. En guise de conclusion nous allons creuser cette piste.

528. GS 36.
529. W. Kasper, *L'Église catholique*, p. 64s. 48s.
530. Idem p. 67s.

Nous avons dit que le fondement de la doctrine sociale de l'Église était la dignité inaliénable et la liberté de la personne. En cela l'Église est extrêmement moderne et en accord avec l'évolution actuelle, très orientée vers le sujet, ce qui n'a rien à voir avec le subjectivisme. Posons-nous la question : Qu'est-ce que la liberté ? Elle ne peut relever de la volonté arbitraire de l'individu. Car celle-ci est trop consciente d'elle-même et trop dépendante de l'ambiance du moment, de ses intérêts et de ses émotions. En politique, elle risque de mettre le feu aux poudres. En effet elle se laisse facilement séduire par la propagande et la publicité et peut très vite se transformer en un totalitarisme déclaré ou sournois.

La liberté qui est consciente de sa propre dignité respectera toujours la liberté de l'autre, sera solidaire avec elle et s'engagera pour elle. La liberté ne consiste donc pas à se « libérer de » l'autre, mais est une « liberté pour et avec » d'autres. Elle trouve son accomplissement dans la justice qui donne à chacun son dû. Dans le concret elle croit que tous les autres respecteront sa propre liberté, ce qui suppose donc de réglementer la justice et en même temps de réglementer la liberté[531].

Mais qu'est-ce que la justice et qu'est-ce qu'une société juste ? Aristote faisait déjà remarquer que la justice et l'injustice ont plusieurs sens. Pour sa part, il comprenait la justice comme un concept de proportion, c'est-à-dire comme le milieu entre le trop et le pas assez. En outre il savait que la loi ne pouvait résoudre tous les cas de la vie et donc que la justice dépend de la bonté comme valeur suprême[532].

Depuis que, à l'époque moderne, on a abandonné pour une grande part le droit naturel comme fondement de la justice, tel qu'il était défini chez Aristote et utilisé dans la tradition du Moyen-Âge jusque récemment, on est arrivé aux interprétations les plus diverses du concept de justice[533]. Un consensus n'est pas en vue. Certains considèrent le discours sur la justice et sur une société juste comme une formule creuse et un vain mot, qu'ils jugent plus adapté à la propagande politique populiste ; ils pensent même qu'il risque d'être utilisé abusivement à des fins de pouvoir. Fiodor Dostoïevski a décrit ce danger avec insistance dans son livre *Les Frères Karamazov* à travers la figure du Grand

531. Sur le problème de l'institution, voir : M. Kehl, *Kirche als Institution. Zur theologischen Begründung des institutionellen Charakters der Kirche in der neueren deutschsprachigen katholischen Ekklesiologie*, Frankfurt a.M. 1976.

532. Aristote, *Éthique à Nicomaque* V, 1129a.

533. J. Pieper, *Petite anthologie du cœur humain*, Ed. Raphaël, 2004 ; *Über die Tugenden. Klugheit, Gerechtigkeit, Tapferkeit, Maß*, München, 2004 ; O. Rawls, *Eine Theorie der Gerechtigkeit*, Frankfurt a. M. 1975 ; *Gerechtigkeit als Fairness. Ein Neuentwurf*, Frankfurt, 2007 ; O. Höffe, *Gerechtigkeit. Eine philosophische Einführung*, München, 2007.

Inquisiteur et montré que des hommes sont prêts à tout pour obtenir du pain, y compris à fouler aux pieds leur liberté, et à dire : « Faites de nous des esclaves, mais donnez-nous à manger[534]. » Une démocratie sans valeurs peut facilement se transformer en un totalitarisme déclaré ou insidieux[535].

La maxime d'Ernst-Wolfgang Böckenförde, si souvent citée, est bien connue : La démocratie a besoin de conditions qu'elle ne peut pas garantir elle-même[536]. Si ces conditions ne sont plus données ou sont oubliées, parce qu'elles sont d'abord considérées comme trop évidentes, puis supprimées, alors on en arrive à un relativisme – ce que l'Église déplore beaucoup actuellement – qui ne reconnaît plus aucune valeur absolue, mais décide de tout en fonction de son utilité ou de considérations de pouvoir[537]. Le danger existe alors que ce relativisme se transforme en un totalitarisme encore plus dangereux. En effet, sans vérité dernière ni valeurs absolues pour conduire l'action politique et l'orienter – puisque beaucoup ont proclamé la fin de la métaphysique – les idées démocratiques les plus nobles sont sans fondement ni orientation et peuvent être détournées par un mouvement populiste. La tolérance peut alors très facilement se retourner en intolérance contre tous ceux qui osent défendre leurs convictions et se démarquer de l'opinion générale courante. Des signes allant dans ce sens se multiplient dangereusement.

C'est pourquoi il est bon de repartir de la conception originelle de la justice qui consiste à donner à chacun son dû. La question se pose alors : Qu'est-ce qui est dû à chacun ? Sur cette question les esprits sont divisés ; car on revient toujours à des controverses politiques. Le milieu visé par Aristote entre le trop et le pas assez est difficile à déterminer une fois pour toutes ; il doit être redéfini concrètement selon les situations et régulièrement réadapté – ce qui ne va pas sans disputes, car des intérêts y sont liés. Même les chrétiens peuvent avoir des opinions et des positions différentes.

Dès que l'on veut aller au fond des choses, la question se pose inévitablement : De quoi l'homme en tant qu'être humain a-t-il besoin ? Qu'est-ce qui lui est dû pour pouvoir vivre dignement, c'est-à-dire de manière autonome ? Bien évidemment il a besoin de pain pour se nourrir et d'un certain nombre de choses matérielles. Combien exactement ? Sur cette question les avis sont partagés et divergent selon les circonstances. Ce que l'on oublie très souvent

---

534. F. Dostoïevski, *Les Frères Karamazov*, V, 5, La Pléiade, p. 274.

535. Jean-Paul II, *Centesimus annus* (1991), 46 ; cf. discours du pape Benoît XVI devant le Parlement fédéral allemand le 22 septembre 2011.

536. E.-W. Böckenförde, Die Entstehung des Staates als Vorgang der Säkularisation, in : *Recht, Staat, Freiheit*, Frankfurt, 1991, p. 112.

537. Sur le problème du relativisme voir W. Kasper, *L'Église catholique*.

dans ces controverses, c'est que l'homme n'a pas seulement besoin de choses matérielles : ce qui lui est dû en tant qu'homme n'est pas seulement de cette nature. Rien ne serait plus terrible que de remplacer l'idéologie marxiste par un individualisme et un ordre social, basé sur la prospérité et la consommation, où l'homme ne trouverait le bonheur que dans la consommation matérielle. Alors le matérialisme marxiste et communiste serait remplacé par un matérialisme de consommation ; l'un comme l'autre ignorent et méprisent la véritable dignité de l'homme. Tous deux conduisent d'une manière ou d'une autre à l'instrumentalisation de l'homme.

Ce qui revient à l'homme en tant qu'être humain, c'est-à-dire en tant qu'être libre, est avant tout la reconnaissance de sa dignité humaine. Et en raison de sa dignité, il a droit au respect et à l'attention des autres, il doit être accueilli et accepté pour ce qu'il est. C'est dans ce sens que l'on peut qualifier la justice « de minimum de l'amour » et l'amour de « sommet de la justice[538] ».

L'absolu qui s'est perdu avec la proclamation de la fin de la métaphysique va peut-être nous rejoindre à travers la rencontre de la différence de l'autre et le devoir de le reconnaître inconditionnellement[539]. Dans la rencontre interpersonnelle l'absolu apparaît, excluant tout relativisme. Concrètement cela signifie que l'exigence de la justice, toujours difficile à exprimer clairement, est à interpréter à la lumière de l'amour et de son exigence absolue et doit être dépassée dans la pratique par une attention à l'autre, pleine d'amour et de miséricorde.

Nous, les hommes, nous sommes vraiment un peu tordus ; nous avons une inclination au mal (Kant)[540]. Toutes nos relations interpersonnelles en sont marquées. Il nous est donc impossible de partir d'une situation relationnelle idéale. Toutes nos relations sont perturbées et portent le poids d'une injustice qui nous précède, dont nous avons pour ainsi dire hérité, ou dont nous avons nous-mêmes fait l'expérience ou encore que nous avons nous-mêmes causée. Pour qu'une relation et même une société entière puissent perdurer, il sera certainement nécessaire de pardonner des atteintes graves à la justice, datant du passé, et de se réconcilier. Car ce n'est qu'en se réconciliant que ce cercle infernal de la vengeance, engendrant sans cesse de nouvelles violences, pourra être brisé, qu'un nouveau départ sera possible et un avenir commun envisageable. Ainsi donc la justice vit elle aussi du pardon, de la réconciliation et de la miséricorde qui, comme nous l'avons montré, est déterminée par le fait qu'elle ouvre une voie nouvelle et de nouveaux horizons dans une situation sans issue.

---

538. Cf. Paul VI, Jean-Paul II et Benoît XVI, *Caritas in veritate* (2009), 6.
539. Cf. ci-dessus ch. II, 1.
540. Cf. ci-dessus ch. II, 1.

Que se passe-t-il donc lorsque l'on pardonne et se réconcilie ? En fait il se passe quelque chose d'incroyable, d'inimaginable ; on pardonne ce qui, du point de vue de la justice, est impardonnable. Un meurtre, les atrocités d'une guerre et à plus forte raison un génocide sont impardonnables. Pardonner un acte aussi inouï, quasi impardonnable, transgresse les lois d'une justice soucieuse de réparation. Mais justement en allant à l'encontre de l'exigence de justice, le pardon pose le fondement et devient le point de départ d'une nouvelle vie commune, juste et réconciliée[541].

Déjà du temps de Jésus, on l'accusait de pardonner les péchés et on lui demandait par quelle autorité il le faisait Ses adversaires avaient d'ailleurs raison quand ils objectaient que Dieu seul pouvait pardonner les péchés (Mc 2, 5-7). En tant qu'hommes nous pouvons aider un autre à vivre avec son péché, mais nous ne pouvons pas lui pardonner. Le pardon est un acte créateur, un nouveau commencement, qui ne peut venir du monde. En pardonnant et en nous réconciliant, nous faisons « quelque chose » que nous ne pouvons pas « faire », qui n'est pas en notre pouvoir et doit nous être donné. Dans le cadeau de la réconciliation dans lequel la vie commune dans la justice nous est redonnée, nous renvoyons à « quelque chose » de transcendant, nous offrons à l'autre « quelque chose » que nous « n'avons » pas, nous anticipons et transmettons ce qui, en théologie, s'appelle la grâce et ce que l'Écriture désigne comme la miséricorde infinie de Dieu.

Finalement ni l'exigence de justice ni la miséricorde et le pardon ne peuvent vraiment se développer en ce monde. Une justice parfaite ne pourrait être instaurée que par la force, ce qui n'engendrerait qu'un horrible système. Celui qui veut instaurer le ciel sur la terre installe non le ciel, mais l'enfer sur terre – c'est ce que nous avons appris de l'expérience amère des régimes totalitaires. Cela vaut aussi d'ailleurs pour les perfectionnistes dans l'Église qui veulent instaurer une église de purs (*καθαροί* ; cathares) par la force. Les excès du mouvement cathare d'une part et de l'Inquisition d'autre part devraient avoir un effet dissuasif durable.

Ce n'est cependant pas un argument pour ne rien faire dans la société et dans l'Église. Bien au contraire, nous devons endiguer l'injustice et le mal autant que faire se peut ; nous devons tout faire pour aider la justice et la miséricorde à se frayer un chemin dans la société et dans l'Église. Partout où nous le pouvons, nous devons faire luire un rayon de miséricorde dans des situations de détresse physique et morale et allumer la lumière de l'amour pour propager l'espérance.

541. Cf. ci-dessus ch. II, 1.

Mais dans notre monde il existe des injustices révoltantes, un perfectionnisme intransigeant, et cette vie sur terre, elle aussi, peut être cruelle. De nos jours, on n'espère plus généralement en une consolation dans l'au-delà, mais au contraire on cherche une consolation dans un bonheur ici-bas. On veut une justice parfaite, une miséricorde parfaite, c'est-à-dire le bonheur parfait dès maintenant, on veut tout, tout de suite. Ainsi la vie est de plus en plus rapide ; elle devient fatigante, exigeante, trépidante. Nous travaillons à en mourir, nous nous amusons aussi à en mourir ; dans l'amour nous exigeons de l'autre qu'il nous donne le ciel sur terre et nous le mettons en échec sans aucune miséricorde[542].

Placés devant l'impossibilité d'abolir complètement l'injustice et de vivre pleinement la miséricorde et l'amour en ce monde, il ne nous reste plus en fin de compte qu'à faire appel à la miséricorde de Dieu. Elle seule peut nous donner la garantie qu'à la fin ce ne sera pas le meurtrier qui aura la victoire sur sa victime innocente et qu'à la fin justice sera rendue à tous. L'espérance d'une justice et d'une réconciliation dans l'au-delà, lors de la résurrection des morts, rend la vie en ce monde vraiment vivable et digne d'être vécue. Elle permet le lâcher prise, dans une impatience patiente et une patience impatiente[543].

En raison du risque menaçant de désespoir ou d'abrutissement par la consommation, il ne reste donc finalement rien d'autre à faire qu'à garder fermement l'espérance en une justice et une réconciliation parfaites. C'est pourquoi on ne pourra jamais faire taire le cri *« Kyrie eleison »* qui ne cessera pas de s'élever en ce monde. Que ce cri puisse se faire entendre aussi de manière publique, cela fait en quelque sorte partie du patrimoine de l'humanité, d'une civilisation de la justice et de la miséricorde et témoigne d'un amour pour l'homme dans une société vraiment libre.

---

542. Zulehner, *Gott ist größer als unser Herz*.
543. Cf. ci-dessus ch. V, 7.

Chapitre IX

MARIE, MÈRE DE MISÉRICORDE

1. Marie dans l'Évangile

La Sainte Écriture et l'Église ne parlent pas de manière abstraite de la miséricorde divine ; la théologie de l'Écriture comme celle des Pères de l'Église est une théologie en images. Elle nous présente donc en Marie une image concrète, voire un miroir de la miséricorde divine et un modèle de la miséricorde humaine et chrétienne. Marie est le prototype, l'image originelle de l'Église ainsi que de la miséricorde chrétienne[544]. Cette conviction est profondément enracinée dans la foi et la conscience de l'Église dès les premiers siècles et dans la chrétienté catholique et orthodoxe jusqu'à aujourd'hui ; elle progresse également dans la conscience et dans le cœur de nombreux protestants[545].

Il est sûr que l'on peut et doit critiquer les excès de la dévotion mariale et la replacer dans le contexte biblique où Jésus-Christ a toujours été le fondement et le centre de la foi chrétienne. Mais un culte marial quasi inexistant pose tout autant question : peut-on si facilement mettre au panier les innombrables témoignages de chrétiens de tous les siècles qui ont trouvé auprès de la Mère de Dieu l'aide et le réconfort dont ils avaient besoin dans leur détresse, tant extérieure qu'intérieure, et les rejeter avec arrogance et indifférence comme si tout cela n'était que débordement et émotions pieuses ? Il faut bien voir une chose : Marie apparaît dans l'évangile et y a même une place privilégiée.

---

544. Voir à ce sujet W. KASPER, *L'Église catholique*, p. 216-219.

545. W. TAPPOLET/A. EBNETER, *Das Marienlob der Reformatoren*, Tübingen, 1962 ; H. PETRI, Maria in der Sicht evangelischer Christen, in : W. Beinert/H. Petri, *Handbuch der Marienkunde*, vol. 1, Regensburg, 1996, p. 382-419 ; T. A. SEIDEL/U. SCHACHT, *Maria, Evangelisch*, Leipzig – Paderborn, 2011.

Dans le Nouveau Testament, ce sont essentiellement deux textes qui constituent une base solide pour la spiritualité mariale : l'Annonciation au début (Lc 1, 26-38) et à la fin, la scène où Marie se tient debout au pied de la croix (Jn 19, 26s). Cette dernière scène renvoie chez Jean aux noces de Cana au début de la vie publique de Jésus (cf. Jn 2, 1-12). D'un point de vue purement formel, les scènes mariales les plus significatives encadrent donc pour ainsi dire l'ensemble de l'évangile et accordent à Marie une place prééminente dans l'économie du salut. Les quelques lignes sur Marie qui se trouvent dans l'Écriture montrent clairement qu'elle a une place importante et unique dans l'histoire de Dieu avec nous, les hommes.

La scène de l'Annonciation pose des problèmes d'histoire et de critique littéraire, tout comme les récits de l'enfance qui précèdent la vie publique de Jésus et dont nous avons déjà dit l'essentiel[546]. Nous avons déjà pu remarquer que, dans la conception de son évangile, Luc accorde une importance théologique particulière à cette histoire des origines. En effet elle annonce tous les thèmes importants de l'évangile, comme dans un prélude musical. Dans le Magnificat, Marie résume toute l'histoire du salut et la décrit comme l'histoire de la miséricorde divine.

« Son amour s'étend d'âge en âge sur ceux qui le craignent » (Lc 1, 50).

Avec l'élection de Marie et son appel à devenir la mère du Sauveur, cette histoire est entrée dans sa phase finale, décisive. Maintenant Dieu dans son infinie miséricorde fait le dernier essai, déterminant, pour sauver son peuple et toute l'humanité.

Marie est choisie pour participer à cette grande œuvre de salut. Elle *« a trouvé grâce auprès du Dieu »* (Lc 1, 30), ce qui signifie qu'elle n'est absolument rien par elle-même, mais tout par grâce. Elle n'est que *« la servante du Seigneur »* (Lc 1, 38). Toute gloire revient à Dieu, et à Lui seul, car pour Lui tout est possible (Lc 1, 37s), rien ne lui revient à elle. C'est pourquoi elle chante :

« Mon âme exalte le Seigneur et mon esprit exulte de joie en Dieu mon Sauveur... Car le Tout-Puissant a fait pour moi de grandes choses, Saint est son Nom. »

Elle est tout accueil, humble instrument de la miséricorde divine. Martin Luther a magnifiquement expliqué ce point dans son commentaire du Magnificat[547]. Pour lui Marie est le véritable modèle du « tout par grâce » (*sola gratia*).

546. Voir chap. IV.
547. Martin Luther en a donné une explication impressionnante dans son interprétation du Magnificat de 1521.

Parce que Marie n'est que grâce, elle vit aussi uniquement de la foi. Elle est instrument de la miséricorde divine par son « Oui », sa réponse de foi, qu'elle donne à l'annonce de l'ange, qui d'abord la surprend, qu'elle ne comprend pas et qui la dépasse. À cet instant, Marie se désigne comme la « servante » du Seigneur, en fait le mot utilisé signifie esclave (*δούλη*). Elle exprime ainsi toute sa réceptivité et sa disponibilité ainsi que sa volonté active de participer à l'œuvre de salut. Elle permet à Dieu de faire un miracle[548]. D'ailleurs, c'est aussi par la grâce de Dieu qu'elle peut dire « Oui » à ce qui dépasse tout ce que l'on peut imaginer humainement.

Par son obéissance, Marie a permis l'avènement de Dieu en ce monde. Elle est ainsi devenue la nouvelle Ève. Alors que la première Ève avait fait advenir sur l'humanité souffrance et détresse par sa désobéissance, Marie, par son obéissance de foi et au nom de toute l'humanité[549], a coupé le nœud qu'Ève avait lié ; c'est pourquoi elle est appelée la Mère de tous les vivants[550]. Par son obéissance, Marie devient la servante de la miséricorde divine, choisie par Dieu et comblée de sa grâce. Le fait que Dieu l'ait choisie, elle, une créature humaine, une simple jeune fille, comme instrument de sa miséricorde, et l'ait rendue capable de participer à son œuvre de salut – œuvre dont le mérite revient à Dieu seul, car il est le seul à pouvoir l'accomplir – est là encore l'expression de son extrême miséricorde, dépassant tout ce qu'humainement nous pourrions imaginer ou attendre.

Par son élection qui l'a comblée de grâce et par son « Oui » qui a permis l'incarnation du Verbe, Marie est devenue porteuse du Christ, Arche de la nouvelle alliance et temple de l'Esprit Saint ; en Marie l'Église devient réalité. Elle résume toute l'histoire du peuple de l'Ancienne Alliance et porte en germe tout le peuple de la Nouvelle Alliance – avant même que les disciples ne soient appelés et entrent en scène. Elle incarne les petits, ceux qui ne font pas de bruit, la « femme du peuple », comme on le chante[551] ; elle est l'Église par pure miséricorde divine, avant même que les fondements en soient posés, avant même qu'existe toute structure hiérarchique. Elle représente l'Église dans sa nature la plus profonde, la plus intérieure, elle qui a été choisie pour servir les desseins de Dieu et qui ne vit que de la grâce de Dieu. Au vu de cette place privilégiée accordée à Marie il est difficile de comprendre comment, dans l'Église, on a pu en arriver à une image aussi dévalorisante de la femme ;

548. H. SCHÜRMANN, *Das Lukasevangelium* (HThKNT III/I), Freiburg, 1969, p. 58.
549. THOMAS D'AQUIN, *S. th.* III, q. 30 a. 1.
550. IRÉNÉE DE LYON, *Adversus haereses* III, 22, 4.
551. Chant très connu du missel allemand.

nous nous trouvons devant le mystère d'un aveuglement idéologique[552]. Mais la réalité est tout à fait autre. La mariologie est la critique théologique la plus radicale qui soit faite à une église essentiellement masculine.

Marie, elle aussi, a dû faire son pèlerinage de foi. Dans tout ce que les évangiles nous rapportent, sa vie ne comporte aucun des éléments merveilleux dont les évangiles apocryphes et les légendes pieuses ont bien voulu l'orner. Bien au contraire, Marie, femme du peuple, a dû supporter et traverser bien des épreuves et des difficultés : la naissance dans une auberge de fortune, la fuite en Égypte, la recherche de leur enfant à Jérusalem, son incompréhension durant la vie publique de son fils lorsqu'elle voulut le ramener à la maison, et finalement son courage et sa persévérance au pied de la croix. Rien ne lui fut épargné.

Elle a vécu la nuit obscure auprès de son fils et partagé sa croix. Elle ne s'y est pas soustraite, elle n'a pas pris la fuite ; il est dit expressément : *« elle se tenait au pied de la croix », « stabat mater iuxta crucem »* (Jn 19, 25). Enfin, elle a tenu le corps meurtri de son fils mort sur ses genoux, comme nous le montrent les nombreuses représentations artistiques de la Piéta – expérience de la souffrance la plus difficile qui soit pour une mère. Dans le Magnificat (Mt 5, 2-12 ; Lc 6, 20-26) Marie n'a pas seulement proclamé par avance les béatitudes du Sermon sur la montagne, la béatitude des pauvres, de ceux qui pleurent, des persécutés ; elle les a toutes vécues elle-même.

À la fin du quatrième évangile le cercle se referme. Marie, qui se trouve au début de l'économie du salut dans le Nouveau Testament, occupe aussi une place privilégiée au point culminant de son histoire. Car Jésus, du haut de la croix, donne Marie à Jean comme mère et, inversement, il donne son disciple à Marie comme fils (Jn 19, 26s). Cette scène a une signification très profonde. Jean est le disciple que Jésus aimait (Jn 19, 26) ; dans le quatrième évangile il est considéré comme le modèle du disciple. Ce qui signifie que Jésus, en Jean, confie tous ses disciples à Marie et inversement leur donne Marie comme mère[553]. On peut comprendre cette parole de Jésus comme son testament et sa dernière volonté ; elle exprime quelque chose d'important et de déterminant pour l'avenir de l'Église[554].

552. Voir sur cette question : R. Radlbeck-Ossmann, Maria in der Feministischen Theologie, in : Beinert/Petri, *Handbuch der Marienkunde*, vol. 1 (voir note 545). Cet article montre également qu'il existe d'autres positions, plus positives, qui partent de Marie, notre sœur dans la foi.

553. Ce n'est pas qu'une interprétation moyenâgeuse. Voir : R. Schnackenburg, *Das Johannesevangelium,* (HThKNT IV/3), Freiburg i. Br. 1975, p. 326 ; elle est représentée par des exégètes modernes comme U. Wilckens, *Das Evangelium nach Johannes* (NTD 4), Göttingen, 1998, p. 296s.

554. H. Schürmann, Jesu letzte Weisung, in : *Ursprung und Gestalt*, Düsseldorf, 1970, p. 13-28 ; Schnackenburg, *Das Johannesevangelium* (voir note. 553), p. 323-325.

On fait bien de lire les paroles du quatrième évangile avec attention. Il est dit qu'à partir de ce moment-là Jean a pris Marie chez lui. Plus exactement il faudrait traduire : il l'a prise « dans ce qui lui est propre, dans son bien » (*εἰς τὰ ἴδια*). Augustin a longuement médité sur la signification de « ce qui lui est propre ». Selon lui, cela ne signifie pas que Jean l'a prise « dans ses propriétés puisqu'il n'en possédait aucune en propre, mais dans ses attributions ; car il devait en prendre soin, par suite de l'obligation qu'il avait personnellement acceptée[555]. » Comme il est dit de Jean qu'il est le disciple qui doit rester (Jn 21, 22), Marie est donc intégrée à ce qui restera de Jean et de son témoignage, elle fait donc pour toujours partie intégrante de l'évangile de la miséricorde divine ; elle est à jamais témoin et instrument de la miséricorde de Dieu.

2. Marie dans la foi de l'Église

Les quelques passages de l'Écriture Sainte qui parlent de Marie, peu nombreux certes, mais essentiels, se sont fortement imprimés dans le cœur des croyants de tous les temps et ont trouvé à tous les siècles un écho prodigieux dans la spiritualité chrétienne. Marie elle-même l'avait prophétisé :

« Toutes les générations me diront bienheureuse » (Lc 1, 48).

Les témoignages du Nouveau Testament sont le point de départ d'une tradition riche et vivante, qui dure encore aujourd'hui.

Le point de référence le plus important pour la dogmatique dans toute cette tradition fut le concile d'Éphèse (431) qui a reconnu Marie comme Mère de Dieu (*Θεοτόκος*)[556]. À cet égard, il est important de remarquer que la polémique qui a opposé essentiellement Nestorius et Cyrille d'Alexandrie au sujet de ce titre honorifique de Marie n'était pas au départ une controverse mariologique, mais christologique, puisqu'il s'agissait de déterminer si Jésus était vraiment le Fils de Dieu selon l'hypostase. La mariologie n'est donc nullement un élément étranger à la christologie, mais, dès le début, elle est en lien avec elle et en constitue le fondement ; elle a donc de bonnes bases et peut ainsi porter un fruit spirituel.

De là sont nées les nombreuses prières de la chrétienté, les hymnes et les cantiques, qui souvent reprenaient des passages du Nouveau Testament

555. Augustin, *In Evangelium Ioannis* 119, 3.
556. DH 250s. ; 252s.

en leur donnant une interprétation spirituelle féconde. Les plus importants se trouvent dans la liturgie. À cela s'ajoutent les homélies et traités qui existaient déjà du temps des Pères de l'Église. Cette interprétation spirituelle de l'Écriture se retrouve dans toutes les traditions de l'Église du premier siècle, chez les Grecs comme chez les Latins, chez les Coptes, les Syriens et les Arméniens, en Russie comme dans l'Occident latin[557]. Elle a aussi laissé des traces dans la louange mariale des réformateurs du XVIe siècle[558].

On la trouve déjà dans la prière la plus ancienne, composée autour de 300 ap. J.-C. et largement répandue : « Sous ta protection, nous nous réfugions, sainte Mère de Dieu ». À l'origine on chantait : « Sous ta miséricorde nous nous réfugions, Sainte Mère de Dieu[559]. » On retrouve cette même attitude pleine de confiance dans de nombreuses prières plus tardives. Que l'on pense à l'*Ave Maris Stella,* Salut, étoile de la mer (du IXe siècle) où il est dit : « Montre-toi notre mère. Qu'il accueille par toi nos prières Celui qui, né pour nous, voulut être ton fils[560]. » Dans une des prières mariales les plus connues, le *Salve Regina* (du XIe siècle) nous invoquons Marie comme « Mère de miséricorde » et la prions de tourner ses regards de miséricorde vers nous. L'antiphone marial de l'Avent et du temps de Noël *Alma Redemptoris Mater* (du XIIe siècle) se termine par l'invocation : « Aie pitié des pécheurs » (*peccatorum miserere*). Dans les litanies de Lorette (la version primitive de l'église orientale date du XIIe siècle) nous invoquons Marie comme « Mère de la miséricorde divine », « Salut des infimes », « Refuge des pécheurs », « Consolation des affligés » et « Secours des chrétiens ». Elle fut appelée au secours dans toutes sortes de détresses, non seulement dans les catastrophes naturelles imprévisibles, les famines, la peste ou la grêle, mais aussi en cas de guerre et de conflits avec des seigneurs violents.

Dès le deuxième siècle, le grand Père de l'Église Irénée de Lyon a nommé Marie celle qui défait le nœud qu'Ève avait lié. Ainsi beaucoup de chrétiens ont invoqué Marie qui défait les nœuds[561]. Elle les a aidés à défaire des nœuds de toute sorte dans leur vie personnelle, leurs relations humaines, dans leur âme, tout ce qui avait été lié à cause d'une compromission avec le péché.

Parfois cette dévotion s'est développée de manière étrange, par exemple dans l'invocation et la représentation de Marie comme « Protectrice des vauriens », c'est-à-dire comme celle qui se plaçait du côté des bons à rien et

---

557. S. de Fiores, Maria in der Geschichte von Theologie und Frömmigkeit, in : Beinert/Petri (Hg.), *Handbuch der Marienkunde*, vol. 1 (voir note 545), p. 99-266.

558. Cf. note 545.

559. Schönborn, *Nous avons obtenu miséricorde.*

560. Chant du missel allemand.

561. Une des plus connues est celle de l'église de pèlerinage St Peter am Perlach à Augsbourg.

des pécheurs, des voleurs et des adultères, et qui était pour ainsi dire considérée comme leur complice. Il s'agissait là moins de frivolité que d'un certain humour, allié à une compréhension assez rudimentaire de la foi, même si parfois le manteau de la miséricorde s'étendait un peu trop loin[562].

Ce qui, durant des siècles, s'est exprimé dans des textes, est aussi apparu de multiples façons dans la peinture et la sculpture, notamment sur les images de dévotion et les représentations dans les lieux de pèlerinage[563]. Du VIIe au IXe siècle nous trouvons en Syrie des représentations de la Vierge de tendresse *Eleoussa*, qui porte tendrement l'enfant divin sur ses genoux. L'icône la plus connue est celle de Wladimir qui est née au XIIe siècle à Constantinople et qui se trouve aujourd'hui dans la galerie Tretiakov à Moscou. On en trouve des imitations en Occident dans la représentation de Notre Dame de Grâce à Cambrai, dans la Madonne des carmélites (Rome, Santa Maria di Traspontina) et dans la peinture de Marie auxiliatrice de Lucas Cranach. Une autre icône célèbre qui, selon la tradition, vient de l'évangéliste Luc, mais est à dater du XIIIe siècle, est vénérée à Ste Marie Majeure à Rome comme *Salus Populi romani.* Une reproduction se trouve dans la cathédrale St Eberhard à Stuttgart et est appelée là-bas *Mère de la consolation.* Enfin, il faut citer l'image peinte selon le modèle byzantin de *Marie, Mère du perpétuel secours.* Au XVe siècle elle fut apportée de Crète à Rome pour la protéger des Turcs et la mettre en sécurité. À Rome elle est très vénérée et connue dans le reste du monde comme image de dévotion.

Mais il nous faut surtout parler des représentations de la *Pietà,* c'est-à-dire de la Mère de Dieu qui tient son fils mort sur ses genoux. Elles existent depuis le XIVe siècle. La plus connue est la sculpture mondialement connue de Michel-Ange, très admirée à juste titre, qui se trouve dans l'église saint Pierre à Rome. Dans ces représentations Marie est la mère de tous ceux qui souffrent, qui pleurent, qui sont tourmentés et qui ont besoin de consolation. Elles permettent à celui qui les regarde de s'identifier à eux, particulièrement à de nombreuses mères qui se trouvent dans une situation analogue. Dans le même ordre d'idée, il existe des représentations – beaucoup moins connues – de l'évanouissement de Marie[564]. Elles montrent Marie qui partage l'impuissance humaine de son fils, relayée par la toute-puissance miséricordieuse de Dieu. C'est aussi une image qui peut consoler tous ceux qui, submergés par la souffrance, chancellent, mais trouvent dans la foi force et courage.

---

562. Chant du missel allemand.

563. Voir : K. Kolb, Typologie der Gnadenbilder, in : W. Beinert/H. Petri, *Handbuch der Marienkunde*, vol. 2, Regensburg, 1997, p. 449-482.

564. On en trouve une représentation dans l'église de Weggental près de Rothenburg am Neckar.

Enfin, il ne nous reste plus qu'à parler des tableaux de la *Maria dolorosa* qui datent de l'époque du baroque primitif et représentent Marie avec le cœur transpercé par une épée (Lc 2, 35). La représentation de Marie aux sept douleurs avec sept épées dans la poitrine est en lien étroit avec celle-ci. Ces tableaux qui peuvent nous paraître étranges dans leur réalisme montrent combien Marie a pris part à l'horrible mort de son fils.

Il est évident que Marie n'est pas représentée en tant qu'individu, mais en tant qu'archétype, modèle originel, pour conforter les chrétiens : cela est particulièrement visible dans la Vierge de miséricorde ou Vierge au manteau. Une des représentations les plus connues se trouve à Ravensbourg. Elle nous enseigne que nous pouvons toujours trouver refuge sous le manteau maternel de Marie qui nous protège du danger, spécialement en temps de guerre. Selon l'ancien droit allemand, les enfants conçus avant le mariage étaient déclarés légitimes si on leur mettait le manteau de Marie sur les épaules *(filii mantellati)*. Cette représentation a aussi un sens spirituel : nous tous qui sommes nés dans le péché (cf. Ps 51, 7) devenons enfants de Dieu par pure miséricorde, comme Marie en est l'image et le modèle. Le thème du manteau se retrouve dans un chant à Marie du XVIIe siècle *Marie, étends ton manteau* où il est dit dans la dernière strophe : « O Mère de miséricorde, étends ton manteau sur nous[565]. » J'ai encore un souvenir très vivace des nuits où nous étions bombardés durant la deuxième guerre mondiale et où ce chant devenait réalité pour nous.

3. Marie, modèle originel de la miséricorde

Ce qui apparaît de manière impressionnante dans beaucoup de prières et dans les représentations artistiques trouve chez Ambroise son expression théologique. Dans son commentaire de l'évangile de Luc, il a désigné Marie comme le « modèle originel » de l'Église[566]. Le Concile Vatican II a repris explicitement cette expression[567]. En tant que première de tous les sauvés, Marie est le prototype de tous les sauvés ; comme Mère du Rédempteur, elle est en même temps mère de tous les rachetés. Elle est notre mère dans l'ordre de la grâce[568]. Le Concile Vatican II a exprimé ainsi cette conviction de bon nombre de chrétiens :

565. Chant du missel allemand.
566. Ambroise, *Ad Lucam* II, 7.
567. LG 63.
568. LG 61.

« Son amour maternel la rend attentive aux frères de son Fils dont le pèlerinage n'est pas achevé ou qui se trouvent engagés dans les périls et les épreuves, jusqu'à ce qu'ils parviennent à la patrie bienheureuse[569]. »

Au cours de son histoire, l'Église a appris à percevoir Marie non seulement comme témoin et modèle, mais aussi comme une créature particulière, effet de la miséricorde divine. Marie est rachetée comme tous les hommes, mais différemment puisqu'elle a été préservée de la faute originelle dès le premier instant de sa conception[570]. Pour cette raison l'Église orientale appelle Marie la Toute Sainte (*Παναγία*). En elle et dans toute sa vie s'est manifestée la victoire de la miséricorde divine qui a fait obstacle au péché et l'a repoussé pour faire place à la vie. Elle est donc le signe que le pouvoir du péché n'a pas pu fondamentalement déjouer le plan de salut de Dieu pour l'humanité ; elle est pour ainsi dire cette Arche solide dans le déluge, le petit reste de l'humanité, sain et sauf, et l'aurore de la nouvelle création. Dans sa beauté, chantée par la poésie et l'art de tous les siècles, luit la beauté originelle, définitive et parfaite. Elle est la créature parfaite.

« En Marie nous contemplons à la fois le projet originel du Créateur, et son dessein, c'est-à-dire l'homme sauvé[571]. »

Ces propos peuvent paraître utopiques pour une pensée sécularisée avec sa compréhension atrophiée et dérisoire de la réalité qui, paradoxalement, ne considère rien de plus saint que le profane. Pourtant il suffit de jeter un coup d'œil à la poésie où Marie est un thème constant jusqu'à aujourd'hui, cela peut peut-être nous ouvrir les yeux. Que l'on pense à Gretchen dans le Faust de Goethe :

« Ah ! Sauve-moi de la mort, de l'affront. Daigne, daigne, toi dont le cœur saigne, vers ma douleur pencher ton divin front. »

Le thème de Marie se retrouve dans le romantisme chez Brentano et Eichendorff. Hölderlin et Rilke l'ont traité également, mais pas de manière spirituelle ; toutefois ils montrent que Marie fait fonction d'idéal transfiguré et de phare pour l'humanité. Par contre Gertrude von Le Fort reprend dans ses *Hymnes à l'Église* les éléments traditionnels, mais les exploite de manière nouvelle dans une langue poétique pleine d'élan[572].

---

569. LG 62 : phrase citée par Jean-Paul II dans : *Dives in misericordia* (1980) 9.

570. DH 2803 ; voir à ce sujet G. LOHFINK/L. WEIMER, *Maria – nicht ohne Israel. Eine neue Sicht der Lehre von der Unbefleckten Empfängnis*, Freiburg, 2008.

571. SCHÖNBORN, *Nous avons obtenu miséricorde*, p. 140.

572. U. SCHACHT, „Meerstern, wir dich grüßen… ". Eine literarisch-theologische Exkursion in die deutsche Marien-Dichtung, in : Seidel/Schacht, *Maria* (voir note 545), p. 117-136.

On n'a donc pas fini de parler de Marie, y compris dans notre monde moderne, comme miroir concret et œuvre particulière de la miséricorde divine. Cet exposé nous montre aujourd'hui que le message chrétien de la miséricorde a concrètement pris forme et que nous pouvons comprendre – non seulement avec la tête, mais aussi avec le cœur – la force de transformation de la miséricorde divine.

Plus que toutes les autres créatures, Marie incarne l'évangile de la miséricorde divine. Elle en est la représentation la plus pure et la plus belle, le miroir de ce qui est le centre et le sommet de l'évangile. Elle rayonne tout le charme de la miséricorde divine et montre l'éclat et la beauté qui transforme tout, beauté que la miséricorde divine fait descendre sur le monde. Ainsi donc, en raison des conditions de vie souvent difficiles et d'une compréhension très plate de la vie, Marie peut être aujourd'hui un modèle et un exemple pour une nouvelle civilisation de l'amour. Elle peut l'être aussi pour la vie de chaque chrétien et pour l'Église et aider à son renouvellement en repartant du concept de la miséricorde, pour construire une civilisation de l'amour dans notre société. C'est avec raison que nous pouvons qualifier Marie de modèle originel pour une civilisation chrétienne renouvelée et une spiritualité de la miséricorde.

L'Église catholique va encore plus loin. Marie n'est pas seulement un modèle, elle est aussi l'avocate de l'Église et des chrétiens. Depuis le XVe siècle on a rajouté la demande : « Prie pour nous, pécheurs, maintenant et à l'heure de notre mort[573] » à la prière mariale la plus connue et la plus répandue qui se base sur la salutation de l'Ange et sur celle d'Élisabeth, l'*Ave Maria.* Cette demande n'est pas étrangère à Martin Luther dans sa première période. Dans son interprétation du Magnificat il exprime l'espoir d'une intervention divine par la médiation d'une créature[574]. Il termine ainsi :

> « Que le Christ nous accorde cela par l'intercession et la volonté de sa chère mère Marie. Amen[575]. »

Des chrétiens protestants craignent aujourd'hui la plupart du temps que l'unicité de la médiation du Christ ne soit mise en danger par la confiance en cette prière d'intercession. C'est un malentendu grossier. Il est évident que nous ne mettons pas Marie sur un pied d'égalité avec Jésus et encore moins en concurrence. Marie vit elle-même entièrement de la miséricorde divine révélée en Jésus-Christ, elle la fait connaître et en témoigne. Comment

573. A. Heinz, Art. Ave Maria, in : *LThK 1*, 1306s.
574. M. Luther, *Le Magnificat*, Nouvelle cité, Paris, 1983.
575. *Idem.*

l'Église pourrait-elle attribuer à Marie un rôle indépendant à côté du Christ ou en plus de lui ? Marie n'enlève rien au Christ et ne lui ajoute rien non plus, car il est le seul Médiateur du salut[576]. Dans son intercession elle incarne l'engagement pour et à la place des autres d'une manière particulière et unique, ce qui devrait être la caractéristique de chaque chrétien. Si l'on veut traduire dans le langage de la scolastique ce qui vient d'être dit, alors on dira : Marie vit et agit entièrement dans la puissance de la cause première du salut ; entièrement dépendante d'elle, elle reçoit d'elle la capacité de prendre part au salut en tant que cause seconde.

C'est pourquoi nous n'adorons pas Marie ; à Dieu et à Lui seul revient toute adoration. Mais nous la vénérons avant toutes les autres créatures comme la créature la plus parfaite de Dieu et comme instrument entre ses mains[577]. Car Dieu est un Dieu des hommes, il veut donner son salut aux hommes par les hommes. Cela est aussi un signe de son humanité et de sa miséricorde qui rayonnent en Marie d'une manière exemplaire et unique.

Ainsi Marie rassemble et reflète en elle les plus grands mystères de la foi[578]. En elle luit une image de l'homme nouveau, racheté et réconcilié, et du monde nouveau transfiguré qui peut nous fasciner par sa beauté inimitable et doit nous faire sortir de notre surdité et de notre misère. Marie nous dit et nous montre que l'évangile de la miséricorde divine révélée en Jésus-Christ est tout ce que nous pouvons voir et entendre de mieux ; c'est en même temps tout ce qui peut exister de plus beau parce qu'il peut nous transformer ainsi que notre monde : Dieu dans sa grande miséricorde nous donne de voir un reflet de sa gloire. Cette miséricorde est un don de Dieu et en même temps un devoir pour nous chrétiens. Nous devons vivre la miséricorde. Nous devons en témoigner par nos paroles et nos actes. C'est ainsi que, par un rayon de miséricorde, notre monde souvent sombre et froid pourra quelque peu se réchauffer, s'éclairer, devenir un lieu où on pourra mieux vivre, un lieu plus aimable. La miséricorde est un reflet de la gloire de Dieu en ce monde et le sommet, l'essence même du message que Jésus-Christ nous a donné et que nous devons transmettre à notre tour.

576. LG 62.
577. LG 66.
578. LG 65.

TABLE DES MATIÈRES

Composition et mise en pages réalisées par
LG Compo - 28200 - Châteaudun
Février 2015

Dépôt légal : janvier 2016
IMPRIMÉ EN FRANCE

Achevé d'imprimer le 15 décembre 2015
sur les presses de l'imprimerie *La Source d'Or*
63039 Clermont-Ferrand
Imprimeur n° 18341

IMPRIM'VERT
Votre imprimeur agit pour l'environnement

PEFC
PEFC/10-31-2008

Dans le cadre de sa politique de développement durable,
La Source d'Or a été référencée IMPRIM'VERT®
par son organisme consulaire de tutelle.
Cet ouvrage est imprimé - pour l'intérieur -
sur papier offset standard 80 g
provenant de la gestion durable des forêts,
produit par des papetiers dont les usines ont obtenu
les certifications environnementales ISO 14001 et E.M.A.S.